和魂外資

サイモン・J・バイスウェイ著

外資系の投資と企業史
および特殊会社の発達史
1859-2018

刀水書房

For My Parents

和魂外資
外資系の投資と企業史および特殊会社の発達史
1859-2018

目　　次

iv 目　次

まえがき：苦境にある日本 ……………………………………………… vii

第Ⅰ部　直接投資と合弁事業史　1859-1945

はじめに ……………………………………………………………………… 4

タバコ産業とマッチ産業 ………………………………………………… 6

石油産業 …………………………………………………………………… 9

ガス事業 …………………………………………………………………… 15

電機産業と電球産業 ……………………………………………………… 15

機械製造業 ………………………………………………………………… 18

電線製造業 ………………………………………………………………… 19

蓄音器産業 ………………………………………………………………… 20

兵器産業 …………………………………………………………………… 21

公共交通事業 ……………………………………………………………… 22

ゴム産業とタイヤ産業 …………………………………………………… 23

オートバイ産業と自動車産業 …………………………………………… 24

繊維産業 …………………………………………………………………… 27

ガラス・板ガラス産業とアルミ産業 …………………………………… 28

むすびにかえて …………………………………………………………… 30

第Ⅱ部　外資系の投資と企業史　1945-2018

はじめに …………………………………………………………………… 34

自由化を待っている：戦後日本経済での外国企業の存在, 1945-1968 ……… 37

世界銀行からの借入, 1953-1966 ………………………………………… 43

自動車産業の自由化とチェーンストアの到来, 1969-1971 …………… 51

金融界と国際化およびグローバル化, 1967-2006 …………………… 53

国際化：日本金融界のビッグバン改革, 1996-2006 ………………… 57

目　次　v

自動車産業 ………………………………………………………………… 60

チェーン店とフランチャイズ ………………………………………… 62

グローバル化の登場：ビッグバン改革以降，2007-2018 ………… 69

国際化対グローバル化：ビッグバン改革後の考察 ………………… 74

むすびにかえて ………………………………………………………… 76

第Ⅲ部　国家と企業：特殊会社の発達史　1880-2018

はじめに ………………………………………………………………… 80

特殊銀行および特殊会社の設立，1880-1946 ……………………… 80

特殊銀行および特殊金融機関の概観，1880-2018 ………………… 85

　　日本銀行，横浜正金銀行，日本勧業銀行，府県農工銀行，台湾銀行，北海道
　　拓殖銀行，日本興業銀行，朝鮮銀行〔旧韓国銀行〕，朝鮮殖産銀行，満洲中央
　　銀行，産業組合中央金庫，商工組合中央金庫，満洲興業銀行，恩給金庫，庶
　　民金庫，南方開発金庫，戦時金融金庫，郵便貯金（制度），大蔵省預金部，復
　　興金融金庫

特殊会社の概観，1880-2018 ………………………………………… 102

　　南満洲鉄道，東洋拓殖，台湾電力，日本製鐵，東北興業，東北振興電力，台
　　湾拓殖，南洋拓殖，朝鮮林業開発，帝国燃料興業，日本通運，日本発送電，
　　日本産金振興，日本硫安，北支那開発，中支那振興，日本米穀，帝国鉱業開
　　発，国際電気通信，大日本航空，朝鮮マグネサイト開発，日本輸出農産物，
　　日本肥料，日本石炭，朝鮮鉱業振興，樺太開発，日本木材，日本蚕糸統制，
　　東亞海運，帝国石油，朝鮮蚕糸統制

むすびにかえて ………………………………………………………… 123

注 ………………………………………………………………………… 127

参考文献および URL 目録 …………………………………………… 145

あとがき：将来がある日本 ………………………………………… 161

謝　辞 …………………………………………………………………… 163

索　引 …………………………………………………………………… 165

vi　目　次

表一覧

第Ⅰ部　直接投資と合弁事業史　1859-1945

表 1-1　外資系の企業（1931年1月での調査）…………………………… 5

表 1-2　主要外資系の企業，1893-1939 ……………………………………… 8

表 1-3　自動車の供給状況，1916-1945 …………………………………… 26

第Ⅱ部　外資系の投資と企業史　1945-2018

表 2-1　主要外資系の企業，1945-2015 …………………………………… 40

表 2-2　世界銀行の対日貸出，1953-1966 ………………………………… 50

表 2-3　銀行数の推移，1877-2015 ………………………………………… 56

表 2-4　外資系のフランチャイズおよび子会社，1957-2015 …………… 63

表 2-5　アメリカ合衆国の対日直接投資，1950-1977 …………………… 77

第Ⅲ部　国家と企業：特殊会社の発達史　1880-2018

表 3-1　特殊会社（特殊銀行および特殊金融機関），1882-2018 ………… 88

表 3-2　特殊会社，1906-2018 …………………………………………… 100

表 3-3　特殊会社（満洲関係），1932-1945 ……………………………… 104

表 3-4　準特殊会社（満洲関係），1933-1945 …………………………… 108

表 3-5　特殊法人（特殊銀行および特殊会社），1936から現在にいたる …… 124

装丁　的井　圭

まえがき：苦境にある日本

　この本が執筆された平成30（2018）年は，明治151年になる。この一世紀半
（150年）の間において，日本は，当初の戊辰戦争という内戦状態をいち早く克
服して封建主義の農業経済から資本主義の西洋的近代工業経済への変遷を成し
遂げたのである。それを可能にした歴史的な過程や理由は，今日改めて解明さ
れるべきである。明治政権の最も大きな課題は，外来文化が広く住民大衆に支
持されるためには，その外来文化がどのように日本人の生活や思考方法に溶け
込むことができるのかということであった[1]。徳川時代の終焉に向けて，ヨー
ロッパの物質文化に対する関心は，オランダ語での医学と天文学（主に航海や
農業のため）の学習から，より多くの外国語による外交，軍事科学，工学，政
治，経済，教育などの研究に転換していった[2]。また，明治維新以来，新政権
は強力な中央集権的国家を築くことを目指して，行政と社会的な改革を通じて
非常に野心的な計画に着手していた。これらの改革は，これまでみられなかっ
た国による租税制度，徴兵制度と国（皇）軍，義務教育制度を導入しながら，
封建体制と武士階級の廃止を実現した。要するに，銀行，金融，商業，行政，
法律などの分野においての改革は，外国による植民地化や侵略の脅威への効果
的な対応ならびに対策となったのである[3]。

　19世紀後半以降，日本における近代化の経験は，「和魂洋才」という標語に
よって最もよく理解される。この代表的なスローガンで宣言されているように
日本は，外国からの知識や技術を習得しながら，それを何らかの方法で日本の
精神や魂と融合させている。アジアにおける強大国の帝国主義が日本へ進入す
るのを避けるために，明治政権の努力は海外への知的好奇心をはるかに超え
て，みずからの新国家としての生存を確保することに向かった。逆説的に，日
本が国家のアイデンティティと独立性を維持するために，西洋の知識を獲得す
ることは，危険ではあるけれども不可欠な前提条件であった。したがって，明
治政権の苦しい改革の追及は，欧米の先進国と比べてみずからは後進国である

viii　　まえがき

という感覚がもたらした結果であると見なすことができる[4]。

　上記の「和魂洋才」という標語を支えたのは，明治政権の強大国に「追いつき追い越せ」という大きな目標である。初期の近代化において，日本の政治経済は，学習のための切れ目のない渇望によって推進された[5]。安政2 (1855)年から明治8 (1875) 年にかけての20年間，1,000人以上の御雇外国人が，産業革命の先端技術の実用性を教えるために「生きている機械」として雇い入れられた。文久2 (1862) 年以降，数千の日本人が公式および非公式な形で，新しいアイデアや西洋の機関の最新的なモデルを発見するための事業に着手していた。そこで，日本の事業現場に戻ったときに，取得された外国技術および行政機関のモデル，慣習，思想などが新国家である日本の文脈に応じて採用されるか否かのふるいにかけられた。このようにして，学校・銀行・橋・灯台・宮殿・図書館・郵便局，鉄道と電信の建設，土地埋立の科学，卑金属，軽金属と貴金属の採掘技術などが，日本に「導入」された。ただし，それらが最初に輸入された際には，これらの設備の建設，操業および設備の管理は外国技術者の慎重な指導および監督に依存しなければならなかったのである[6]。

　嘉永7 (1854) 年に開国して以来，日本は欧米諸国の知識を取り入れることが「不可欠であった」といっても差し支えない。ただし，歴史的に見れば，インド，中国，朝鮮などのアジアの国々からの知識を取り入れる必要性もあったはずである。事実，「和魂洋才」の用語は，平安中期の「和魂漢才」として使われた用語に由来するものである。また，19世紀になると「和魂洋才」の概念は，当時の日本人にだけ特有の思想ではなかった。先進国による植民地化に直面していたあらゆる地域における知識人は，同じ時期にほぼ同じ反応を示す思想を生み出していた。たとえば，中国では，「中体西用」という標語によって「体」は本体，「用」は枝葉を意味し，中国の儒教を中心とする伝統的な学問や制度を主体に手段として西洋の技術を利用すべきであるとの表現が必要とされていたことを知ることができる。朝鮮でも，同じく「東道西器」という標語が用いられ，いずれも欧米の科学技術を取り入れる発想では共通していたことが分かる。しかし，それにもかかわらず，いわゆる「尊王攘夷」の欧米列強諸国からの侵略や植民地化を拒否する思想を史的な背景として有するなかで，和魂洋才によって，西洋の技術はただの手段や道具としてではなく，それを日本の

魂に浸透させることを通じて，外国の文化を上手に「才」として採りいれ，「換骨奪胎したうえで日本の風土に馴染ませる…日本人が受け継いできた固有な方法論である」とさえいえるものになっている[7]。明治18（1885）年3月になされた福沢諭吉の有名な「脱亞入欧」という主張や西洋の技術を受け入れるためには，「洋魂洋才」という西洋思想を基盤とすることが必要であるとする運動もあったにもかかわらず，和魂洋才という標語は，「精神的な支柱」として，日本の社会経済の西洋化を支えるものとなったのである。改めて認識すべきことかもしれないが，陸軍はまず仏国に普仏戦争後は独国に，海軍は英国に，法律は独国と仏国に，銀行および金融は米国ならびに英国に，税制は米国に，行政は独国に，北海道の開拓は米国にモデルを求めたことなどは，いずれも明治時代における洋魂洋才の結果であったのである。

　しかしながら，19世紀以降の日本資本主義の発達のなかで，和魂洋才の「洋才」を定義するには，あまりにも多くの疑問が発生するようになってきた。明治27〜28（1894-95）年における「日清戦争」の勝利，明治30（1897）年における金本位制の確立，明治35（1902）年1月30日の「第一回日英同盟協約」の締結，とりわけ明治37〜38（1904-05）年の「日露戦争」の勝利において，強大国による植民地化を回避することができた日本が必要とした洋才は，ともあれ資本に集結されたのである。資本とは，「新たに生産を進めようとする個人や会社や共同体があらかじめ蓄積しておいた財貨・財産であり，その運用によって以前より多くの財貨・財産をさまざまな形態でもたらすところのもの」といっても[8]，その時期における日本経済の発展をみていくと，資本は主に政府が発行してきた公（国）債を通じて，戦費調達ならびに戦後処理をまかなうための資金として必要とされたのである。また，大都市におけるさまざまな公益事業に必要とされる財政資金を調達するためになされた市債および関東大震災復興のための「震災善後市債」の発行も同様な意味を有するものである。さらに，日本が進出した海外の植民地経営のために設立された特殊会社および「五大電力」などの社債の発行もその意味において必要とされるものになってきた。この間，明治32（1899）年3月9日における「商法修正（法48）」および「商法施行法（法49）」の公布に応じて，日本政府はそれまでの保護貿易主義の政策規制を緩和しており，直接投資および合弁事業による外資導入を進めるためにも，先端技術や特許権を導入および移転するために資本が必要となってきたの

である[9]。したがって，20世紀以降には，日本資本主義にとっての標語は，和魂洋才というよりも，むしろ「和魂外資」といった方が適切ということになってくる。

　かくて本書においては，開国から今日にいたるまでの「和魂外資」の歴史を検討することになる。第Ⅰ部「直接投資と合弁事業史，1859-1945」では，電機産業，石油精製事業，兵器産業，ガラス産業，アルミ産業などの先端分野を通じて，大規模な直接投資および合弁事業を概観する。第Ⅱ部「外資系の投資と企業史，1945-2018」では，日本経済の商業的な自由化・国際化・グローバル化の過程を通じて，世界銀行からの借入，自動車産業と外資チェーン店のフランチャイズ部門の発達，金融界ビッグバン改革などを考察する。戦前と戦後の単純な二分法を支持しているわけではないが，昭和7（1932）年1月に起きた第一次上海事件から昭和27（1952）年4月28日に行なわれた連合軍による日本占領の終結にかけての20年間において，本来的な外資導入がなされなかったことは事実である。また，開国から今日までの日本経済の理解を深めるにあたって，顕著な存在である特殊銀行および特殊会社に関する研究を提供した。第Ⅲ部「国家と企業：特殊会社の発達史，1880-2018」では，特殊会社の定義および区別とその「国策会社」が設立された際の義務と特権などの共通点を解明し，各々の特殊銀行および特殊会社の営業史を概観する。ここで忘れてはならないことは，特殊銀行および特殊会社は21世紀の現在でも営業していることである。一般的には知られていないが，明治中後期から平成末の現在にいたるまで，特殊銀行および特殊会社は，日本経済に重要な役割を果たしているのである。以上の事象についての研究を通じて，外資系の直接投資および合弁事業が，日本経済の成長および発展の基本的な要因となったことを明らかにしたい。

和魂外資
外資系の投資と企業史および特殊会社の発達史
1859-2018

第Ⅰ部　直接投資と合弁事業史
1859-1945

4　第Ⅰ部　直接投資と合弁事業史

は じ め に

　ここでは，直接投資および日本と外国の合弁事業について考察することとする。明治維新から明治27〜28（1894-95）年における「日清戦争」の勝利ならびに明治30（1897）年における金本位制の採用が行なわれるまで，日本政府は，外国資本の導入とそれが国内経済に浸透することを恐れ，国内資本による自立的な経済発展を推進してきた。そのうえ，明治32（1899）年3月9日における「商法修正（法48）」および「商法施行法（法49）」の公布と，その6月16日からの施行にいたるまで，日本政府は保護貿易主義の政策を実施しており，直接投資および合弁事業は阻止というよりも，むしろ禁止されていたといった方が適切であった。しかし，商法修正によって，日本の会社に対して外国資本の参加を認め，とくに日本と外国の資本による合弁事業の設立を奨励するようになってからは，外国人投資家にとって，日本経済は単に公債を発行しているだけの存在にすぎないという従来の印象を一変させるものがあった。もちろん，商法修正によって生じた新たな投資状況は，外国の会社および投資家に直ちに興味を起こさせるものではなかったので，外国からの直接投資および合弁事業の数は実際には非常に少なかった[1]。

　それにもかかわらず，明治32（1899）年6月に英国が日本における治外法権の特権を放棄したことにより，それ以降，昭和14（1939）年9月3日の第二次世界大戦の勃発にいたるまでの40年間において，日本は，外国からの直接投資および合弁事業を通じて，きわめて大きな利益を得ることができたのである。そのことは，昭和6（1931）年1月に行なわれた商工省の調査にもとづいて作製された表1-1にみるとおりである。この40年間において，米国，英国，独国など各国の会社，資本家，投資家，企業経営者たちは，日本の商工業に大量の資本を投資しているが，とりわけタバコ産業，石油産業，電機産業，機械製造業，兵器産業，自動車産業，ガラス産業，アルミ産業などにおける先端技術の導入のために行なわれた投資は，日本経済の成長および発展を大いに促進した（表1-1参照）[2]。

　安政6（1859）年7月1日における日本との修好通商条約の締結による開港にともない[3]，かなりの数の外国の商会と商人たちが貿易から得ることができ

はじめに　5

表 1-1　外資系の企業（1931年1月での調査）

国籍別	外国会社 （販売のみ）	准外国会社 （子会社）	外国人が経営 する合弁会社	日本人が経営 する合弁会社	合計
アメリカ	15	6	6	9	36
イギリス	5	5	2	9	21
ドイツ	5	2	2	8	17
スイス	2	0	0	0	2
チェコスロヴァキア	1	0	0	0	1
ルクセンブルグ	1	0	0	0	1
中国	0	0	0	2	2
スウェーデン	0	0	0	1	1
フランス	0	0	0	1	1
不明	0	0	0	6	6
合計	29	13	10	36	88

出典: 堀江保蔵, 1950: 158-9, より作成。

る利益を求めて日本にやってきて，最初の直接投資を行なった[4]。英国のバターフィールド・アンド・スワイヤー商会（Butterfield & Swire Company），ジャーディン・マゼソン商会（Jardine Matheson & Company），S・サミュエル商会（S. Samuel & Company），米国のラッセル商会（Russell & Co.），独国のプスタウ商会（Pustau & Co.）などの外国の商会は，日本を初め東アジアの文化，政治および経済が大きく変化するなかで，長期にわたって際立った活動の足跡を残している[5]。しかし，忘れてならないのは，このような初期の外国の商会による商業活動は，条約が設定した地域に限定されていたことである。多くの外国の商会と商人たちは，条約港とその周辺にみずからの会社を設立していた。たとえば，明治8（1875）年にトーマスとジョン・ウォルシュ（Thomas & John Walsh）という米国人兄弟が，日本製紙会社（神戸製紙所）を設立し，明治14（1881）年にはエドワード・ハンター（Edward H. Hunter）という英国人が大阪製鉄所・造船所を設立した事例などがあげられる。しかし，これらの外資系の会社は，合弁企業として営業していたわけではなく，やがてこれらの条約港における会社の営業は日本の投資家や競争相手に引き継がれることになった[6]。

　しかし，条約港の歴史の中には，いわゆる合弁事業について若干の成功した事例をみることができる。明治8（1875）年8月には，上海のボイド商会（Boyd & Company）と三菱蒸気船会社とが金融および技術の両面で結びつき，横浜に

6   第Ⅰ部　直接投資と合弁事業史

船舶修理を主体とした三菱製鉄所を設立していた。これが外国資本と日本資本との提携の出発点であるといわれる。この事業の成功によって三菱蒸気船会社は，明治12（1879）年2月には，三菱製鉄所の資本金10万圓，すなわち10万ドル，の半分を出資していたボイド商会の出資分を引き受けて合弁を解消し，単独の日本資本による経営として事業を継続した。また，三菱蒸気船会社は，コプランド（W. Copeland）という米国人が，明治3（1870）年より前に，横浜ブラフ（山手123番地）で設立した「スプリング・ヴァレー・ブルワリー」に関わっていたが，この会社を再編するにあたって，グラバー（T.B. Glover），カークウッド（M. Kirkwood）など外国人出資者たちと唯一の日本人出資者である三菱会長岩崎弥之助は，日本の法律の適用を避けるために，明治18（1885）年7月8日，香港においてジャパン・ブルワリー・コンパニー・リミテッドを設立した。その後，明治32（1899）年に（いわゆる「不平等条約」が廃止されると），渋沢栄一も同社の大株主となるが，その結果，岩崎・渋沢という2人の大立者の努力で，明治40（1907）年2月23日には，三菱傘下の麒麟麦酒株式会社が誕生することとなった[7]。

　この間，明治27（1894）年7月16日に締結された日英通商航海条約にもとづき，英国は明治32（1899）年6月から治外法権の特権を放棄したが，日本政府はこの日英通商航海条約に盛りこまれた諸原則にもとづいて，当時における強大国との間で条約の改正を推進した。このような過程を経て，明治32（1899）年7月1日までに，いわゆる「不平等条約」の骨子をなす，40年間にわたって続いた治外法権はすべて撤廃されたのである[8]。条約港の40年間にわたる歴史が閉じられた明治32（1899）年は，それ以降，昭和14（1939）年にいたるまでの40年間にわたる大規模な直接投資と合弁事業の新たな歴史の出発点として，日本経済にとって大きな意味を有する画期となったのである[9]。

タバコ産業とマッチ産業

　明治33（1900）年に行なわれた合資会社村井兄弟商会とアメリカ・タバコ会社（American Tobacco Company）との提携は，日本経済にとって，大規模な合弁事業の最初の例となった[10]。明治24（1891）年以来，村井吉兵衛は，米国から葉タバコを輸入し，これを細かく切り刻み，紙で巻くことによって，両切り

紙巻きタバコを製造し，京都や関西において，「サンライス（日の出）」と名付けて販売していた[11]。村井吉兵衛によるこうした紙巻きタバコの事業は，大成功であり，明治27（1894）年に払込資本金20万圓の合資会社村井兄弟商会を設立し，日本のタバコ製造業において指導的役割を果たす位置を占めることになった。明治32（1899）年7月1日より日本政府が，輸入タバコについて関税引き上げを計画していることを回避するため，日本において大規模な紙巻きタバコ工場を建設しようとしていたアメリカ・タバコ会社は，合資会社村井兄弟商会を有力な提携先として選び，合弁事業としてこれを進めることを目指した[12]。このあと長い交渉の末，明治33（1900）年に，合資会社村井兄弟商会とアメリカ・タバコ会社は，それぞれ対等に500万圓ずつを出資し，日米合弁事業のみならず合弁事業全体の模範とされる払込資本金1,000万圓の株式会社村井兄弟商会を設立した[13]。この株式会社村井兄弟商会の新工場では，米国製の大型機械をとりつけ，米国からの葉タバコの輸入を増やし，「サンライス」や「ヒーロー」などと名付けた西洋スタイルのしゃれた両切り紙巻きタバコを製造した。そして，株式会社村井兄弟商会は，日本国内のほかのタバコ製造業者，とくに「天狗」という銘柄の紙巻きタバコを製造販売していた岩谷商店と激しい競争を展開した[14]。しかし，明治37（1904）年4月1日，日露戦争に向け，国庫収入を増やすことを目的に，タバコ製造業の完全国有化を実現するために制定された「煙草専売法（法14）」によって[15]，株式会社村井兄弟商会は，最初で最後のタバコ製造業の合弁事業として，わずか4年間の営業で大きな利益をあげながら幕を閉じたのである[16]。タバコ製造業の国有化は，表向き露国に対する戦争のための財政上の追加収入を上げる手段として立法化されたが，国有化は間違いなく国内で利益を上げている外国企業家（資本家，投資家，起業家たち）の新しい投資に反対する国家主義の感情を落ち着かせようとした手段であったのである（今日も日本たばこ産業株式会社〈JT〉が特殊会社として，煙草製造の独占権を持つ，特殊会社に関する表などを参照）。そのさい，外資導入のうち，西洋資本が日本の資本と提携して提供することができるすべてのもの，なかんずくアルコールとタバコ製造業の設立が最優先であったことは明確に指摘される必要がある（**表1-2**参照）[17]。

8　第Ⅰ部　直接投資と合弁事業史

表1-2　主要外資系の企業, 1893-1939

番号	年次	日本社名	払込資本金額 (万¥)	外国社名出資者名 (国籍)	外資比率 (%)	外資金額 (万¥)	日本側の主要出資者
1	1893	スタンダード・オイル会社	—	Standard Oil (米社)	100	—	———
2	1899	日本電氣株式会社	20.0	Western Electric (米社)	54	10.8	岩垂邦彦 前田武四郎
3	1900	株式会社村井兄弟商会	1,000.0	American Tobacco (米社)	50	500.0	村井吉兵衛
4	1900	ライジングサン会社	25.0	S. Samuel & Company (英社)	100	25.0	———
5	1901	シンガー・ミシン会社	—	Singer Sewing Machine (米社)	100	—	———
6	1902	大阪瓦斯株式会社	400.0	A.N. Brady (米人)	50	200.0	浅野総一郎
7	1903	東京電氣鉄道株式会社	—	Malcolm (英人)	—	91.7	———
8	1905	東京電氣株式会社	40.0	General Electric (米社)	38	15.0	田村英二 藤岡市郎
9	1906	大阪硝子製造株式会社	90.0	Private Investment Syndicate (英・白・仏人)	56	50.0	渋沢栄一 村井吉兵衛 長森藤吉郎 大倉喜八郎 など
10	1907	株式会社日本鉄鋼所	1,000.0	Armstrong & Vickers Companies (英社)	50	500.0	北海道炭礦汽船
11	1907	帝国製糸株式会社	150.0	J. & P. Coats (英社)	60	90.0	村井吉兵衛
12	1909	ダンロップ（極東）護謨会社	—	Far East Dunlop (英社)	100	—	———

備考
支社設立以前はアングロ・アメリカン石油を通して販売。1901年資本金1000万円のインターナショナル石油設立。1906年その資産一切を日本石油に売却。
提携前，ウェスタン・エレクトリックは高田商会を通して販売。1932年住友財閥傘下に移行。
1904年煙草専売法施行によって政府所有に。
—
—
1925年Brady家が資本撤退。
—
1906年GE，三井物産を代理店とする。1939年芝浦製作所と合併して東京芝浦電気に。
—
1909年，500万円の出資によって，1500万円の日英合弁事業となる。
—
進出前はグリア商会を通して販売。1917年資本金118万円の日本法人日本ダンロップ（極東）護謨株式会社となる。

つぎに，明治39（1906）年に，関西地方の企業家と英国の投資シンジケートが提携し，大日本燐寸株式会社という合弁事業を設立しているが，資料がほとんど発見されておらず，この合弁事業の詳細は，残念ながら現在のところ不明である[18]。それから，21年後の昭和2（1927）年には，瀧川儀作など日本の投資家とスウェーデン・マッチ会社（Sweden Match Company）が，それぞれ対等に300万圓ずつを出資し，払込資本金600万圓の合弁事業である大同燐寸株式会社を設立したが，マッチ工業としては，かなり大規模なものであった。昭和7（1932）年には，スウェーデン・マッチ会社が大同燐寸株式会社から資本を引き揚げたため，それ以降，同社は日本産業株式会社，いわゆる日産コンツェルンの傘下企業となっている（**表1-2**参照）[19]。

石油産業

米国のニューヨークに本社のあるスタンダード石油会社（Standard Oil Company）は，日本および東アジアの条約港において，アングロ・アメリカン石油会社（Anglo-American Oil Company）を通じて，長期にわたって石油を販売していた。そして，明治26（1893）年には，スタンダード石油会社は，石油産業が未発達な日本において，それまでに獲得した有望な通商の機会を利用して支社を設立し，日本の首都であり，最大の都市である東京に石油を供給するため，北越地方で油井や油田を開発し，越後の長岡から東京の上野までの油送管の建設を計画した。しかし，明治32（1899）年および明治33（1900）年に鉱業条例が改正されるまで，日本では外国企業が本格的な油田の開発を行なう

10　第Ⅰ部　直接投資と合弁事業史

13	1910	株式会社芝浦製作所	200.0	General Electric （米社）	24	48.0	三井合名
14	1910	日本オキヂェーヌ　及アセチレース株式会社	10.3	L'air Liquide （仏社）	100	10.3	——
15	1910	リバー・ブラザース尼崎工場株式会社	—	Lever Brothers （英社）	100		——
16	1910	株式会社日本蓄音器商会	35.0	F.W. Hohn （米人）	—	—	日本蓄音器株式会社, 株式会社日米蓄音器商会
17	1917	横浜護謨製造株式会社	250.0	F.B. Goodrich （米社）	50	125.0	横浜電線製造
18	1918	日米板硝子株式会社	300.0	Libby Owens Sheet Glass （米社）	35	105.0	住友吉左衛門
19	1920	株式会社住友電線製造所	1,000.0	Western Electric （米社）	—	—	住友総本店
20	1922	旭絹織株式会社	200.0	Vereinigete Glanzstoff Fabriken （独社）	20	40.0	喜多又蔵 野口遵
21	1923	富士電機製造株式会社	1,000.0	Siemens-Schukert-werke, Siemens und Halske （独社）	30	300.0	古河電気工業
22	1923	三菱電機株式会社	1,500.0	Westinghouse Electric （米社）	10	150.0	三菱造船
23	1925	日本フォード株式会社	400.0	Ford Motor （米社）	100	400.0	横浜正金銀行
24	1927	日本ゼネラル・モーターズ株式会社	800.0	General Motors （米社）	100	800.0	——
25	1927	日本ビクター株式会社	200.0	Victor Talking Machine （米社）	100	200.0	——

1939年東京電気と合併して東京芝浦電気に。

1930年日本法人の帝国酸素となり，住友財閥の資本を入れる。

1925年神戸瓦斯の経営に移行し，翌年ベルベット石鹸となる。1936年日産コンツェルン傘下に入り，日本油脂に統合。

—

1912年グッドリッチ，日本での直販を開始。

1922年住友財閥傘下に移行。1931年日本板硝子と改称。

1920年住友財閥傘下に移行。1932年日本海底電線会社を設立。

1929年日窒コンツェルン傘下に移行。1933年日窒系の日本ベンベルグ絹糸，延岡アンモア絹糸と合併して旭ベンベルグ絹糸に。

—

1899年ウエスチングハウス，高田商会を代理店とする。1929年菱美電機商会に販売業務を委託。

進出前はセール・フレザー商会を通して販売。

進出前は三井物産，ヤナセ自動車を通して販売。

1929年三菱・住友両財閥出資。1937年日産コンツェルン傘下へ。1938年東京電気の子会社へ。

ことは禁止されていたことから，スタンダード石油会社はその目的をほとんど実現することができなかった[20]。スタンダード石油会社は，明治33（1900）年に，日本での石油産業を編成し直すため，改めて本社が資本および技術を出資することで，それまでのスタンダード石油会社の支社を，太平石油株式会社（Pacific Oil Company）と改称し，さらに明治34（1901）年に，蔵王石油株式会社（Zao Oil Company）を買収し，太平石油株式会社をインターナショナル・オイル株式会社（International Oil Company）と改めている。わずか2年間に社名を2度も改めたわけである。こうしてインターナショナル・オイル株式会社の払込資本金は1,000万圓を越えたといわれていたが，日本には小さな石油会社が多く，しかもばらばらで，技術的に遅れていたこともあって，競争相手にすらならないようにみえた[21]。しかし，日本の石油業界においては短期間のうちに整理統合や合併が進められ，石油産業の発達に向けての再編成が行なわれた結果，国内石油生産において，日本石油株式会社と宝田石油株式会社という，2つの当時としては大規模な石油会社が出現する[22]。日本石油株式会社は，明治39（1906）年に，国内油田の開発から一斉に外国資本をしめ出す試みを進め，インターナショナル・オイル株式会社のすべての資産の購入に成功している[23]。インターナショナル・オイル株式会社を買収した日本石油株式会社は，このあと大正10（1921）年にいたるまで，唯一の国内における競争相手である宝田石油株式会社と市場をめぐって激しいシェア争いを繰り返した。最終的には，宝田石油株式会社と日本石油株式会社が合併したことで，新たに強化された日本石油株式会社（Nippon Oil Corporation - NOC）として，日本の石油産業における主要

第Ⅰ部　直接投資と合弁事業史

26	1927	大同燐寸株式会社	600.0	Sweden Match （瑞社）	50	300.0	瀧川儀作
27	1928	株式会社日本コロンビア蓄音器商会	210.0	Columbia （英米社）	—	—	———
28	1928	東洋バブコック株式会社	175.0	Babcock & Wilcox （英社）	71	125.0	三井物産
29	1929	日本ベンベルグ絹糸株式会社	1,000.0	J.P. Benberg （独社）	20	200.0	日本窒素肥料
30	1931	三菱石油株式会社	1,000.0	Associated Tidewater Oil （米社）	50	500.0	三菱合資・商事・鉱業
31	1931	住友アルミニウム株式会社	350.0	Aluminium Company of Canada - ALCAN （加社）	50	175.0	住友伸銅鋼管
32	1932	東洋オーチス・エレベーター株式会社	1,000.0	Otis Elevators （米社）	60	600.0	三井物産
33	1932	日本海底電線株式会社	1,500.0	International-Standard Electric （米社）	12	180.0	住友合資
34	1933	ナショナル金銭登録機株式会社	75.0	National Cash Register （米社）	100	75.0	———
35	1937	日本ワットソン統計会計機械株式会社	50.0	Watson Computing-Tabulating Machine （米社）	100	50.0	———
36	1939	芝浦共同工業株式会社	1,600.0	United Engineering （米社）	—	—	芝浦製作所

出典: 宇田川勝・中村青志（編），1999: 67, および各社の社史より作成。

石油産業　13

スウェーデン・マッチの日本進出は1923年日本燐寸に資本参加したことに始まる。1932年日産コンツェルン傘下企業となる。

1935年日産コンツェルン傘下へ。1938年東京電気の子会社へ。

1908年バブコック，日本での直販を開始。

1933年旭絹織，延岡アンモニア絹糸と合併して旭ベンベルグ絹糸に。

1923年三菱商事，アソシエーテッド製品の日本における販売権取得。

—

1927年オーチス・エレベーター日本支社設置，三井物産と提携。

1920年住友電線，日本電気を介してウェスタン・エレクトリックと技術提携。1939年住友電気工業と改称。

1935年藤山系の日本金銭登録機と合併して日本ナショナル金銭登録機となる。

1926年黒沢商会，ワットソン製品の日本における販売権を取得。設立に渋沢財閥が協力。

—

な役割を果たせる位置を占めるにいたったのである（**表1-2**参照）[24]。ただ，戦前における日本のエネルギーの中心は石炭にあったから，いかに「新たな強化された日本石油株式会社」といっても目を見張るような大会社ではなく，いわゆる四大あるいは五大財閥の石油産業の参入は，三菱を除くと大いに遅れた。戦後の占領期において財閥解体が展開されたこともあったが，そうしたなかで日本石油株式会社はいわゆる「エネルギー革命」の進行する以前において，その地位を確立させ，今日みるような「新日本石油株式会社」という大会社となったのである[25]。

　明治33（1900）年に，英国の有力な商社であるS・サミュエル商会（S. Samuel & Company）は，英国と蘭国の合弁石油会社であるシェル・グループの子会社という形で，日本に払込資本金25万圓のライジングサン株式会社（Rising Sun Company）を設立した[26]。その10年後，ライジングサン株式会社は，ボルネオおよびジャワで産出された原油を精製するため，博多湾の西戸崎に製油工場を建設しているが，そのさい日本の低廉な賃金がこのような投資決定に強く影響したといわれている[27]。日本では石油の開発および販売の細部にわたって，厳しい限定がなされていたにもかかわらず，ライジングサン株式会社は，日本に導入された内燃機関の技術革新の利益を獲得するために製油工場の配置を行なったのである。

　大正後期から昭和初期にかけて農漁業などに内燃機関が普及するとともに，自動車産業がそれなりに急速な進歩をみせることによって，日本の石油産業は，劇的な需要の増加に直面し，第一次世界大戦の前夜にお

14　第Ⅰ部　直接投資と合弁事業史

ける日本の石油の需要は約1,200万バレルであったのが，昭和3（1928）年には3,600万バレル，昭和9（1934）年には7,800万バレルを記録するにいたったのである。しかし，日本の石油産業は，主として原油の不足によって，この劇的な需要の増加を満たすことができなかった。国内の石油会社の製油工場は，大正12（1923）年には，消費した石油の全需要量の34.2％を精製していたが，昭和9（1934）年には，この割合が全需要量の8.4％と大きく低下したのである。こうしたことから，日本の石油会社は，外国から輸入された原油を精製することによって，日本の市場で販売するため，製油工場の建設を競い合った[28]。

　しかし，三菱石油株式会社だけは，唯一石油の生産において外国企業と提携した。その経緯についてみると，大正12（1923）年から，三菱合資会社商事部は，アソシエーテット石油会社（Associated Oil Company）の石油の日本における販売権を取得していたが，その後，昭和6（1931）年に，払込資本金250万圓の三菱石油株式会社を設立した。そして，その関連において，昭和6（1931）年に，三菱石油株式会社とタイドウォーター・アソシエーテット石油会社（Tide Water Associated Oil Company）は，三菱石油株式会社の川崎製油所を建設するために，たがいに500万圓ずつを出資し，利益と負債の配分に関する協定を締結した[29]。タイドウォーター・アソシエーテット石油会社は，自社の油井や油田の原油が精錬されることを条件とし，川崎製油所に先端技術と技術的なノウハウを提供した。日本政府の国内精製支援のおかげで，日常業務は非常に円滑に進み，石油関係の合弁企業はナショナリストによる国家主義的な抗議行動の圧力から解放された[30]。

　昭和6（1931）年以降になると，石油産業における，追加の直接投資は行なわれなかったにもかかわらず[31]，第二次世界大戦の前夜において，製油工場の建設にともなう石油精製事業の発達によって，日本の石油会社は，国内市場における石油の全需要量の約40％を精製できるようになったのである。しかし，残りの60％については，英国のライジングサン株式会社と米国の日本ヴァキューム・オイル株式会社という2大石油トラストの手で輸入された石油であった[32]。

ガス事業

　大阪瓦斯株式会社は，外国人投資家にとって個人による直接投資を行なうのにふさわしい経済的な見込みがあると考えられた企業であった。しかし，実は大阪瓦斯株式会社は，明治29（1896）年に設立されていたにもかかわらず，明治35（1902）年に米国の資本家ブレィディ（Anthony N. Brady）が，払込資本の5割にあたる200万圓を直接投資するまでは，有名無実の企業にすぎなかった。それでも，こうした外国資本の直接投資は，私的な独占を推進することになると警戒されたことによって，大阪瓦斯株式会社の事業計画は，これを国営にするか市営にすべきであるという激しい反対運動に直面した。しかし，最終的には，ブレィディの投資した資本がなければ，大阪瓦斯株式会社は営業できないということもまた事実であった。それゆえに，大正2（1913）年7月に亡くなったにもかかわらず，23年にわたって，ブレィディは，大阪瓦斯株式会社の主要な株主であった。やがて，大正14（1925）年に，ブレィディの遺族は，大阪瓦斯株式会社からの資本の完全な撤退を交渉するにいたったのである[33]。

電機産業と電球産業

　明治32（1899）年7月17日に，岩垂邦彦，前田武四郎など日本の投資家が9万2,000圓を，そして米国のウェスターン・エレクトリック会社（Western Electric Company）が10万8,000圓を出資し，合わせて払込資本金20万圓の合弁事業である日本電気株式会社を設立したが，これは日本における外国資本の直接投資の最初の事例である[34]。ウェスターン・エレクトリック会社は，ここにいたるまで，日本における販売代理店として高田商会を利用していたが，日本電気株式会社（Nippon Electric Company - NEC）を発足させたことで，米国製電機製品の日本における本格的な販売に乗り出したものと考えられる（表1-2参照）[35]。

　つぎに，それから6年後の明治38（1905）年に東京電気株式会社と米国のゼネラル・エレクトリック会社（General Electric Company）が，資本および技術の提携を行なうことになったが，そのさい，ゼネラル・エレクトリック会社は15万圓を出資し，その結果，払込資本金40万圓の合弁事業となった東京電気株

16　第Ⅰ部　直接投資と合弁事業史

式会社において5席の役員のうち3席と，さらに副社長の席を確保し，また，
総株数5,000株のうちから1,875株を得ている。東京電気株式会社がゼネラル・
エレクトリック会社と提携し，合弁事業として再編成をはかったのは，もっぱ
ら優れた電球などの製造技術を導入したかったからである[36]。それまで，東
京電気株式会社は，日本製電球の主要な製造者であったにもかかわらず，その
品質は優秀な外国製電球にくらべれば劣っており，競争すべくもなかったので
ある[37]。

　その当時，日本の市場では，米国のゼネラル・エレクトリック会社とナショ
ナル・エレクトリック会社（National Electric Company），英国のサンビーム会
社（Sunbeam Company）とトライスター会社（Tri-Star Company），蘭国のフィ
リップス会社（Phillips Company），独国のアルゲマイネ会社（Allgemaine Elec-
tric Company）とジーメンス会社（Siemens Electric Company）などが活発に電機
製品の販売を行なっており，日本独自の技術では売りものになる電球の開発は
非常に困難な状況に置かれていた。そこで，東京電気株式会社は，ゼネラル・
エレクトリック会社からタングステン電球の製造に必要な機械器具や材料を導
入しようとしたわけである。その結果，実現した資本および技術の提携によっ
て，電球のフィラメントをそれまでの特別な竹でつくった炭素線からタングス
テン線に転換させることに成功し，大きな利益をおさめ，高率の配当を実施す
ることができるようになったのである[38]。東京電気株式会社がこのような画
期的な成果をあげることができたのは，外国からの技術導入にもとづくもので
あったことは明らかであり，東京電気株式会社のすべての製品に，ゼネラル・
エレクトリック会社の商標が付され，ゼネラル・エレクトリック会社の特許に
もとづく製品であることが明示された[39]。東京電気株式会社のこうした事例
をみて，日本経済の成長および発展にとって，特許の導入という形で実現した
技術の移転が，単に投資した金額の大小よりも重要な意味を持つということが
できる[40]。

　明治43（1910）年になると，ゼネラル・エレクトリック会社は，もう1つ明
治26（1893）年に設立され，明治37（1904）年に株式会社となった芝浦製作所
という電気機器製造会社との間に提携関係を持つことになる[41]。払込資本金
100万圓であった株式会社芝浦製作所は，このときゼネラル・エレクトリック
会社との資本および技術の提携によって48万圓の出資を受け，払込資本金が

200万圓の合弁事業として再編成されている。そのさい，ゼネラル・エレクトリック会社は，株式会社芝浦製作所から全株式の24%に相当する9,900株を得たが，そのうちから4,125株を日本における最初の合弁事業である東京電気株式会社に引き渡している。これをみると，ゼネラル・エレクトリック会社の出資の目的が，この2つの合弁事業の間における金融的な関係を強化し，最終的には2つの事業の合併を実現させるためであったことが明白である。しかし，合併の提案は，すでに2年前に行なわれていたから，明治43（1910）年におけるゼネラル・エレクトリック会社の株式会社芝浦製作所に対する出資が改めて2つの事業の合併交渉を促すことになったのである[42]。結局，昭和14（1939）年にその2つの事業は合併して東京芝浦電気株式会社となる[43]。

　第一次世界大戦が終わったのち，日本の電機産業における新事業者の台頭および電機製品に対する著しい需要の増加によって，外国資本の直接投資は，さらに活発になった。たとえば，大正10（1921）年1月には，神戸にある三菱造船株式会社が親会社となって三菱電機株式会社を設立していたが，2年後の大正12（1923）年には米国のウェスティングハウス・エレクトリック・インターナショナル会社（Westinghouse Electric International Company）が三菱電機株式会社に対して資本および技術の提携のために150万圓を出資している。そして，この提携の成功により，両社は，昭和4（1929）年11月に市場で電機製品を販売するため，日本における販売部門と流通部門の営業を合併させ，昭和5（1930）年1月1日に株式会社菱美電機商会として開業している[44]。ちなみに，株式会社菱美電機商会の「菱」は，三菱電機の「菱」であり，また「美」は，中国語でアメリカ合衆国を「美国」と書くことから，米国を現わしている[45]。

　なお，大正12（1923）年8月29日に設立された富士電機株式会社も電機産業における合弁事業の例であるが，この場合，古河電気工業株式会社と日本の投資家などが700万圓を，さらに独国のジーメンス・シュケルト会社（Siemens-Schukertwerke Company）およびジーメンス・ハルスケ会社（Siemens und Halske Electric Company）が300万圓を出資している[46]。合わせて払込資本金1,000万圓となった富士電機株式会社は日独合弁事業の代表とみることができる。富士電機株式会社の社名は，日本を象徴する「富士山」に由来しているようにみえるが，実は，「富」は，古河電気の「フ」，また，「士」は，ジーメンスの

18　第 I 部　直接投資と合弁事業史

「ジ」からとったものである。古河電気工業株式会社は資本金の 7 割を出資したが，両ジーメンス社が多くの技術を提供しており，大正14（1925）年に竣工した富士電機株式会社の川崎工場の製造機械および技術のほとんど全部は，独国から輸入されたものであったといわれている。その後，昭和10（1935）年には，富士電機株式会社の電話器および電信器の製造工場が分離され，払込資本金600万圓の富士通信機製造株式会社となった。その後，昭和12（1937）年には，親会社の富士電機株式会社との共同事業として，中国東北地方における奉天（現在，遼東）に，500万圓を投下した大規模工場の建設を行なっている[47]。なお，昭和42（1967）年には，富士通信機製造株式会社の社名は，現在，総合エレクトロニクス・メーカーとしてよく知られている富士通株式会社（Fujitsu Limited）と変更されたのである。

機械製造業

　機械製造業の事例としては，まず，昭和 3 （1928）年に，三井物産株式会社が50万圓を，英国のバブコック・アンド・ウィルコックス会社（Babcock & Wilcox Company）が125万圓を出資し，ボイラーなど電力関係の技術導入のために，払込資本金175万圓の日英合弁事業である東洋バブコック株式会社を設立しているのをあげることができる（表 1-2 参照）[48]。

　昭和 6 （1931）年 9 月18日の満洲事変の勃発後，外国資本の直接投資および合弁事業の事例は非常に少なくなったが，昭和 7 （1932）年，エレベーター関係の技術を得るため，三井物産株式会社が全体の40％にあたる400万圓を，そして米国のオーチス・エレベーター会社（Otis Elevators Company）が，60％にあたる600万圓を出資し，合わせて払込資本金1,000万圓の日米合弁事業である東洋オーチス・エレベーター株式会社を設立したが，それは本章で扱っている明治32（1899）年から昭和14（1939）年にいたるまでの40年間にわたる合弁事業の歴史のなかで，最も膨大な金額である。また，昭和 8 （1933）年には，米国のナショナル・キャッシュ・レジスター会社（National Cash Register - NCR）が全額を出資し，払込資本金75万圓の完全な子会社であるナショナル金銭登録機株式会社を設立したが，2 年後の昭和10（1935）年には，日本金銭登録機株式会社と合併し，日本ナショナル金銭登録機株式会社と改称している。さら

に，昭和12（1937）年には，米国のワットソン・コンピュター・マシン会社（Watson Computing-Tabulating Machine Company）も全額を出資し，払込資本金50万圓の完全な子会社である日本ワットソン統計会計機械株式会社を設立した[49]。このほか第二次世界大戦にいたるまでに，日本における直接投資および合弁事業にとって，富士紡績株式会社，王子製紙株式会社，日本窒素肥料株式会社，日本楽器株式会社など多数の会社が，外国資本の直接投資あるいは合弁事業の形をとっていると考えられるが，残念ながら現在のところ詳細は不明である[50]。

　ところで，明治43（1910）年にゼネラル・エレクトリック会社と資本および技術の提携を行なっていた株式会社芝浦製作所は，第二次世界大戦の勃発時まで，圧延機・圧縮機などを製造するため，米国のピッツバーグに製造所を置くユーナイテッド・エンジニアリング・アンド・ファウンドリー会社（United Engineering and Foundry Company）から大量の技術およびノウハウを導入し，昭和14（1939）年3月には，両社の出資により払込資本金1,600万圓の合弁事業である芝浦共同工業株式会社を設立している[51]。ただし，両社のそれぞれの出資金額は不明で，この合弁事業の詳細は明らかでないが，第二次世界大戦前における合弁事業の最後の事例となった。さらに，昭和14（1939）年には，ゼネラル・エレクトリック会社と資本および技術の提携をしていた株式会社芝浦製作所および東京電気株式会社は長期的な交渉の末に合併し，東京芝浦電気株式会社となっている[52]。この東京芝浦電気株式会社，いわゆる「東芝」の設立は，関連する芝浦共同工業株式会社の営業をさまたげるものではなかったが，昭和19（1944）年から敗戦の直後にいたるまで，芝浦共同工業株式会社を強制的に東芝コンツェルンの傘下企業とし，一時その社名を東芝重機製造株式会社と改めている[53]。

電線製造業

　明治40（1907）年9月には，電機産業と関連する電線製造業においても，外資導入が進められ，独国のジーメンス会社が，足尾銅山を有する古河財閥と特約することによって，それまで米国から輸入されていた電線と競争するため，日本で最初の電線製造所を設立しているが，残念ながら正確な社名や投資金額

20 第Ⅰ部 直接投資と合弁事業史

などは現在のところ不明である[54]。それから13年後の大正 9 （1920）年11月に設立された，払込資本金1,000万圓の株式会社住友電線製造所は，米国のウェスターン・エレクトリック会社（Western Electric Company）との資本および技術の提携によって，住友財閥総本店の傘下にあった工場を分離したものである。株式会社住友電線製造所は，その後も英国のスタンダード・テレフォン・ケーブル会社（Standard Telephone Cable Company - STC）や伊国のピレリー会社（Pirelli & C. S.p.A.）などと技術的に提携したことによって，電線および電纜（ケーブル）の製造において，たちまち最高の地位を占めるにいたったが，その結果，海外からの輸入製品にかわって，国産品で需要を賄うことができるようになったことは成功であった（**表 1 - 2 参照**）[55]。

　昭和 7 （1932）年になると，米国の電線製造業者であるインターナショナル・スタンダード・エレクトリック会社（International Standard Electric Company）が，株式会社住友電線製造所に，資本および技術の提携のために，180万圓を出資しており，この提携の成功によって，払込資本金1,500万圓を越えた株式会社住友電線製造所は，大阪に，世界で 6 番目の海底電線工場を建設することによって，世界で一流の資格を獲得するとともに，古河電気工業株式会社および藤倉電線株式会社の海底電線部門をそれぞれの本社から分離させたうえで合併し，払込資本金200万圓の新会社である日本海底電線株式会社を設立している[56]。

蓄音器産業

　明治43 （1910）年に，フレデリック・ホーン（Frederick W. Hohn）が指導した米国の蓄音器産業シンジケートは，日米合弁事業として新たな蓄音器会社の設立を行なうため，日米蓄音器株式会社および株式会社日米蓄音器商会の代表者と交渉を開始し，払込資本金35万圓の株式会社日本蓄音器商会を設立した。最初の国産の「ニッポンノフォン」蓄音器の 4 機種とシンホニー，ローヤル，アメリカン，ユニバーサル，グローブなどのレコード・レーベルによる片面盤を販売した[57]。つぎに，昭和 2 （1927）年に，米国のビクター・トーキング・マシン会社（Victor Talking Machine Company）が，払込資本金200万圓の完全な子会社である日本ビクター蓄音器株式会社を設立しているが， 2 年後の昭和 4

（1929）年には，三井物産株式会社と住友財閥総本店が，日本ビクター蓄音器株式会社に投資したことから，同社は日米合弁事業となったのである。ただし，それぞれの出資金額は不明である。この間，昭和 2 （1927）年には，日米合弁事業であった株式会社日本蓄音器商会が，米国のコロンビア・グラマホン会社（Columbia Gramophone Company）の英国子会社と資本および技術の提携に関する交渉を行ない，昭和 3 （1928）年に，払込資本金210万圓の日英米合弁事業である日本コロンビア蓄音器株式会社を設立した（**表 1 - 2** 参照）[58]。

　しかし，日本コロンビア蓄音器株式会社は昭和10（1935）年に，日本ビクター蓄音器株式会社は昭和12（1937）年に，それぞれ，それまでの外国資本との提携を解消し，日産コンツェルンの傘下企業となっている。なお，両蓄音器会社は，日本産業株式会社の事業計画の一環として，満洲に資本を移す予定があったにもかかわらず，東京電気株式会社が，昭和12（1937）年に，両蓄音器会社の経営を委ねられ，第二次世界大戦の敗戦の直後にいたるまで，子会社の形で営業を継続した[59]。

　興味深いことは，昭和10（1935）年に，東京電気株式会社は，無線送信機・無線受信機（家庭用ラジオ受信機を除く）・テレビジョン装置・無線方向探知機・電子放電管などの特許および実用新案を得るため，ゼネラル・エレクトリック会社を通じて，米国のアール・シー・エー会社（Radio Corporation of America - RCA）と提携する。そして，昭和14（1939）年に株式会社芝浦製作所と東京電気株式会社が合併し，東京芝浦電気株式会社（現在の「東芝」）となったのち，同社とアール・シー・エー会社との技術的な提携は，59にのぼる電気製品の特許や14のデザインにまで拡大された。これらすべての技術における根本的な要素（構成部分）は，真空管である[60]。

兵器産業

　明治38（1905）年に，英国のアームストロング・ウィットワース社（Armstrong Whitworth & Company），チルワース・ガンパウダー社（Chilworth Gunpowder Company），ノーベルズ・エクスプローシブス社（Nobel's Explosive Company）の 3 社は日本爆発物製造会社なるものを設立した[61]。本社はロンドン，支社は爆薬工場がある神奈川県の平塚に置かれた日本爆発物製造会社は，日本

22　第Ⅰ部　直接投資と合弁事業史

の海軍省を最も大きな顧客として注文を満たしていたが，明治41（1908）年
に，日本の海軍省は，この会社の買収に成功し，海軍火薬廠としている[62]。
また，明治40（1907）年には，北海道の室蘭に北海道炭礦汽船株式会社と英国
のヴィッカーズ社（Vickers Company）およびアームストロング・ウィットワー
ス社の3社の合弁事業である払込資本金1,000万圓の株式会社日本製鋼所の工
場が設立されたが[63]，これが日英合弁事業の最初の成功例である。株式会社
日本製鋼所は，太平洋戦争にいたるまで，日本の最大の兵器製造工場であった
が，主として大砲，兵器，各種機械，艦船，鉄鋼材料などの製造販売を行なっ
ている（表1-2参照）[64]。

　明治40（1907）年に最初の出資が行なわれた段階では，北海道炭礦汽船株式
会社と英国のヴィッカーズ社およびアームストロング・ウィットワース社は，
日本側と英国側がそれぞれ対等に500万圓ずつを出資し，また，2年後の明治
42（1909）年に，海軍省から大砲鋳造の注文を受けたとき，北海道炭礦汽船株
式会社と英国の両会社は，改めて，それぞれ対等に250万圓ずつを出資し
た[65]。この結果，株式会社日本製鋼所の払込資本金は1,500万圓となっている。
こうして日本製鋼所が日英合弁事業として当時世界一流の兵器技術をもつこと
ができるようになった背景には，日英間の軍事的な協力関係が反映されている
といえよう[66]。

公共交通事業

　明治後期から昭和初期にかけての直接投資の歴史のなかで，日本の社会から
その承認を得ることができなかった外国人投資家の立場や同様な外国企業およ
び合弁事業の運営がきわめて困難であったことは，1つの研究テーマになる問
題である。つまり，日本の投資家および企業は，外国人投資家および外国企業
と提携することを決定する前に，それに対するメディアの憶測，反対運動，ま
た法律改正の可能性などを真剣に考慮しなければならなかった。一般に知られ
ていない合弁事業である東京電気鉄道株式会社が軌道に乗るまでに味わった苦
い経験は，当時の投資状況をよく示す事例といえる。なお，東京電気鉄道株式
会社の路線について土橋－御茶ノ水間（その後皇居外堀に沿って飯田橋，四谷，赤
坂などを経由し土橋に戻る環状線）であった。

戦争のない世界を目指して
刀水書房最新ベスト

〒101-0065 千代田区西神田2-4-1東方学会本館 tel 03-3261-6190 fax 03-3261-2234 tousuishobou@nifty.com （価格は税込）

刀水歴史全書103
古代ギリシア人の歴史
桜井万里子 著

古代ギリシア史研究の泰斗が描く、現代日本最先端の古代ギリシア史
ヨーロッパ文化の基盤古代ギリシアはいつ頃から始まったのか？ 新発掘の文書が語る［ポリスの誕生］とは？

四六上製 430頁 ￥4,400

刀水歴史全書104
古代ギリシアのいとなみ
都市国家の経済と暮らし
L.ミジョット著 佐藤昇 訳

古代ギリシア都市（ポリス）の経済と暮らしを鮮やかに解き明かす一冊
大学生・一般の知的読者向けの手引書

四六上製 270頁 ￥3,520

石は叫ぶ
靖国反対から始まった平和運動50年
キリスト者遺族の会 編

1969年6月靖国神社国家護持を求める靖国法案が国会に。神社への合祀を拒否して運動，廃案後平和運動へ。キリスト者遺族の会の記録

A5判 275頁 ￥2,750

オーストラリアの世論と社会
ドデジタル・ヒストリーで紐解く公開集会の歴史
藤ınä 隆男 著

「35年にわたる史料読み込み」と「ビック・データを利用した史料の定量分析」で，茫漠たるテーマ「世論」の客体化に見事成功

A5並製 280頁 ￥3,630

第二次世界大戦期東中欧の
強制移動のメカニズム
山本明代 著

連行・追放・逃亡・住民交換と生存への試み
なぜ生まれ育った国で生きる権利を奪われ国を追われたのか，これからの課題を探る

A5上製 430頁 ￥5,830

欧人異聞
樺山紘一 著

西洋史家で、ヨーロッパをこよなく愛し、歴史の中を豊かに生きる著者が贈るヨーロッパの偉人121人のエピソード。日本経済新聞文化欄の大好評連載コラムが刀水新書に！

新書判 256頁 ￥1,210

刀水歴史全書101
トルコの歴史 (上)(下)
永田雄三 著

世界でも傑士のトルコ史研究者渾身の通史完成
一洋の東西が融合した文化複合世界の結実を果たしたトルコ。日本人がもつ西洋中心主義の世界史ひいては世界認識の歪みをその歴史から覆す

四六上製（上下巻）
〈上〉304頁〈下〉336頁
各巻 ￥2,970

刀水歴史全書102
封建制の多面鏡
「封」と「家臣制」の結合
シュテフェン・パツォルト 著
／甚野尚志 訳

わが国ではまだ十分に知られていない欧米最新の封建制概念を理解する決定版

四六上製 200頁 ￥2,970

明治36（1903）年1月に，東京電気鉄道株式会社の代表者と英国の資本家マルコム（Malcolm）は[67]，合弁事業設立の交渉を行ない，株式の半数以上を英国人が所有すること，役員の半数を英国人とすること，また工事の監督を英国人に委任することという3つの条件を盛りこんだ契約を結び，それにもとづき，マルコムは，東京電気鉄道株式会社に払込資本金の半分を上まわる91万7,000圓，英貨にして10万ポンドを出資して主要株主となった。しかし，こうした契約の内容が報知新聞にスクープされたことから，東京電気鉄道株式会社は，たちまち社会的な厳しい批判の対象とされたのみならず，「売国奴」呼ばわりされるという事態に直面した。『報知新聞』は，東京電気鉄道株式会社は「帝国臣民に與へられたる公道専有の特典を外国人に売渡すに在りて，殆ど売国の罪悪を犯さんとしつつあり」と痛罵するだけで，導入された外資がもたらす新たなインフラストラクチャーの発展と見なすという社会経済的な観点に立った評価をしようとはしなかった[68]。それにもかかわらず，日英合弁事業として設立された東京電気鉄道株式会社は，事業としては成功であった。

しかし，公共交通事業にとって，外国企業のもたらす知識や技術的な優位が認識され，外国企業もまた日本を適切な投資の対象であると考えていたにもかかわらず，その後，この部門における直接投資がみられなかったのは，東京電気鉄道株式会社の設立経過をみれば，別に驚くべきことではない[69]。とりわけ，明治39（1906）年3月31日の「国有鉄道法（第17号）」の公布によって，日本政府は，公共交通事業において，外国企業による投資を招く機会を事実において妨げたのである[70]。

ゴム産業とタイヤ産業

明治2（1909）年には，英国のダンロップ・ゴム会社（Dunlop Rubber Company）が，神戸に日本ダンロップ（極東）護謨会社を設立したが[71]，大正6（1917）年7月1日に，「工業所有権戦時法（第21号）」の公布にともない[72]，巨大総合商社三井物産株式会社と合弁することとなり，払込資本金118万圓の日本ダンロップ（極東）護謨株式会社と改称した[73]。そして，この日英合弁事業は非常な成功をおさめ，第二次世界大戦以前の日本における主要なゴムの生産工場となった[74]。同じ大正6（1917）年に，横浜電線製造株式会社と米国の

24　第Ⅰ部　直接投資と合弁事業史

B.F. グットリッチ株式会社（B. F. Goodrich Company）は，それぞれ対等に125万圓ずつを出資し，払込資本金250万圓の日米合弁事業である横浜護謨製造株式会社を設立した。そして，日本ダンロップ（極東）護謨株式会社と横浜護謨製造株式会社および名前に似合わず日本の資本のみで設立されたブリヂストンタイヤ株式会社の３社は，タイヤの生産ということで緊密に関連する自動車産業とオートバイ事業の部門にとって，非常に重要な役割を果たすことになる[75]。昭和６（1931）年３月１日に設立されたブリヂストンタイヤ株式会社の「ブリヂストン」は，創立者の石橋正二郎の姓を橋（bridge）石（stone）として並べたことに由来するが，一時米国のタイヤメーカーであるファイアストン・タイヤ・アンド・ラバー会社（Firestone Tire and Rubber Company）から類似商標とのクレームをつけられたという裏話がある。

オートバイ産業と自動車産業

大正後期から昭和初期にかけて，日本における自動車産業は急速な進歩をみせたが，とりわけ大正12（1923）年９月１日の関東大震災が，自動車産業の発展を促進することになるという，一見ありそうに思えない要因となった。なぜなら，東京と横浜などにおける震災復興の結果，道路がこれまでみられなかったほど，きちんと整備されたことにより，トラック，バス，タクシーおよび専用（自家用）自動車がそれを共通に使用する習慣が生まれたからである。また，緊急措置として，外国自動車の関税引き下げにより，東京府は鉄道および路面電車線に地震による被害を軽減するために数千台の自動車（主にフォードモデルＴトラック）を輸入することができた[76]。

しかし，オートバイの普及は，明治45・大正元年（1912）年における帝国陸軍が購入した米国製ハーレー・ダビッドソンのオートバイにさかのぼることができる。大正６（1917）年の時期には，これらの注文の大きさと警察や軍部が継続的に購入を続けたことにより，合名会社大倉組はハーレー・ダビッドソン・モーターサイクル（Harley Davidson Motorcycle）から小売権（一手販売の権利）を入手した。しかしながら，昭和６（1931）年に米国経済の景気後退により，ハーレー・ダビッドソン・モーターサイクルは，日本の小売権を取得した製薬メーカーの三共株式会社との合弁事業として，子会社の形で日本ハー

レー・ダビッドソン・モーターサイクルを設立した。昭和8（1933）年にミルウォーキー（ウィスコンシン州）の本社から完全生産権，青写真，工具，ダイズなどの関連する機械が供給されたのち同社は，最初の完全に国産のハーレー・ダビッドソンを製造した。そのオートバイは，軍用タイプ97（OHV レイアウト「ナックルヘッド（knucklehead）」の傑作エンジンを持つ）である。ただ数年後，昭和10（1935）年に，アメリカ人スタッフは合弁企業を辞退するように勧められ，日本ハーレー・ダビッドソン・モーターサイクルは三共内燃機株式会社と改名された。また，そのオートバイのナショナルイメージを高めるために「陸王」（土地の王または大陸の王）という日本名が付けられ，今日でも陸王として知られている。翌年には，そのオートバイに与えられた「陸王」の称号にちなんで社名が改めて陸王内燃機株式会社に変更された。陸王内燃機に関する生産の実態は明確ではないにもかかわらず，昭和12（1937）年から昭和17（1942）年にかけて，陸王内燃機は約18,000台のモーターサイクルを製造したことが分かっている（**表1-2** 参照）[77]。

　多くの外国の自動車産業が，日本の企業と提携して販売代理店との小売協定や製造販売の協定を締結しようとしていたが，フォードは日本市場に積極的に投資した最初の外国自動車会社であった[78]。大正14（1925）年2月には，外国自動車メーカーによる最初の直接投資の事例として，米国のフォード・モーター株式会社（Ford Motor Company）が，全額を出資し，払込資本金400万圓の完全な子会社である日本フォード自動車株式会社を設立し，直ちに横浜の子安に工場を建設した（**表1-2** 参照）[79]。そして，条約港の時代から横浜において国際的な金融業務を営んでいたセール・フレーザー商会（Sale, Fraser and Company）が，日本フォード自動車株式会社の一手販売機関の役割を演じたのである[80]。日本フォード自動車株式会社は，大正14（1925）年3月に，本社から導入したコンベア・システム（いわゆる「フォーディズム」）による組立て作業を開始し，同年中にノックダウン方式により3,437台の自動車を生産したのである（**表1-3** 参照）[81]。

26　第Ⅰ部　直接投資と合弁事業史

表1-3　自動車の供給状況，1916-1945

（単位：台）

年	輸入完成車数	国内生産 （　）は小型車		輸入組立車	輸入組立車内訳		
					日本フォード	日本GM	共立自動車
1916	218						
1917	860						
1918	1,653						
1919	1,579						
1920	1,745						
1921	1,074						
1922	752						
1923	1,938						
1924	4,063						
1925	1,765			3,437	3,437		
1926	2,381	245		8,677	8,677		
1927	3,895	302		12,668	7,033	5,635	
1928	7,883	347		24,341	8,850	15,491	
1929	5,018	437		29,338	10,674	15,745	1,251
1930	2,591	458		19,678	10,620	8,049	1,015
1931	1,887	436	（2）	20,199	11,505	7,478	1,201
1932	997	880	（184）	14,087	7,448	5,893	760
1933	491	1,681	（626）	15,082	8,156	5,942	998
1934	896	2,247	（1,170）	33,458　輸出 ⎰349	17,244	12,322	2,574
1935	934	5,094	（3,913）	30,787　　 ⎱626	14,865	12,492	3,612
1936		12,186		30,997			
1937		18,055		31,000			
1938		24,388		20,000			
1939		34,514					
1940		46,041					
1941		46,498					
1942		37,188					
1943		25,879					
1944		21,762					
1945		6,726					
合計	42,620	285,364	（5,895）	293,749	108,509	89,047	11,411

出典: 宇田川勝・中村青志（編），1999: 67，および四宮正親，1998: 21，より作成。

　その頃，主要な競争相手である米国のゼネラル・モーターズ株式会社（General Motors Company）も，フォード・モーター株式会社と同様に，日本を含むアジア市場において着実な足場を確保したがっていた。そして，昭和2（1927）

繊維産業　27

年1月に，ゼネラル・モーターズ株式会社は，まずフォード・モーター株式会社の2倍の金額を出資し，払込資本金800万圓の完全な子会社である日本ゼネラル・モーターズ株式会社を設立したが，これはそれまでの日本に対する直接投資の最大なものと考えられる[82]。そのさい，日本ゼネラル・モーターズ株式会社の本社は，予備的な交渉過程で，関東と関西の競争関係を明敏にキャッチし，大阪に工場を建設することによって，4年間の市税の免除と工場設置に対するできるだけの便宜の供与を獲得した。こうして昭和2 (1927) 年に竣工をみた日本ゼネラル・モーターズ株式会社の大阪工場は，輸入された米国製の部品およびノックダウン方式により5,635台の自動車を生産したのである (表1-3参照)[83]。

　なお，さきにみた日本フォード自動車株式会社とセール・フレーザー商会との提携と同様に，ヤナセ自動車株式会社と三井物産株式会社が[84]，日本ゼネラル・モーターズ株式会社の製品である自動車の販売機関の役割を演じたのである[85]。米国のクライスラー・モーター株式会社 (Chrysler Motor Company) も，日本を含むアジア市場における自動車の製造販売のために提携交渉を行ない，昭和3 (1928) 年に輸入代理店4社の協同出資により株式会社共立自動車製造所を設立することで，着実に販売実績をあげている。そのさい，日本市場における自動車の需要は，昭和恐慌や国際的な金融危機および不況の反映があったにもかかわらず，欧米の先進国と比べて，相対的に活気があると考えられていた[86]。しかし，昭和11 (1936) 年5月29日に「自動車製造事業法（第33号）」が公布されると，日本における外国自動車メーカーは，日本の会社に半分以上の株式を売却するか，日本での自動車の製造販売を停止するかという厳しい選択に直面させられることになった。その結果，日本フォード自動車株式会社と日本ゼネラル・モーターズ株式会社は，日本の自動車産業から全資本を撤退させたが，そのかわりに豊田自動車株式会社と日本産業自動車株式会社が，製造と販売両面で短期的なブームを獲得することになった (表1-3参照)[87]。

繊維産業

　日本における繊維産業には，大規模な外国資本の直接投資は少ないが，合弁

28　第Ⅰ部　直接投資と合弁事業史

事業の事例はわずかながらみられる[88]。たとえば，明治40（1907）年4月に，村井吉兵衛が全体の40%に相当する60万圓を，英国スコットランドのJ.P. コーツ株式会社（J. & P. Coats & Company）が60%に相当する90万圓を出資し，大阪に本社を置く払込資本金150万圓の帝国製糸株式会社を設立している[89]。また，大正11（1922）年に，独国のアルゲマイネ会社（Allgemaine Electric Company），J.P. ベンベルグ会社（J.P. Benberg & Company），E.G. ファルベン・インダストリー会社（E.G. Farben Industry），クラプス会社（Krupps & Company）からなる投資シンジケートが，旭絹織株式会社に対して資本および技術の提携によって40万圓を出資し，合弁事業としている[90]。そして，昭和4（1929）年には，日本窒素肥料株式会社が全体の80%に相当する800万圓を，J.P. ベンベルグ会社が20%に相当する200万圓を出資し，払込資本金1,000万圓の日独合弁事業である日本ベンベルグ絹糸株式会社を設立している[91]。このあと，昭和8（1933）年に，日本ベンベルグ絹糸株式会社は，日独合弁事業である旭絹織株式会社および日本の資本のみで設立された宮崎の延岡アンモニア絹糸株式会社と合併し，旭ベンベルグ絹糸株式会社という1つの企業となっている。このように，繊維産業においても合弁事業の事例はみられるけれども，中国やインドのそれに比べれば，日本の繊維産業に対する外国資本の直接投資は非常に小さかったという推測がなされている[92]。

ガラス・板ガラス産業とアルミ産業

　明治39（1906）年，渋沢栄一，村井吉兵衛，長森藤吉郎，大倉喜八郎など日本の有力な投資家は，大阪を中心として関西地方でのガラス製品の需要を満たすために，国際的な投資団を形成し，日本の投資家が40万圓を，仏国およびベルギーの投資シンジケートが40万圓を，そして英国の投資シンジケートが10万圓を出資し，合わせて払込資本金90万圓の合弁事業である東洋硝子（ガラス）製造株式会社を設立した[93]。また，これらの投資シンジケートは，東洋護謨（ゴム）株式会社，東洋リノリウム株式会社，東洋森林株式会社など，一連の「オリエンタル・カンパニー」という意味での東洋会社群，および帝国刷子（サッシ）株式会社の設立を促進したと考えられている[94]。さらに，明治40（1907）年には，田中遜，長森藤吉郎および仏国人ヒーナリ（Hinary）のイニシアティヴにより日仏投資シンジ

ガラス・板ガラス産業とアルミ産業　29

ケートが形成され，東洋コンプレッサール株式会社を設立した。しかし，この
会社については本社が東京の麹町内幸町にあったという以外，ほかの東洋会社
と同様に，残念ながら営業の詳細は現在のところ不明であり，合弁事業として
成功したかどうかも周知されていないのである[95]。

　実際には，第二次世界大戦にいたるまでにみられた，日本における外国資本
の直接投資および合弁事業の社史や経営などについて，今後の追加的研究が必
要とされる事例が多いといわざるをえないのである。たとえば，部門は様々で
あるが，明治39（1906）年には，ロンドンにおける，いわゆる「さむらい・シ
ンジケート」と関係していた英国の投資家たちおよびソール・クローダー商会
（Saul Crowder & Company）が，北海道の新夕張炭鉱をすべて買収し，さらに北
九州の門司船渠株式会社の株式の6分の1を引き受けたことが明らかになって
いる[96]。また，明治40（1907）年に，仏国のエア・リキード会社（L'air Liquide
Company）が，10万3,000圓を出資し，完全な子会社である日本オキヂェーヌ及
びアセチレーヌ株式会社を設立している。さらに，明治43（1910）年には，英
国のリバー・ブラザース会社（Lever Brothers Company）が，神戸の近くの尼
崎に工場を建設し，完全な子会社である日本リバー・ブラザース株式会社を設
立した。同社は大正14（1925）年には，神戸瓦斯株式会社の経営にも参入し，
翌年，子会社の社名を最も有名な製品にちなんで，ベルベット石鹸株式会社と
改称しているが，それ以上のことは詳らかでないのである[97]。

　いずれにせよ，明治後期から昭和前期にかけて，日本の板ガラス産業は，活
発な技術導入，技術革新，設備拡大により，著しい進歩を遂げ，昭和12（1937）
年には，板ガラス生産高で世界第1位となっている。大正7（1918）年に，旭
硝子株式会社，住友合資会社，三菱合資会社の3社が，全体の約3分の2にあ
たる195万圓を，そして米国のリビー・オーウェンズ会社（Libby Owens Sheet
Glass Company）が，全体の約3分の1にあたる105万圓を出資し，合わせて払
込資本金300万圓の日米合弁事業である日米板硝子株式会社を設立した[98]。リ
ビー・オーウェンズ会社は，この会社に対して画期的なコルバーン式板ガラス
製造の特許および技術を，また，日本の主要なガラス会社である旭硝子株式会
社は，それ以外の技術を提供した。大正11（1922）年になると，日米板硝子株
式会社は，旭硝子株式会社および三菱合資会社の資本から離れ，住友合資会社

30 第Ⅰ部 直接投資と合弁事業史

の傘下に入り，旭硝子株式会社よりスタートが遅れていたにもかかわらず，た
ちまち日本で第2位の板ガラス製造業者となっている。そして，昭和6（1931）
年には，社名を日米板硝子株式会社から日本板硝子株式会社に改めるが，そこ
には当時の企業文化における，より広い政治的な状況の変化が反映していると
いえよう[99]。

　実際に，板ガラスが近代式高層ビルから飛行機までに使用されるということ
は，アルミの開発と深いかかわりがある。当時，世界のアルミ精製において，
主要な地位を占めるアルコア会社（Aluminium Company of America - ALCOA）
は，日米合弁事業である東洋アルミニューム株式会社の株式の60%を所有し
ていたといわれる。しかし，1920年代後半の金融危機により，東洋アルミ
ニューム株式会社によるアルミ精製所の建設は実現されなかった[100]。それに
もかかわらず，昭和6（1931）年に，株式会社住友伸銅所は，アルミ板製造を
合弁事業として進めるために，住友合資会社の傘下から分離し，加国のアルカ
ン会社（Aluminium Company of Canada - ALCAN）とそれぞれ対等に175万圓ず
つを出資して，払込資本金350万圓の日加合弁事業である住友アルミニューム
株式会社を設立した。加国からの技術的な「ノウハウ」の導入によって，その
会社は日本の新世代アルミニウム産業として，まもなく最大のアルミ産業会社
なり，日本経済における優れた合弁事業の事例の1つとみられている[101]。

むすびにかえて

　日本経済において技術移転の果たした役割がいかなるものであったかを考え
るとき，これまでみてきた直接投資および合弁事業についての考察は，いくつ
かの重要な結論を与えてくれる。まず，明治32（1899）年6月から昭和14
（1939）年9月までの40年間において，米国，英国，独国など各国の会社，資
本家，投資家，企業経営者たちが，日本の商工業に大量の資本を投資したこと
を確認することができる。また，投資された金額の大小を一瞥すると，直接投
資および合弁事業における投下された金額は，間接的な公債，市債，社債によ
る外資導入と比べて，確かに微少であったにもかかわらず，日本経済の成長お
よび発展にとって，金額だけでは表現することができない多大な影響を与えた
という点で重要な役割を演じていることを見逃すわけには行かない[102]。さら

に，特許権の導入という形での主導的技術の移転は，電機産業，石油精製事業，兵器産業，ガラス産業，アルミ産業などの先端分野に圧倒的に集中していたことも忘れるわけに行かないのである[103]。

そのうえ，投資された金額の大小は，自動車，大砲，計算機，エレベーター，蓄音器，または，両切り紙巻きタバコ，マッチ，石鹸，タングステン電球などに必要とされたそれぞれの技術導入の社会経済的な重要性の程度を表わすものではない。たとえば，電線および電纜（ケーブル）の製造に必要とされた技術移転は，日本経済の急速な文字通りの「充電化」を促進するものであった。海底電線部門において導入された技術は，日本列島全体，さらには東アジアおよび東南アジアにおける植民地を含めた地域の電話および電信のネットワークの設置を推進するものであった。また，板ガラス生産の技術導入は，大都市におけるビルの建設およびデザインに大変革をひき起こし，さらに石油精製やアルミ精錬のような大規模な事業は，自動車産業や飛行機製造とその先につながる新規の企業勃興を推し進めることにつながっているのである。

しかし，この40年間にわたる直接投資および合弁事業の歴史をみた場合，日本政府のそのときどきの対外政策が，常に決定的な意味を有していたことがはっきりと窺えるが，日本政府の外資系企業に対する態度は，いわゆる「排外化」が進められる過程において，しばしば強い干渉という形をとって現われ，外資導入を戦略上重大な事業にのみ限定したがるきらいがあった[104]。そのさい，こうした日本政府の態度に関連して，三井，三菱，住友，古河といった財閥や日産，日窒などのコンツェルンが，とくに戦時経済にすべりこんだときに外資導入に活発な役割を果たすことになった。昭和初期における政治的事情の推移のなかで，とくに昭和6（1931）年9月18日の満洲事変の勃発以降になると，日本において外国資本が直接投資や合弁事業を進めることは，間接的な公債，市債，社債による外資導入と同様に，一般的に認められないようになったにもかかわらず，第二次世界大戦後の日本経済を推進することになった多くの事業や部門は，実は，第二次世界大戦前において積極的に直接投資および合弁事業を進めていた事業や分野であったことである。よって，それらの利益が継続的なものであったことを認めないわけにはいかないのである。日本経済に対する外国資本の直接投資および合弁事業について，さらに研究を深めることは，今日においても大きい意味を有している。

32 第Ⅰ部 直接投資と合弁事業史

　戦前と戦後の関連した具体的事例として，富士通および東芝，日本ダンロップおよび横浜護謨，日本コロンビアおよび日本ビクターにおける場合をあげることができる。これらの会社は各部門において，第二次世界大戦前からの外資導入によってもたらされたものが第二次世界大戦後においても依然主要な地位を占めていることは否定できないことである。また，長期にわたって外国資本と緊密な関係を有した三井，三菱，住友，古河といった旧財閥は，第二次世界大戦後において再編成されることによって，改めて繁栄の道をたどることができた。こうしたことから，昭和初期における政治的な困難があったにもかかわらず，それまでの40年間にわたる日本経済の成長および発展にとって，大規模な直接投資および合弁事業が果たした意味の大きさを現代につながるものとして認識しないわけにはいかないのである。

第Ⅱ部　外資系の投資と企業史
1945-2018

34 第Ⅱ部 外資系の投資と企業史

はじめに

　第Ⅱ部では，文脈のなかで相互に関連づけられている3つの主要な専門用語の識別，定義および議論がなされている。その3つとは，「自由化」，「国際化」，「グローバル化」という用語である。これらの用語の確立された「標準の定義」のいくつかについての論評を別にして，第二次世界大戦後の経済における商業政策と金融政策との関連で，この3つの用語の重複する段階を示すキーワードとしてこれらの用語をとりあげ，それを適用することとする。1950年代後半から1960年代前半にかけて，「自由化」という用語は，日本で一時的に浮上して来て，経済政策および法律上の専門用語となったのである。しかし，21世紀に入った今日では，「自由化」は，いくぶん旧式の，むしろ時代遅れの意味を持つようになったといえる。要するに，「自由化」という用語は，アメリカ合衆国が企てた政策が日本の政治経済に直接的な影響を有していた時代に属する用語であるといえる。現在の日本では，「自由化」という用語はもはや控え目にしか使われないようになっている[1]。

　現在では，それより多面的な状況で使用できる「国際化」という用語が，多くの場合において古びてしまった「自由化」にとって代わっている。このさい，「国際化」と漢字では書かれているが，現実には「インターナショナライゼーション」という外国語から借用した「カタカナ語」で表現され，多様な意味を与えられている。たとえば，「国際化」は，「日本経済における輸出先導から自国の需要にもとづく経済成長への転換」，あるいは「日本の独自性の漸進的な減少」など，さらには「自由貿易の維持と世界経済を成長させる負担を引き受けること」といった場面において用いられている[2]。しかし，最も一般的には，「カタカナ語」の借用としての「インターナショナライゼーション」は，日本が独自の努力によって，国際的な社会経済の歴史のなかに日本の社会経済を溶け込ませる過程を意味するものである。それは，要するに，日本経済が，欧米諸国の近代的な工業化された経済によって確立された国際的な基準のモデルに従うことである。外国の論者の評するところによれば，日本の国際化は「透過性絶縁（permeable insulation）」として国際市場で競争する国内企業の育成を促進しながら，同時に国際競争に対して国内企業を保護することを主張

しているところにあるとされる。また，日本政府の「新しい国際貿易のルール
および事情を実用的に利用すること」にあるということになる[3]。このような
論者によれば，日本が「国際化」という用語を使用することは，その誤用であ
るとみられることが多くなるかもしれない。いずれにせよ，日本で用いられて
いる概念としての「国際化」の意味は，非常に曖昧であることだけは確かであ
るといわれる。それにもかかわらず，日本の政治家や大企業の指導者たちは，
概してそのような批判には肩をすくめ，今日の日本はこれまでに前例がないほ
どに世界経済に貢献していると胸を張っている。とにかく1980年代後半から
1990年代後半を通じて「国際化」という用語は常に使用されてきたが，1990年
代後半以降になると，「国際化」という用語は「グローバル化」の概念と対比
されるようになってくる[4]。

　上記の2つの用語，「自由化」と「国際化」と並んで，「グローバル化」に
は，日本語では「世界化」という漢字が当てられている。たとえば，それは一
般的に経済界における「国際化」の進展の影響のもとでの日本の世界的な製造
面における広がりの大きさを示すために使われている。そうしたことが推進さ
れる世界経済のなかでの「動的かつ有機的な変化」を受けて，「グローバル
化」は，最近の外国語から借用した「カタカナ語」としての「グローバル化」
または「グローバリゼーション」という表現として日本の学術論文や現代文学
において独占的に存在するようになっている。このように，その意味するとこ
ろは，「すべての国や文化を越えて基準や価値観を統一すること」という非歴
史的な過程を包含し，英語でのことば本来の意味の1つの側面だけから取られ
ているのである[5]。とくに意義深いことは，「グローバル化」は，自分自身の
行動を気にかけずに，承認や同意なしに外国から日本に課されているのであ
る。こうしたことから，「グローバル化」は，日本独自の「国際化」という国
内的な変遷を頻繁に比較することになるのである。

　これら3つの用語が示している段階は以下のように区分できる。すなわち，
i)「自由化を待っている：戦後日本経済での外国資本の存在，1945-1968」に
おいては，長い間，実際の自由化を待ち続けたのである。結果的に，この段階
は，自動車産業の旧式の保護に対して自由化とチェーンストアのフランチャイ
ズの出現がみられる昭和44（1969）年から昭和46（1971）年にかけての「自動

36　第Ⅱ部　外資系の投資と企業史

車産業の自由化とチェーンストアの到来，1969-1971」をもって終わりを告げたのである。また，ii)「金融界と国際化およびグローバル化，1967-2006」の段階においては，日本の金融および経済のゆるやかな国際化による長い経験を通じて述べられる。それは，自動車産業とチェーンストアのフランチャイズのテーマに戻る前において，とくに金融界とビッグバンの改革に注意が払われている。さらに，iii)「グローバル化の登場：ビッグバン改革以降，2007-2018」は，近年における不安含みの国際化の試みと日本経済の「失われた20年」を取り巻く段階である。最後に「国際化対グローバル化：ビッグバン改革後の考察」では，歴史的な枠組みのなかで，ビッグバン改革後の急進的な組織や機構改革と保守的なイデオロギーの概念化を得ようとすることの意味を検討する。

　ここで意義深いことは，これらの部分的に包括されているそれぞれの段階は，日本経済の発展にあたって経験させられてきた要素であったということである。つまり，昭和29（1954）年から昭和49（1974）年までの高度経済成長，昭和46（1971）年7月と8月における第一と第二の「ニクソン・ショック」というアメリカ合衆国の金融政策の急変，昭和48（1973）年と昭和54（1979）年の第一と第二の「オイル・ショック」という原油価格の高騰，また，昭和46（1971）年から平成24（2012）年までの「円高」および「円高不況」というバブル崩壊によって絶頂期に到達する円の為替相場における劇的な上昇と，最終的には，「失われた20年」というバブル後の変遷と現在にいたるまで続いている経済的な不景気および不安があったのである。

　第二次世界大戦後の日本の金融および商業における外資導入の調査にもとづいて，外国企業の歴史的な存在を確認しようとするにあたっては，上に述べた3つの重要な用語と段階を検討することによって最も適切に理解することができる。しかし，本書の目指すところは，単に「自由化」，「国際化」と「グローバル化」の言葉の関連性と妥当性を主張するだけのものではない。むしろ，第二次世界大戦後の占領期から現在にいたるまでの間にみられる，外国からの資本の投資（外資導入）を探索し，概念化することを試みたいからなのである。

自由化を待っている：戦後日本経済での外国企業の存在，1945-1968

　戦争のための準備，戦争による破壊とその後に来た敗北は，戦争直後の日本経済での外資系企業の存在をほとんどすべて排除することになった。連合国軍総司令部（SCAP）の当局内には，日本の民主化を進める投資のために進歩的な外国（とくに米国）企業の参入を奨励することに熱心な動きもあったが，その当時の主要なインフラの破壊とインフレによる経済停滞といった戦後の現実は，それを実現することを不可能にした。このような状況のもとで，国家経済の必要条件として外国貨幣および通貨の使用禁止と外貨建の取引統制は，戦後の初期の日本政府（とその以降のすべての政権）が公布した法律の根本的な目標であった[6]。新日本の主権（統治権）は，保護主義政策を通じて，経済のあらゆる分野において主張されながら構築された。つまり，明治後半にみられた外資系の子会社および合弁事業の経験が，そこで繰り返されることを拒絶したのである。

　実際には，日本経済への外国企業の参加に関して，日本政府の立場は，昭和24（1949）年12月に公布された「外国為替及び外国貿易管理法（第228号）」および昭和25（1950）年4月に公布された「外資に関する法律（第163号）」において明らかである。これら，いわゆる「外為法」と「外資法」は，日本経済の自己のサポートによる健全な発展に貢献するために，外国資本を導入することを制限し，外国企業の関与を抑制することを求めていた[7]。将来のいかなる外資導入も，それが日本の国際収支の改善に貢献ができるか否かを追求することを通じて，この2つの法律は，戦後の経済復興における外国企業の関与の排除および禁止を効果的に図ったものである。また，戦後の高度経済成長から1990年代初頭の「バブル経済」にいたるまで，この2つの法律は，資本規制の立法の基礎を形成し，日本経済の産業構造の保護貿易主義的な性格を定義づけることとなった[8]。

　国内経済に外国企業を参入させるという課題に関しては大いに遅れ，昭和42（1967）年まで日本政府の立場は明確にされなかった。おまけに，その立場は，主に日本が国際通貨基金（IMF）の第Ⅷ（貿易の自由化）の議論，そして昭和39（1964）年4月28日の経済協力開発機構（OECD）に加盟した結果とみなされ

38 第Ⅱ部 外資系の投資と企業史

た[9]。昭和42（1967）年6月6日において，第二次佐藤榮作内閣が承認した外国投資委員会（Committee on Foreign Investment）の報告書によると，外資系の完全子会社ではなく，むしろ外国と日本の企業の間での折半合弁が，外資導入において優先される方法であったのである。主務大臣は，外国側が合弁事業の経営上，支配的な影響力を行使しないことが判断できた場合，承認を与えるであろうという立場を持ち続けた。なお，大臣がそれを認定するにあたっての基準は，

(1) 新たに設立された合弁事業の日本人株主は，日本で同様の企業を経営し，また，これらの株主は，少なくとも発行済み株式の半分を所有しなければならないこと。

(2) 新たに設立された合弁事業の取締役のうち，少なくとも半分は日本人でなければならないこと。

(3) 新たに設立された合弁事業の投票手続きは日本の商法に準拠する必要があること（つまり，すべての役員は拒否権を持っていない，取締役の全員認可が必要ないことなど）。

(4) 新たに設立された合弁事業は，すべての既存の日本で同様の企業に対して「有害な影響はない」こと。

とされている。その後，昭和42（1967）年7月1日には，外国投資委員会の報告規定にもとづき，第一次自由化プログラムが開始されたわけである[10]。この基準をみて立腹した論者が述べているように，こうしたことから，日本政府は規則通りに外国人が過半数のシェアを持つ完全子会社あるいは合弁会社のすべての申請を却下したのである[11]。

　新たな「自由化プログラム」のメッセージは，日本経済が明らかに保護主義的であったことを示すものである[12]。しかし，先に提示されたような基準の厳しさがあったにもかかわらず，ある親会社の国籍が「アメリカ合衆国」およびそれぞれの技術的な優位性により，外国資本の子会社と合弁事業はいくつも設立され，あるいはもっと正確にいえば再構築されたのである。戦後の政治経済において，外国企業の最も重要な4つの事例は，シティバンク（Citibank），オーチス・エレベーター会社（Otis Elevators Company），ナショナル・キャッシュ・レジスター会社（National Cash Register Company - NCR）とワットソン・コンピューター・マシン会社（Watson Computing-Tabulating Machine Company）で

あり，後のインターナショナル・ビジネス・マシーン会社（International Business Machines - IBM）であるが，これらは，いずれも戦前から日本にルーツを有するアメリカ合衆国の大企業である。

ケーススタディ

外国企業の進出状況の調査は，連合国軍の軍事占領の初期から始まった。ナショナル・シティ・バンク（後のシティバンク）は，アメリカ軍部のために金融サービスを提供すべく，日本中にくまなく支店を再構築しようとした（表2-1参照）。この占領期間において，アメリカ軍部が提供した支援および保護は，戦後の日本におけるシティバンクにとって不可欠なものであった[13]。昭和21（1946）年には，本来アメリカと日本の合弁会社である東洋オーチス・エレベーターは，再びその戦前の名で復活した。昭和26（1951）年4月に，東洋オーチス・エレベーターは，アメリカの親会社（オーチス・エレベーター）と金融および技術の投資関係を復活させた[14]。同様に，著名なアメリカと日本の合弁会社であるナショナル金銭登録機株式会社は，昭和21（1946）年には戦前の名で復活し，昭和26（1951）年に親会社（ナショナル・キャッシュ・レジスター会社）からの投資（資本輸入）を通じて，自社を再構築した[15]。戦時中において，完全に外国の子会社であった日本ワットソン統計会計機械株式会社は，それゆえに不安定な経営状況に陥って，一時的に国営化されていた[16]。昭和25（1950）年までには，かつてのアメリカの親会社（インターナショナル・ビジネス・マシーン会社）は，日本での合弁事業の形成に合意したにもかかわらず，親会社 IBMは，完全な所有権ならびに経営制御を取り戻すことを決意した。結局，強烈な交渉を通じて，日本の競争相手に重要な技術を利用する認可を与えることにより，昭和33（1958）年に改称して「日本インターナショナル・ビジネス・マシーンズ（Nihon IBM）」となったのである[17]。

インターナショナル・ビジネス・マシーンズのとった経験と類似しているものとして，テキサス・インスツルメンツ（Texas Instruments - TI）をあげることができるが，同社は，断固として日本当局が提案した合弁事業を形成することを拒否し，1950年代に独自の子会社（全額出資法人）を設立しようとした。テキサス・インスツルメンツが特許を所有した集積回路や半導体集積回路という「IC（Integrated Circuit）」技術の強みは，日本企業がその特許やライセンス

40　第Ⅱ部　外資系の投資と企業史

表2-1　主要外資系の企業，1945-2015

No.	年	会社名（日本語）	産業分類	外国投資社（英語）	国籍	FDIシェア	日本の投資家／仲介者
1	1945	ナショナル・シティ・バンク	金融	National City Bank (Citibank)	アメリカ	100	————
2	1946	東洋オーチス・エレベーター	工学技術	Otis Elevator Company of America	アメリカ	60	三井物産
3	1946	日本NCR	工学技術	National Cash Register Company (NCR)	アメリカ	100	————
4	1950	日本IBM	工学技術	International Business Machines (IBM)	アメリカ	100	————
5	1952	山武ハネウェル（アズビル）	工学技術	Honeywell Inc.	アメリカ	50	アズビル
6	1952	石川島コーリング	工学技術	Koehring	アメリカ	25	石川島播磨重工業
7	1952	コリアーズ・ハリファクス	不動産	Pacific Architects & Engineers and Hongkong Land	アメリカ香港イギリス	100	————
8	1959	スカイ・アルミニウム	化学製品	Kaiser Aluminium & Chemical	アメリカ	30	昭和電工，新日鉄など
9	1962	バイエル薬品	薬品・化学製品	Bayer A.G.	(西)ドイツ	100	
10	1962	東洋エンジニアリング	工学技術	Lummus Corporation	アメリカ	—	大成建設・三井化学・三井物産

自由化を待っている　41

備考
1902年，横浜に最初の支店を創立し，1941年に日本を離れるまで，4つの支店があった。1945年後半に日本に戻り，1981年までに6つの支店の営業を行なっている。
1927年に，オーチス・エレベーターの子会社として設立されたが，1932年から，三井物産と共に，合弁事業を開始した。
当初は，1933年にNCRの子会社として設立された。
当初は，1937年に，ワットソン統計会計機械株式会社の子会社として設立された。現在は，日本IBMの傘下に複数の子会社と関連合弁事業を営んでいる。
テクノロジーとモノづくりの技術を活かし，幅広い製品やサービスを世界中に発信するグローバル複合企業に成長した。
業績不振を改善するため，建設機械の製造販売などを通じて，日米合弁事業として設立された。技術および資本提携は設立から1975年まで継続した。
日本で営業している，最も古い外資系不動産会社である。
アルミニウムの圧延加工の技術導入をするために，設立から約9年間において合弁事業として展開した。2013年10月1日，スカイ・アルミニウムの後身である古河スカイと住友軽金属工業が経営統合し，株式会社UACJが設立された。
バイエルは，日本において長い歴史があり，多くの冒険的事業に積極的に投資している。2003年から，バイエル化学となる。
現在，エチレンプラント市場で業界随一のシェアを有す。

の使用を強く要望したことによって，日本の当局に対して優位性を獲得することができた。日本の当局は，決してテキサス・インスツルメンツの計画を完全に黙認したわけではないが，昭和43（1968）年4月に，最終的な妥協として，テキサス・インスツルメンツとソニー株式会社は，日本テキサス・インスツルメンツ株式会社を折半の合弁会社として設立した。テキサス・インスツルメンツとソニーとの合意によれば，日本テキサス・インスツルメンツ株式会社は，日本の市場の10％以内に販売を制限し，また競争相手である日本電気株式会社（NEC），日立，三菱，東芝のような日本の代表的なICメーカーへ，そのICの特許を利用することを認可している。おそらく，その合意のさいの非公開の追加条項によって，一定の期間が経過したのち，ソニーは，テキサス・インスツルメンツに合弁会社のシェアを買い戻すことを認めていたのではなかろうか。そして，実際に，わずか4年後の昭和47（1972）年に，テキサス・インスツルメンツは，その買い戻し条項を発動させ，日本テキサス・インスツルメンツ株式会社を合弁会社から完全な子会社とし，親会社としての長期にわたる定款を制定した（**表2-1**参照）。その結果，日本テキサス・インスツルメンツ株式会社は，日本における完全に外国資本が所有する工場を持つ唯一の米国企業になったといわれたのである[18]。

　日本政府が規定したように，外国資本と日本企業との一番ふさわしい提携方法は，合弁事業の形である。したがって，いくつかの日本企業は外国

42　第Ⅱ部　外資系の投資と企業史

11	1962	グレースジャパン	化学製品	W.R. Grace	アメリカ	100	——————
12	1962	富士ゼロックス	電気機器	Rank Xerox	アメリカ	50	富士フイルムホールディングス
13	1964	NSK ワーナー	自動車産業	Borg Warner Corporation	アメリカ	—	日本精工
14	1964	シモンズ（日本）	工学	Simmons	アメリカ	100	日本ベッド
15	1964	エー・エー・ケミカル	化学製品	Phillips Petroleum	アメリカ	50	昭和電工
16	1966	新日本カーボン	化学製品	Union Carbide Corporation	アメリカ	50	日本カーボン
17	1967	ソニー・レコード	レコード・メディア	Columbia Broadcasting Systems (CBS)	アメリカ	—	ソニー
18	1968	昭和油化	化学製品	Phillips Petroleum	アメリカ	40	昭和電工
19	1968	日本テキサスインスツルメンツ	楽器/IC技術	Texas Instruments	アメリカ	50	ソニー
20	1969	アイシン・ワーナー（アイシン・エイ・ダブリュ）	自動車産業	Borg Warner Corporation	アメリカ	—	アイシン精機
21	1969	光洋イートン,エール&タウン	自動車産業	Eaton, Yale & Towne Inc.	アメリカ	—	光洋精工
22	1969	光洋-TRW	自動車産業	TRW Inc.	アメリカ	49	光洋精工
23	1970	ワーナーブラザーズレコード	レコード・メディア	Warner Brothers	アメリカ	33	パイオニア・渡辺プロダクション

グレースは，最高級の化学製品および材料専門会社として活躍の目立つ営業を続けている。

日系企業と米国企業の間で世界最長の合弁会社といわれていたが，2018年1月31日に富士フイルムホールディングスがゼロックスを買収し，富士ゼロックスと経営統合すると発表した。

NSKワーナーは，1997年に，アメリカのワーナー社の子会社として設立された。

シモンズ（日本）は，1987年7月にアメリカの親会社から金融的に独立した。

カーボンブラックの技術導入およびその製造販売を通じて，設立から約10年間において合弁事業として展開した。

人造黒鉛電極などの製造販売のため，創立から1999年まで技術提携の形で営業をしてきたが，その年に日本カーボンを吸収合併した。

ソニーは1988年にCBSの親会社を買収したが，2001年10月からソニー・ミュージックエンタテインメント（SME）傘下のレコード会社とする。

ポリエチレンなどの製造販売のため，技術提携で行なった合弁会社である。

1972年にソニーの完全子会社となった。

合弁事業は1987年に終了した。

1971年にイートン・コーポレーションになる。

光洋精工は2005年に豊田技術グループと合併し，トヨタグループジェイテクトの一部となった。

渡辺とパイオニアの株は1978年から1989年にかけて買収された。そして，2004年にワーナーミュージックジャパンになった。

資本を導入し，典型期な成功事例となったのである。たとえば，昭和42（1967）年3月には，外国からボブ・ディラン，ザ・ビートルズ，サイモン＆ガーファンクルなどのレコード（LP）輸入に外国のレコード企業の協力を奨励するという方針のもと，コロムビア放送（Columbia Broadcasting Systems - CBS）とソニーは，CBSソニーレコードを設立した[19]。しかしながら，これらの合弁会社の成功事例を除けば，戦後に設立された合弁会社のいくつかのみが広く知られ，または有意であったと考えられているにすぎない[20]。簡単にいえば，1960年代後半にいたるまで，外資企業の成長は，コンピュータなどの特性を取得したIC技術に限られたように，日本の大手企業が技術力を欠いていた領域のみで許可されていたのである（表2-1参照）。しかし，1960年代後半に入り，政治・科学・文化（ファッション・セックス・映画・音楽）などの観点からの深刻な社会的変動が生じ，それまでの（外国企業に対して）制限された保護主義経済を持続することができなくなってきた。それまで外部または内部からの挑戦に終始直面させられていた日本は，「自由化」という独特な形を通じて，自動車産業と西洋的なフランチャイズとの連携という形での重要な外資系企業の参入を可能とするようになっていった[21]。

世界銀行からの借入，1953-1966

　日本経済に対する外国資本の関与は厳しく制限され，効果的に禁止されていたといえるが，しかし，そのような状況のなかにおいて，日本政府は

44　第Ⅱ部　外資系の投資と企業史

24	1971	ニベア花王	化学製品	Beiersdorf	(西)ドイツ	60	花王（石鹸）
25	1971	クライスラー・三菱	自動車産業	Chrysler Corporation	アメリカ	35	三菱重工（MHI）
26	1971	いすゞ自動車	自動車産業	General Motors	アメリカ	49	ジェネラルモーターズ
27	1986	日本ジーイープラスチック	化学製品	General Electric Co.	アメリカ	33	三井化学・長瀬産業
28	1972	P&G ジャパン	化学製品	Proctor and Gamble (P&G)	アメリカ	33	日本サンホーム・伊藤忠商事
29	1974	ダウ・ケミカル	化学製品	Dow Chemical International	アメリカ	100	——
30	1975	モトローラ	情報・通信産業	Motorola Inc.	アメリカ	100	——
31	1979	マツダ	自動車産業	Ford Motor Co.	アメリカ	27	東洋工業（マツダ）
32	1983	イートン・コーポレーション	自動車産業工学	Eaton Corporation	アメリカ	50	住友重工業
33	1984	チノン	カメラ・精密機器	Eastman Kodak Corporation	アメリカ	10	チノン
34	1984	ジャーディン・ロイド・トンプソン（JLT ジャパン）	金融・保険	Jardine & Lloyd Thompson Group	イギリス	100	——
35	1987	フリスキー（ネスレ・ピュリナ・ペットケア）	ペットフード	Nestle S.A.	スイス	50	日本配合飼料40%・三井物産10%
36	1989	ネッスルマッキントッシュ	食品	Nestle S.A.	スイス	—	不二家
37	1993	デュポン	化学製品	Du Pont	アメリカ	100	——

バイヤスドルフ・ホールディング・ジャパン60%，ならびに花王石鹸40%の合弁事業となった。

1993年まで合弁事業が続いた。2000年から2005年までダイムラー・クライスラーとの金融および技術協力が継続していた。

GMの所有権は2002年後半に12%に低下した。

GEは三井化学と長瀬産業とともに3社の共同事業に参加した。

P&Gは合弁事業に参加したが，1978年に提携会社を買収した。

科学や産業のための特定の物質や化学品を扱う一流企業である。

メモリーチップやマイクロプロセッサーなどの半導体を扱う一流企業である。

フォードは1997年に占有率が33.9%上昇した。

イートン・コーポレーションは全額出資で設立され，2001年に子会社となってイートン流動動力株式会社と改名した。

2004年にコダックジャパン・デジタルプロダクトディベロップメント株式会社に吸収された。

日本における企業や国際的な金融機関のため保険仲介人が提供された。

ネスレは，日本において1913年からの長い歴史がある。2002年9月にフリスキーはネスレ・ピュリナ・ペットケアに社名を変更した。2010年1月にネスレ日本に吸収合併された。

2001年にネッスルマッキントッシュはネスレコンフェクショナリーに社名を変更した。2010年にネスレ日本に吸収された。

1961年に設立されたDPFEはデュポンにより買収されて資本増強がなされ，1993年にデュポンジャパンとして組織された。

どのようにして戦後財政の復興と著しい高度経済成長を実現したのであろうか。満洲事変から太平洋戦争までにわたる15年間という「大東亜戦争」が引き起こした悲惨な事態を考えたとき，日本政府は，外資導入にあたって，戦前での日本が発行した公債，市債および社債を引き受けた英米金融シンジケートに取って替わる金融組織はあるかということを検討した。日本政府は，かなりの創意工夫を通じて，「国益」を支えてきた産業を保護し，大手企業をとにかく維持することを可能にしていたが，戦後の1米ドル（USD）が¥360の新たな為替相場のもとでは，金本位制の固定価値（1米ドルの価格が¥2,006）の0.557%までに下落した。要するに，海外金融市場では，日本政府の発行していた円は，非常な「ソフト通貨（購買力を失った軟貨）」であるとみなしていた。改めて日本政府は，どこから産業の再建および再編成と革新的なインフラの提供に融資するために必要な資本を見つけることができたのであろうか。戦後の政治経済の設定とその結果としての日米外交を考えるとき，米国政府は，ニューヨークのウォール街（またはロンドンのロンバード・ストリート）よりも，むしろ世界銀行から日本経済の近代化のために資金を調達するように方向を定めたのである[22]。

　連合軍の占領の終焉に向かって，日本政府は20年ぶりに外国からの「借入」（の形の外資導入）の交渉を再開した。それから昭和27（1952）年8月に日本が主権国家として世界銀行に加盟した後，直ちに日本への融資が開始された。関西電力，九州電力および中部電力会社は，それぞれの利益を

46　第Ⅱ部　外資系の投資と企業史

38	1996	チバ・スペシャルティ・ケミカルズ	化学製品	Ciba-Geigy（Ciba Holdings Inc.）	スイス	100	———
39	1996	住友ダウ	化学製品	Sumitomo Dow Ltd.	アメリカ	50	住友
40	1998	メリルリンチ日本証券	証券	Merrill Lynch	アメリカ	100	山一證券
41	1998	エジソン生命	保険	General Electric Co.（Capital services）	アメリカ	90	東邦生命保険
42	1999	東芝キヤリア	製造業	Carrier HVACR Investments B.V.	オランダ	40	東芝インフラシステムズ
43	1999	日産自動車	自動車産業	Renault S.A.	フランス	37	日産自動車
44	1999	日産ディーゼル	自動車産業	Renault S.A.	フランス	23	日産自動車
45	2000	レイク・コーポレーション（新生フィナンシャル）	金融	General Electric Co.（Capital services）	アメリカ	100	レイク・コーポレーション（新生フィナンシャル）
46	2000	日本 GE・エンジンサービス	航空機関連	General Electric Co.	アメリカ	—	ANA・IHI
47	2000	新生銀行	金融	Ripplewood Holdings	アメリカ	100	———
48	2000	ハンゲームジャパン（LINE）	情報・通信業	Naver	韓国	100	出澤剛
49	2001	ジブラルタ生命保険	保険	Gibraltar Life Insurance	アメリカ	100	———
50	2001	東京スター銀行	金融	Lone Star Equity	アメリカ	100	東京相和銀行

得るために優先的に世界銀行との融資契約に調印し，蒸気タービンとそれに関連した技術を輸入した（表2-2 48頁参照）。その後の数年間において，日本有数の電力会社と鉄および非鉄金属の産業は，水力発電と火力発電技術，高炉，コークス炉，ブルーミングミル，プレートミル，ストリップミル，チューブミル，コンバインドミルなどを輸入するために世界銀行からの借入を受けた[23]。また，世界銀行は，インフラの「開発貸付金」に関連している分野での融資にとくに熱心であったので，農業，水道，道路建設（高速道路および高速鉄道）のプロジェクトへ（最も有名で，象徴的なのは新幹線鉄道の開発と建設）寛大な指導と重要な融資を提供したのである[24]。

日本政府が戦後において引き受けたすべての借入金は，昭和28（1953）年から昭和41（1966）年までの14年間で31の計画と関連した「31プロジェクト」という世界銀行からの借入によるものである（表2-2参照）。この借入の大きさは，小額のプロジェクトでは舶用ディーゼルエンジンを製造していた工作機械設備のための150万ドルから，多額のプロジェクトでは新幹線の開発のための8,000万ドルまでに及んでいた。この31プロジェクトの借入総額は，8億6,300万ドルにのぼるが，貸し手の金融機関は，常に世界銀行であった[25]。それらは日本開発銀行の「二段階借款」操作を通じて，すなわち借入金の運用を変更することによって，世界銀行からの借入という外資導入は，対内的な政治的反対に遭遇することを回避したのである。結局，すべてのインフラの「開発貸付金」に関連していない「産業関係」の借入

チバ・ジャパンは2007年9月に設立された。ドイツのBASFのメンバーとして2009年4月に経営主体になった。

2010年9月にダウ・ケミカルは米保有の当社株式をスタイロンホールディングB.V.へ譲渡した。2011年4月1日に，住化スタイロンポリカーボネート（SSPC）株式会社に商号変更した。

資本増強化された山一證券から改称された。

2000年に東邦相互とセゾンライフとを包含した。2002年に全体の運営はアメリカのAIG保険グループに買収された。

2008年4月1日に東芝キヤリア空調システムズ，東洋キヤリア工業，東芝キヤリアが統合され，東芝キヤリア空調システムズを存続会社として他の二社を吸収合併，商号を東芝キヤリア株式会社に改めた。

2000年に日産のルノー株が44.4％まで増大した。

2006年にボルボグループが日産ディーゼルの株主になった。

GEとの交渉の後，レイク・コーポレーションを買収したが，社名はレイク・コーポレーションのままである。

コマーシャル・軍用機のためのジェットエンジンをサービスする。

LTCBから資本増強化された。そして，2010年にあおぞら銀行と合併する交渉があったが，失敗に終わった。

韓国の公的年金を運用する国民年金公団「ネイバー」の100％子会社として2000年に日本で設立された株式会社である。2013年4月，LINE株式会社に商号変更した。

2000年に経営破綻した協栄生命保険を実質的に買収し，その事業を承継するために設立された。

2008年に日本の投資資金アドバンテージパートナーズによってすべてのローンスター株が買収された。

48　第Ⅱ部　外資系の投資と企業史

51	2001	関西さわやか銀行	金融	Nippon Investment Partners（NIP）	アメリカ	20	関西銀行
52	2003	あおぞら銀行	金融	Cerberus Capital Management	アメリカ	37	ソフトバンク
53	2006	マンダリンオリエンタル東京	ホテル	Mandarin Oriental Hotel Group	イギリス	100	三井不動産
54	2007	日立 GE ニュークリア・エナジー	工学技術	General Electric Co.	アメリカ	20	日立製作所
55	2007	ANA ホテル	ホテル	Morgan Stanley	アメリカ	100	全日本空輸
56	2007	三洋電機クレジット	金融	General Electric Co.（Capital services）	アメリカ	100	三洋電機
57	2007	日興コーディアル証券	証券会社	Citigroup	アメリカ	100	日興コーディアル
58	2007	キャドバリージャパン	食料・飲料	Cadbury Schweppes	イギリス	100	サンセイフーズ
59	2008	グッドウィル	人事	Cerberus Capital Management and Morgan Stanley	アメリカ	—	グッドウィル
60	2011	GE 富士電機メーター	電気機器	General Electric Co.	アメリカ	50	富士電機

出典: 会社のジャーナル, 社史, 新聞, ウェブサイトから取得した。さらなる参考文献については, 本書の目録を参照して頂きたい。

注: ⅰ）表 2-1 は, 有形および無形の基準のものを使用している。投資の規模とそれに関連した収益は, 同社の各業界における業績, 日本国内外で報道されたメディアの量などとともに考慮される。
　　ⅱ）表 2-1 は規範的ではなく, 完全な包括性を主張するものではない。

世界銀行からの借入　49

NIP は米国の大手年金基金による多大な投資を設定していた。

2000 年にソフトバンク主導のコンソーシアムによって NCB の失敗から資本増強された。サーベラスは 2002 年にそのシェアを 45％に引き上げた。

マンダリンオリエンタルホテルグループは、東京の日本橋に一軒のホテルを運営している。

―――――――

イングランドのインターナショナルホテルズグループという旗印の下で運営されている。

三洋電機から完全取得された。翌年、社名は GE 三洋電機クレジットと改めた。

2007 年 4 月から 2008 年 1 月までの間に段階的に買収された。2008 年 8 月の金融危機以降、シティグループの業績悪化によって、三井住友フィナンシャルグループが経営に参入した。2011 年 4 月から SMBC 日興証券株式会社に商号変更した。

キャドバリーシュウェップスの完全子会社である。

2008 年 10 月 1 日、ラディアホールディングスに商号変更した。

2016 年 8 月 31 日付で、合弁の解消と GE グループ GE エナジー・ジャパンから富士電機への株式譲渡が行なわれた。2017 年 2 月 1 日付けで商号を富士電機メーター株式会社に変更した。

は、日本開発銀行が、米ドルでの形で受理し、そしてその後に、融資契約に調印した会社の国際購入を決済するために（世界銀行からの）借入金を引き渡した[26]（金融隠語および用語で、これは「オン・レント（on-lent）」という融資である）。通常、世界銀行からの借入への償却は、長期的な 25 年の満期が設定されており、最後の返済がなされたのは平成 2（1990）年 7 月のことであった[27]。

　ここで忘れてならないことは、世界銀行からの借入の重要性は、以前の海外直接投資の経験と同様に、本質的に定量的ではなく定性的であったことが強調されるべきであるということである。要するに、世界銀行からの借入は、インフラや重工業の発展のための主要な技術を対象としたものであったわけである。世界銀行からの借入は、戦後の総国内投資の 1％未満にすぎないという繰り返しの主張がなされたことが、統計的には妥当性があったにもかかわらず、それが先端技術導入の革新的な重要性を見逃すことにつながったのである[28]。とくに意義深いのは、このような発言は、資本を必要とする昭和 29（1954）年から昭和 48（1973）年にかけての高度経済成長において、日本の金融界とその金融関係が外国の金融市場から疎遠にされていた状況を検討していないか、あるいは無視しているといえる。戦後の経済政策の事情および構成を考えるとき、革新的な技術の移転を可能にしていた世界銀行の融資が、日本経済の近代化において重要な役割を果たし、また、高度経済成長において不可欠であったのである。

50　第Ⅱ部　外資系の投資と企業史

表2-2　世界銀行の対日貸出，1953-1966

番号	年月日	受益企業	対象事業	対象金額 (100万 $ USD)	
1	1953/10/15	関西電力	多奈川火力発電（発電機2基，75MW）	21.5	＊
2	1953/10/15	九州電力	厚板圧延設備（発電機1基，75MW）	11.2	＊
3	1953/10/15	中部電力	四日市火力発電（発電機1基，66MW）	7.5	＊
4	1955/10/25	八幡製鉄	厚板圧延設備	5.3	＊
5	1956/ 2/21	日本鋼管	日本鋼管　継ぎ目なし中継管製造整備	2.6	＊
		トヨタ自動車	挙母工場トラック・バス用工作機械	2.35	＊
		石川島重工	東京工場船舶用タービン製造設備	1.65	＊
		三菱造船	長崎造船所ディーゼルエンジン製造設備	1.5	＊
6	1956/12/19	川崎製鉄	千葉工場厚板工場新設など	20	＊
7	1956/12/19	農地開発機械公団	上北根川地区開墾事業，篠津泥炭地区開墾事業，乳牛輸入分など	4.3	
8	1957/ 8/ 9	愛知用水公団	愛知用水事業分	7	
9	1958/ 1/29	川崎製鉄（2次）	千葉工場厚板工場新設など	8	＊
10	1958/ 6/13	関西電力（2次）	黒部第四水力発電（発電機3基，86MW）	37	＊
11	1958/ 6/27	北陸電力	有峰水力発電（261MW）	25	＊
12	1958/ 7/11	住友金属	和歌山工場1,000トン高炉，製鋼分塊設備と和歌山工場コンバインドミル	33	＊
13	1958/ 8/18	神戸製鋼	灘浜工場800トン高炉,脇浜工場製鋼	10	＊
14	1958/ 9/10	中部電力（2次）	畑薙第一・第二水力発電（170MW）	29	＊
15	1958/ 9/10	日本鋼管（2次）	継ぎ目なし中継管製造整備と水江工場60トン転炉	22	＊
16	1959/ 2/17	電源開発	御母衣発電所（215MW）	10	＊
17	1959/11/12	富士製鉄	広畑工場1,500トン高炉一基転炉分塊	24	＊
18	1959/11/12	八幡製鉄（2次）	厚板圧延設備と戸畑工場1,500トン高炉二基	20	＊
19	1960/ 3/17	日本道路公団	名神高速道路（尼崎―栗東間）	40	
20	1960/12/20	川崎製鉄（3次）	千葉工場厚板工場新設など	6	＊
21	1960/12/20	住友金属（2次）	和歌山工場1,000トン高炉，製鋼分塊設備と和歌山工場コンバインドミル	7	＊
22	1961/ 3/16	九州電力（2次）	新小倉火力（156MW）	12	＊
23	1961/ 5/ 2	日本国有鉄道	東海道新幹線	80	
24	1961/11/29	日本道路公団（2次）	名神高速道路（一宮－栗東，尼崎－西宮間）	40	
25	1963/ 9/27	日本道路公団（3次）	東名高速道路（東京－静岡間）	75	
26	1964/ 4/22	日本道路公団（4次）	東名高速道路（豊川－小牧間）	50	
27	1964/12/23	首都高速道路公団	首都高速道路（羽田－横浜間）	25	
28	1965/ 1/13	電源開発	九頭竜川水系（長野及び湯上発電所建設）	25	
29	1965/ 5/26	日本道路公団（5次）	東名高速道路（静岡－豊川間）	75	
30	1965/ 9/10	阪神高速道路公団	神戸市高速道路1号	25	
31	1966/ 7/29	日本道路公団（6次）	東名高速道路（東京－静岡間）	100	

出典: 速水佑, 2003: 116, または「日本が世界銀行からの貸出を受けた31プロジェクト」
　　　『世界銀行』［worldbank.or.jp/31project］（2018年8月31日閲覧）より作成。
注意ⅰ）＊日本政策投資銀行との二段階の融資を意味することである。

自動車産業の自由化とチェーンストアの到来，1969-1971

　日本経済の自由化とその後の国際化は，アメリカの自動車産業界と日本の当局，とくに今は名称としては消滅した通商産業省との間でとげとげしい議論を展開させることになる[29]。日本の自動車産業界は，アメリカとイギリスのメーカーから寛大な技術支援を受けていたにもかかわらず，本質的には自律的な発展の道を歩んでいた[30]。しかしながら，外国の自動車メーカー，とくにアメリカの「ビッグ3（ゼネラル・モーターズ，フォード・モーター，クライスラー）」は，日本の市場へのアクセスを得るための交渉を試みていたが，日本政府当局からの反対があたかも不屈のもののように立ちはだかっていた。

　日本の敗戦に続く20年間は，外資系の完全子会社の日本での存在は許されず，そして日本企業への直接投資はまったく受け入れられなかったので，自動車産業界において提案された合弁事業はすべて常に同じ「×」の結果で終わるように見られていた[31]。1960年代の重要な IMF の貿易自由化および OECD への加盟交渉をしている間，日本政府は確かに「表向きには」自動車産業の部品製造部門の自由化を目的としたプログラムを発表していた。しかし，この自由化プログラムへの国際的な（とくにアメリカの自動車産業界の）反応は，「明確に否定的」であった。実際，アメリカ自動車産業界の部品メーカーは，日本政府当局の努力は「単に時間稼ぎをする，あるいは現実の自由化を引き延ばすための策略にすぎない」と主張した[32]。

　しかしながら，昭和38（1963）年11月になると，日本政府は OECD に参加するために50種類程度の金融取引の自由化を実施した[33]。その数年後，（とくにニクソン政権の時代に）貿易と通貨の自由化はますます日米間の摩擦を，より悪化させる激しい議論の対象となった[34]。昭和44（1969）年1月に，アメリカ政府は自由化政策を再検討することを日本政府に促したようで，昭和44（1969）年5月に商務長官モーリス・スタンズ（Maurice Stans）が，貿易自由化に関連する「数々の直接要求」を日本政府に提示するために東京を訪れた。しかし，日本政府はこれらの要求を「失礼で腹立たしい攻撃的なもの」とみなしたといわれた[35]。それにもかかわらず，日本政府はアメリカ政府側の主要な要求に屈服し，昭和44（1969）年から昭和46（1971）年にかけてアメリカと日本の企

52　第Ⅱ部　外資系の投資と企業史

業との間で設立された合弁会社の数からみても明らかなように，自由化のプロ
グラムは再活性化されたのである。

ケーススタディ

　実際に設立された合弁事業とフランチャイズの例をみると，アメリカの強硬
な交渉による自由貿易の要求は，日本の自動車産業を中心として向けられたこ
とが明らかである。それは日本の自動車産業界にとって，全く妥協できない立
場から議論しているようなものであった。しかしながら，行き詰まりは突破さ
れた。多くの人たち（官僚と商社マンなど）を驚かせるような形で昭和40（1965）
年5月，三菱重工業（MHI）が，準子会社三菱自動車工業（MMC）を通じて，
クライスラー・モーター株式会社（Chrysler Motor Company）と日本での自動
車の輸出入業ならびに自動車製造の2つの合弁事業を設立するという取り決め
を突然発表したのである。三菱重工業はこの合弁会社の65％の株式を所有し，
またクライスラー社が残りの35％を所有するというものであった。（信じられな
いほど）奇妙なことは，こうした決着に日本政府当局からの否定的な反応がみ
られなかったことである[36]。

　外見的には，三菱重工業はアメリカの自動車産業と協力することへのテン
ションや不安によって，通商産業省に，合弁計画を提供することを避けていた
ように思える。しかし，いずれにせよ，日本政府はこの合弁による提携が進む
ことを妨げなかった。発足当初から三菱自動車工業の弱点は輸出販売であった
が，アメリカおよび南アフリカ，オーストラリア，フィリピンなどにおいて，
クライスラーとの協力は輸出能力の向上に役立つはずであった。結局，昭和46
（1971）年6月に，クライスラーの隠された資本不足によって，三菱重工業と
クライスラーの間でただ自動車の輸出入業を行なう合弁会社のみ（主に自動車
バージの交換とかかわるものとはいえ）を設立する協定が締結されたのであ
る[37]。こうした三菱重工業の大胆な行動は，この合弁事業のメリットのいか
んとは関係なしに，ゼネラル・モーターズ株式会社（General Motors Company -
GM）といすゞ自動車株式会社との間やフォード・モーター株式会社（Ford Mo-
tor Company）と東洋工業（マツダ）株式会社との間でのその後の交渉の道を明
らかに開くことになったといわざるをえないのである（**表2-2参照**）[38]。

　このように短時間のうちに，日本政府の自由化プログラムは急速に進展し，

自動車部品の分野で著しい数の日米合弁事業が出現することになった。オート
マチック・トランスミッション事業の分野では，ボルグ・ワーナー社（Borg
Warner）とアイシン精機株式会社がアイシン・ワーナー株式会社を，アクセル
事業の分野では，イートン・エール・タウン社（Eaton Yale & Towne）と光洋
精工株式会社が光洋イートン・エール・タウン株式会社を，ステアリング事業
の分野では，TRW オートモーティブ社（TRW Automotive）と光洋精工株式会
社が光洋 TRW 株式会社をそれぞれ設立することで，自由化の段階を促進する
ことになった。

　なお，自動車産業以外でも昭和45（1970）年 7 月には日本初の外資チェーン
店のフランチャイズの形でケンタッキーフライドチキン（Kentucky Fried
Chicken - KFC）が，昭和46（1971）年 4 月にはミスター・ドーナツ（Mister Do-
nut）が，昭和46（1971）年 5 月にはマクドナルド（McDonald's）が日本に到来
し，それぞれ事業を開始するが，それらはそれまでアメリカ政府が要求してき
た一連の自由化のプログラムの一部をなすものであった。あたかも自動車業界
の自由化に便乗するかのように，これらのフランチャイズの展開は，日本にお
けるウェスタンスタイルの企業とそれとの合弁事業のイメージを明確なものと
することになった[39]。

金融界と国際化およびグローバル化，1967-2006

　貿易と通貨の自由化は，昭和33（1958）年後半までにさかのぼるといえる。
しかしながら，日本の有力な金融機関は，昭和42（1967）年まで，政府によっ
て正式に「自由化を準備をするように」とは指示されていなかった。この間，
三井銀行のような大手銀行は，グローバル・ビジネスの国際化を追及し始めて
いた。それでもこれらの銀行では，国際化の課題は，単純なことのように見ら
れていた。主要な脅威は，国内市場への外国銀行の参入の可能性であった。ま
た，主に利用すべき機会は，事業拡大の可能性であった。要するに，これらの
銀行にとっての望ましい形の国際化の実施は，国内での金融的な報酬を持ち出
すことなしに海外諸国においてパートナーとして外国銀行と協力することで
あった[40]。それゆえに，これらの銀行においてなされていた国際化の準備の
ための調査では，国内での銀行が国際的な取引のために規則や慣例を採用する

54　第Ⅱ部　外資系の投資と企業史

こと，そしてその経営や運用方法の見直しや改訂することが検討されていなかったのである。

　実際，大手銀行が計画していた国際化は，内部的な，または運用的な変更を必要としないものであった。日本の銀行や金融界によって，国際化は，本質的には外国の外部的なプロセスとして受け入れられ始めていた。それゆえに，日本の有力な銀行は，日本企業の外国貿易の急速な拡大とともに外国支店の割当てが必要であると主張し，海外に新たな支店を開くための許可を求めることによって，政府が提案した国際化の要請に応じようとしていたのである。ただし，これらの要求は，長年の日本の対外金融あるいは外国為替専門銀行の代表である東京銀行（旧横浜正金銀行）によるそれらの特権の独占に終止符を告げるものであった。このような事情のなかで，日本の大手銀行は政府に，国内の金融市場を守るために外国銀行の参入に対して，その規制を図る法律の制定を促し，また顧客企業と同じように外国での事業を拡大する必要性があることを主張した。

　ここでは，日本の金融界への外資系の参入の状況を簡潔に調査および検討してみよう。伝統的な銀行の「護送船団方式」の絶頂期といえる昭和46（1971）年6月30日には，日本に参入していた外国銀行は72行であり，それらは日本国内に92の支店を持っていた[41]。そして「グローバル・ファイナンシャル・クライシス（Global Financial Crisis - GFC）」の翌年である平成21（2009）年4月1日には，61行にのぼる外国銀行が日本国内に支店，駐在員事務所または出張所を持っていた[42]。しかし，これらの外国銀行のうち，シティバンク銀行とJPモルガン・チェース銀行だけが全国銀行協会の会員として競争相手の他の銀行と同じ特権を持っていたのである。また，これら61行の参入外国銀行の運用の大半は，駐在員事務所の運営のみに制限されている。さらに，これら61行のなかで，唯一シティバンク銀行だけは，全国的な支店やATMのネットワークの拡大計画を公表していた。しかし，平成26（2014）年12月に，シティバンク銀行は，日本のリテールバンク事業を株式会社三井住友銀行に売却することで「最終合意に至った」ことを発表していた[43]。この傾向を考えると，日本に参入する外国銀行の数は近い将来，増加すると予想するのが合理的である。それにもかかわらず，日本金融界に参入するための厳しい規則は，外国銀行の数の劇的な増加を抑制し，1970年代のレベルにいたる支店数の程度を超えることに

金融界と国際化およびグローバル化　55

はならないであろう。こうしたことから，日本政府の内部的な国際化は，グローバル化の金融的な潮流に対して，独自のコースを歩んでいることがわかる。

　これまでにない大規模な金融複合企業の出現，すなわち日本のメガバンクの劇的な統合合併は，政府が進めていた国際化のプログラムの結果とグローバル化への対応と見ることができる。昭和48（1973）年における第一銀行と日本勧業銀行という強大な都市銀行の合併は，日本の金融機関の近代的再編に向けた最初のステップと見られている[44]。しかしながら，金融機関の吸収合併と再編成は，明治16（1883）年から明治31（1898）年までの国立銀行制度時代，大正11（1922）年から昭和3（1928）年までの第一次世界大戦後の「再調整」と関東大震災の引き起こしていた「震災手形」（事実上不良債権）の処理（昭和2（1927）年の「失言恐慌」がとくに注目すべき），昭和4（1929）年から昭和20（1945）年までの緊縮金融政策とそれがもたらしたデフレ不況などの「昭和恐慌」と戦時中の「行政指導」などを通じて，一連の波としては，実はもっと早い段階から始まっていたのである。いずれにせよ，文献によって異なる数字が生じているが，大正2（1913）年には，およそ2,157行が営業しており，新銀行法が実施される以前の大正8（1919）年末あたりには，ほぼピークの約2,500行が営業していた。しかし，昭和3（1928）年後半には1,445行までに減少した。そして昭和7（1932）年には663行が存在したが，その数は昭和13（1938）年に346行に減少した。戦間期には，合併が強制的になされたことによって，昭和16（1941）年には，186行までになっており，昭和20（1945）年までには，特殊銀行および普通（都市および地方）銀行の数は，ついに61行まで減少していたのである（**表2-3**次頁参照）[45]。

　金融機関の吸収や統合合併と再編成は，長期的な過程として歴史的には遅いと見られたが，近年では，とくにバブル経済の崩壊と不良債権の危機の後において，急速に進展したと見ることに疑いの余地はない。平成19（2007）年には，三菱東京UFJ銀行（Bank of Tokyo-Mitsubishi UFJ - MUFG），三井住友銀行（Sumitomo Mitsui Banking Corporation - SMBC），みずほ（みずほおよびみずほコーポレート）銀行（Mizuho Holdings Financial Group - MHFG）の3つの金融グループが「メガ」都市銀行として現れた。また，もう2つの銀行（りそな銀行と埼玉

56　第Ⅱ部　外資系の投資と企業史

表 2 - 3　銀行数の推移，1877-2015

年号	年	国立銀行	普通銀行	貯蓄銀行	特殊銀行	農工銀行	信託銀行	長期信用銀行	計
明治10	1877	18	1	―	―	―	―	―	19
明治20	1887	136	218	14	2	―	―	―	370
明治30	1897	58	1,305	227	4	6	―	―	1,600
明治40	1907	―	1,663	486	9	46	―	―	2,204
大正元	1912	―	1,621	479	9	46	―	―	2,155
大正10	1921	―	1,331	636	9	42	1	―	2,019
昭和元	1926	―	1,420	134	9	27	4	―	1,594
昭和10	1935	―	460	77	9	16	7	―	569
昭和20	1945	―	58	4	3	0	7	―	72
昭和30	1955	―	78	―	3	―	6	2	89
昭和40	1965	―	76	―	3	―	7	3	89
昭和62	1987	―	77	―	3	―	7	3	90
平成 7	1995	―	75	―	3	―	7	3	88
平成20	2008	―	70	―	3	―	7	0	80
平成27	2015	―	71	―	3	―	7	0	81

出典: 金融調査研究会，1955: 264; 日本銀行統計局，1999: 第 2 章より作成。

　りそな銀行）は一応エリートとしての都市銀行の資格を持って存在し，さらに，109行の長い列（英語で「こびとの行進」という）の（第一）地方銀行と第二地方銀行とが営業しているのである[46]。

　この吸収合併の背景は，実に複雑ならびに巧妙な商業交渉の結果である。たとえば，平成18（2006）年 1 月 1 日，三菱東京銀行と UFJ フィナンシャルグループが合併することによって，株式会社三菱東京 UFJ 銀行が設立しされたのである。ここで UFJ フィナンシャルグループのなかで68年間も営業していた三和銀行の事例を考察してみよう。三和銀行は，昭和 8 （1933）年12月，大阪に本店を置く三十四銀行，山口銀行，鴻池銀行の 3 行合併により設立された。同行社史によれば，創立当時，「三和」の三は三十四銀行の「三」，「和」の扁である禾は鴻池新田の「稲」を意味し，「和」の旁の口は山口銀行の「口」からとったという説明もなされている[47]。いずれにせよ，平成12（2000）年 3 月には，あさひ銀行と東海銀行の経営統合（東海あさひ銀行構想）に加わる形となっていたが（三和東海あさひ銀行構想），三和銀行との意見相違から約 3 ヶ月後にあさひ銀行が離脱したことで，東海銀行と三和グループの経営統合が決定

国際化　57

した。そして，平成13（2001）年に「事実上の救済合併」として三和銀行，東
海銀行，東洋信託銀行の３行は「株式移転」により株式会社 UFJ ホールディ
ングスとなり，やがて日本金融史から「三和銀行」の行名がなくなったのであ
る。なお，三菱東京 UFJ 銀行の銀行名は，信用，保証などの関連会社名と統
一するために，平成30（2018）年４月１日から東京銀行を表していた「東京」
の文字を取り，三菱 UFJ 銀行（MUFG）となったのである[48]。しかしながら，
今日の金融環境を理解するため，すなわち現時の再編成された金融機関の株式
の所有権および保有関係を解明することによって，日本におけるビッグバン改
革は一体何であったのかを考えなければならない。

国際化：日本金融界のビッグバン改革，1996-2006

　平成８（1996）年11月11日に，第一次橋本龍太郎内閣は，平成13（2001）年
までにニューヨーク，ロンドン市場と同等の東京金融市場を活性化するため，
基本的な政策改革の計画を打ち出した[49]。この計画は，ロンドン金融市場の
日本版の「ビッグバン改革」であり，そのキャッチフレーズは「自由・公正・
グローバル」であった[50]。しかし，日本の金融市場の自由化は，（４大証券会社
の１つである）山一證券と準大手の三洋証券が破綻した平成９（1997）年の後半
までには導入されなかった。また，その前後に都市銀行の下位ながら元特殊銀
行であった北海道拓殖銀行がすでに崩壊の方向を歩んでおり，そしていくつか
の第二地方銀行など中小の金融機関と証券会社が破綻を申告するか，すでに破
産していた[51]。それゆえに，爆発的なビッグバン改革は，現実に金融内部の
破綻から始まったのである。

　日本政府の新しい「自由市場・自由貿易」の改革は，自由競争の原則によ
り，外国の銀行，証券会社，保険会社などの日本市場への参入の制限を撤廃す
る可能性があった。「段階的な実施」という幅広い実施予定のもとで，法律，
会計とコーポレート・ガバナンスの観点から，ビッグバン改革は，日本市場が
中核的な国際基準を満たしていることを目指していた[52]。そして，2,129ペー
ジにのぼる改正法は，あまりにも長すぎで分かりにくいともいわれるが，それ
までの日本の金融機関の保証や保護を継続するにあたって，何も提供されな
かったのである。ここから明らかにいえるのは，金融界では，外資系企業が日

58　第Ⅱ部　外資系の投資と企業史

本市場へ参入することによる「国際化」のために対応する準備が必要であったということである。いずれにせよ，ビッグバン改革を通じて，戦後の歴史のなかで初めて，外国企業は，「自由に」日本経済のなかで商業的に運用をすることができるようになったわけである。

ケーススタディ

　平成 9 （1997）年11月24日に，山一證券は，扉を閉じて，破産宣告することを余儀なくされた。日本の証券事業における初の合弁事業の例として，アメリカの証券会社メリルリンチ（Merrill Lynch Securities - MLS）は，平成10（1998）年 7 月に山一證券の支配権を握る株式を持つことによって，「メリルリンチ日本証券（MLJS）」と名称変更をし，直ちに利益をあげる見込みがない支店を閉鎖し，正社員の数を削減することを含んだかつての社内運営の再編成を推進した（表 2 - 1 参照）。当時，多くの観察者たちは驚き，外国企業への山一證券の売却を可能にしたことの決定に愛想をつかせていた。橋本龍太郎政権にすれば，まるで王室の宝石やその家族の銀器を売られたようなものである。確かに，メリルリンチの外資導入のわずか 7 年後の平成17（2005）年には，メリルリンチ日本証券は，日本で最も収益性の高い証券会社としての業績をあげるとともに，野村証券や他のライバルの経営をも向上させた。こうした状況のなか，メリルリンチが成し遂げた再編成には，山一證券の売却の知恵（や動機など）に関する疑問や憶測が高まってきた[53]。

　意義深いことは，平成 9 （1997）年11月17日における北海道拓殖銀行の崩壊には，いかなる外資系も「救済」に動こうとはしなかったことである。平成 9 （1997）年 3 月に大蔵省が推進した北海道拓殖銀行と北海道銀行との合併が失敗したにもかかわらず，追加の対抗措置は承認されなかった[54]。明らかに，日本の金融機関のすべては，同じように救われるべきではなかったということである。「帝国財政時代」から長い間において半官半民の「特殊銀行」として存在した北海道拓殖銀行は，外資系の銀行が所有権を買収することや金融的な「援助」を行なうことの可能性を排除すべく機能するように見えた（**第Ⅲ部**参照）。その後，とくに日本の郵便貯金の民営化を進めようとして首相小泉純一郎が頻繁に唱えた「抜本的な改革」の標語に対して，金融界のエリートは「国家主義のビジネス」を守るべく情熱的な防御をそそのかした[55]。

国際化　59

　この間，昭和27（1952）年 6 月12日に公布された「長期信用銀行法（第187
号）」にもとづく特殊銀行が対応させられた状況は，北海道拓殖銀行の破綻に
おける経過と類似した機能を示したことが目立っている。戦後に確立された日
本興業銀行・日本長期信用銀行・日本不動産銀行という「三大長期信用銀行」
の制度は，20世紀の最後の段階において驚くべき早さで未完成なものにされて
いった。平成10（1998）年10月16日に，国会は倒産の危機に瀕した銀行に対し
て「特別公的管理」および1,766億円の公的資金を提供すべく「金融機能の再
生のための緊急措置に関する法（第132号）」を可決した。昭和27（1952）年12月
に設立された日本長期信用銀行（LTCB）は，平成10（1998）年10月23日に実施
された「金融再生法」を通じて，直ちに国営化され，審査のうえ，迅速に再民
営化のための準備がなされた（表 2－1 参照）。中央三井信託銀行がこの再民営
化にあたって確実な競争入札の機会を提供されていたにもかかわらず，平成12
（2000）年 3 月にリップウッド・ホールディングス（Ripplewood Holdings）が率
いる外国の投資グループが1,210億円という大きい入札額を提示したことに
よって，日本長期信用銀行の支配権を握るのに必要な株式を買収した。日本長
期信用銀行は，平成12（2000）年 6 月に「新生銀行」と改称し，不良債権を攻
撃的に処理し，第一ホテルや株式会社そごうのようなそれまでの大事な顧客を
切り捨てたことから，これらの企業は直ちに支払不能（事実上の破産）の状況
に陥ったのである。なお，平成16（2004）年 4 月 1 日，新生銀行は普通（商業）
銀行の免許を獲得するために長期信用銀行の免許が下取りされていたのであ
る[56]。

　日本債券信用銀行（NCB）は金融監督庁の検査によって「実質2,700億円の債
務超過」が認定され，「金融再生法」を通じて，特別公的管理がおよび一時国
有化された[57]。昭和32（1957）年 4 月に元特殊銀行であった朝鮮銀行の残余財
産を基に再設立された日本不動産銀行は，昭和52（1977）年10月創立20周年を
機に，行名を「日本債券信用銀行」に変更し，不動産担保金融よりも債券発行
銀行への路線転換をはかったのである。日本債券信用銀行は，初めのうちは外
国銀行の金融的な援助に対抗し，平成12（2000）年 6 月に，ソフトバンク株式
会社が率いる投資グループに買収され，平成13（2001）年 1 月から「あおぞら
銀行」と改称された（表 2－1 参照）。不良債権とそれに関連した顧客の切り捨
てができないあおぞら銀行の控えめな成績，またはソフトバンクの投資部門に

60　第Ⅱ部　外資系の投資と企業史

なるための金融庁の賛成を得ていない失敗と結びつけられ，平成15（2003）年
9月にはアメリカのプライベート・エクイティ投資会社サーベラス・キャピタ
ル・マネジメント（Cerberus Capital Management）に売却されることになった
と考えられる。日本長期信用銀行・新生銀行の事例と同様に，あおぞら銀行
は，平成18（2006）年4月1日以降，長期信用銀行の資格を転換し，普通（商
業）銀行として再設立されるという経営方法を選んでいた。なお，継続的な経
営不振は，投資資金の増加を余儀なくされたことから，サーベラスがあおぞら
銀行の株式の45パーセントまでを所有することになったのである[58]。ちなみ
に，最も有力な長期信用銀行であった日本興業銀行は，平成12（2000）年9月
29日，第一勧業銀行および富士銀行と合併することによって，株式会社みずほ
ホールディングス（MHHD）を設立している[59]。

　北海道拓殖銀行の特別な取り扱いを除けば，ビッグバン改革を可能にした外
資系のかかわった「救済」は，実に重要な傾向を示すこととなったのである。
リーマン・ブラザース（Lehman Brothers），チューリッヒ（Zurich）のような有
数の外資企業に並行し[60]，数多くの日本の銀行，証券会社と，とくに保険会
社は，みずからの企業の資本構成を改め，かつ再構築するために，外資系の助
けを得る必要があったのである[61]。たとえば，平成13（2001）年1月に米国の
ローンスター投資会社（Lone Star Equity Group）が日本政府に，一時的に国有
化した東京相和銀行の獲得を持ち掛け，35億円の「積極的な支援」投資によっ
て，東京スター銀行を誕生させている[62]。それから1ヶ月も経たないうちに，
関西さわやか銀行は，関西地方で初の外国投資を吸い寄せる銀行となったので
ある（表2-1参照）[63]。なお，日本の金融機関は，国内からの金融的な支援（資
金投資など）を集めるため，「外資系の金融機関と提携しなければならない」と
いうように公表されるケースもある。こうしたことから，外国の企業との競争
を避けるため，国内の資本連合団から望ましい助けを受け取ると考えられてい
るのである[64]。

自動車産業

　こうしたビッグバン改革の成果を検証したうえで，その改革の趣旨や外国資

本を決定的に受け入れ，実際に使用している事例を検討することが必要になってくる。それは日本を交えて西洋的なチェーンストア・フランチャイズの壮大な成長と自動車産業での大きな変化によって重なってみえる。日本の自動車産業における最初の合弁事業から30年を経過したところで，日本第二位の自動車メーカーである日産とフランスの自動車メーカー代表のルノーとの間の協調戦略的な資本提携が，日本の自動車産業のそれまでの本質を変えることになった。「変えた」ということをいいかえれば，日本の自動車産業が「国際的」なものとなった，あるいは「グローバル化された」ものとして考察されなければならないということである。

　平成11（1999）年3月27日に，ルノー（Renault）は6,050億円，すなわち51億ドルを投資することによって，日産自動車株式会社の株式の44.4％を，そして日産ディーゼル工業株式会社の株式の22.5％を所有した。それぞれの議決権を得て，世界で4番目に大きな自動車メーカーを設立した。これらの措置は，167億ドル以上と推定されていた日産全体の債務を，より管理しやすいレベルに置いて減らすために役立った（表2-1参照）。それに加えて，契約上の相互の合意によって，ルノーは，後日，約380億円，すなわち3.2億ドルで日産の欧州における子会社の株式を買収することを可能にしていたのである[65]。また，日産はルノーの株式を所有していたが，フランスの法律下において議決権を与えられないのにもかかわらず，金銭的な「余裕」ができたとき，さらにルノーの株式を買収することが許容されていた。日産は，次第にルノーに対するみずからの出資比率を増加させていたし，このあとにもルノーの15％の株式を買収したのである。さらに，両社の戦略的な「ルノー・日産アライアンス」に，より独立性を与えるために，フランス政府は，みずからの株式の売り操作を通してルノーの出資比率を44.2％から25％にまで減らさせたと発表した[66]。

　日産の経営強化，とりわけ利益確保のため，平成11（1999）年4月にルノーの副社長カルロス・ゴーン（Carlos Ghosn）が，日産の最高執行責任者（CEO）に任命された。日産の自己宣伝および聖人伝説によると，ゴーンのチームは，主に若い社員の努力にもとづいて，わずか3ヶ月で一緒に再編成の計画を樹立していた。この「ゴーン計画」は，日本の自動車産業をしびれさせるものであった[67]。直ちに5箇所の工場が閉鎖され，年功序列や終身雇用制度のような系列手順の日本的な経営方法を覆した。また，ゴーンは最高執行責任者期間

62 第Ⅱ部 外資系の投資と企業史

の最初の数年間で日産の2万人以上の世界中の労働者を削減し，退職させた。そのことの是非に関して激しい論争が続いていたが，両社にとって決定的に重要なことは，「ゴーン計画」が実施に入ると間もなく日産の運命を好転させたことである[68]。両社の「ルノー・日産アライアンス」の資本提携は，自動車メーカーの両社に利益をもたらしたことが証明されている。戦略的な経営理念の観点からも，両社は工場や流通網を共有する意味で，統一されたユニバーサルな車台（プラットフォーム）を構築し，共通のコンポーネントとエンジンをそれぞれのガソリン（日産），ディーゼル（ルノー）の専門分野で開発している[69]。意義深いことは，日本の他の多国籍自動車メーカーも，今後の外資系の競争相手との合併や戦略的な資本提携の可能性を避けながら，大幅に「社内」で日産と同様に「国際的な」政策を採用していることである。

チェーン店とフランチャイズ

　自動車産業へのルノーの参入に加えて，チェーン店フランチャイズの台頭は，日本での洋風スタイル企業のイメージを再活性化させた。平成2（1990）年後半以来，非常に広く認識されている少数のフランチャイズは，今日の日本の都市と郊外の外観を変化させた。昭和23（1948）年から昭和43（1968）年までの期間において，コカ・コーラ株式会社は，外資系企業のなかで昭和32（1957）年6月という非常に早い段階において完全子会社を設立することができた。こうしたことから，コカ・コーラはアメリカ企業の先見のある先駆者として見られているが，成功の秘密は，炭酸飲料よりも日本市場のため，収益性の高いスポーツドリンクや風味のよい紅茶などの非コーラ製品への生産およびマーケティングの再フォーカスによるものであることに注目すべきである[70]。その後，ケンタッキーフライドチキンやマクドナルドのようなファーストフードのフランチャイズがそれぞれ，昭和45（1970）年7月と昭和46（1971）年5月に，自由化政策の結果として，上述したように到来した（**表2-4**参照）。しかし，1980年代における著しい経済的なブームの兆候があったにもかかわらず，昭和58（1983）年4月に東京の郊外（千葉県）でディズニージャパンのフランチャイズを開園することに限定し，フランチャイズの開発は中断したようである。逆説的に，外資系フランチャイズの開発の速度はバブル期の終

焉にいたるまで緩慢であったが，その理由については日本経済よりもアメリカ
経済の置かれた状況が深く検討されなければならないからである。

表 2-4 外資系のフランチャイズおよび子会社，1957-2015

番号	年月	食品・飲料	社名（英語）	国籍
1	1957.6	コカ・コーラカンパニー	Coca Cola Company	アメリカ
2	1963.4	エイアンドダブリュ	A & W（Restaurants）	アメリカ
3	1970.4	ダンキンドーナツ	Dunkin'Donuts	アメリカ
4	1970.7	ケンタッキーフライドチキン	Kentucky Fried Chicken	アメリカ
5	1971.4	ミスタードーナツ	Mister Donut	アメリカ
6	1971.5	日本マクドナルド	McDonalds	アメリカ
7	1972.4	ゴディバジャパン	Godiva	ベルギー
8	1973.11	デニーズ	Denny's（Seven & I Food 2007）	アメリカ
9	1973.12	バスキン・ロビンス	31（Baskins and Robins）	アメリカ
10	1977.11	ビッグボーイジャパン	Big Boy Japan	アメリカ
11	1983.7	ハードロックカフェ	Hard Rock Cafe Japan	アメリカ
12	1984.8	ハーゲンダッツジャパン	Haagen Dazs Japan	オランダ
13	1985.4	ウェンディーズ	Wendy's Japan	アメリカ
14	1985.9	ドミノ・ピザジャパン	Domino Pizza Japan	アメリカ
15	1987.11	レッドロブスタージャパン	Red Lobster Japan	アメリカ
16	1990.12	シティベーカリー	The City bakery	アメリカ
17	1991.5	ピザハット	Pizza Hut	アメリカ
18	1991.10	日本サブウェイ	Nihon Subway	アメリカ
19	1995.1	スターバックス	Starbucks	アメリカ
20	1996.4	バーガーキング	Burger King（2007）	アメリカ
21	1997.11	クア・アイナ	Kua'Aina	アメリカ
22	1998.5	タリーズコーヒージャパン	Tully's Coffee	アメリカ
23	1998.11	TGI フライデーズ	T.G.I. Friday's Japan	アメリカ
24	1999.10	シアトルズベストコーヒー	Seattle's Best Coffee	アメリカ
25	2000.4	アウトバック・ステーキハウス	Outback Steakhouse	アメリカ
26	2002.8	ピエールマルコリーニ	Pierre Marcolini（Chocolate）	ベルギー
27	2004.5	ドーナッツプラント	Doughnut Plant	アメリカ
28	2005.5	コールド・ストーン・クリーマリー・ジャパン	Cold Stone Creamery Japan	アメリカ
29	2005.8	フーターズ	Hooters	アメリカ
30	2006.12	クリスピー・クリーム・ドーナツ	Krispy Kreme Doughnut	アメリカ
31	2008.3	ビルズ	Bills（Pancakes）	オーストラリア
32	2009.4	グロム	Grom（Gelato）	イタリア
33	2009.10	エッグスンシングス	Eggs'n Things	アメリカ
34	2012.4	ベン＆ジェリーズ	Ben & Jerry's	アメリカ
35	2014.6	マグノリアベーカリー	Magnolia Bakery	アメリカ

36	2015.2	ブルーボトルコーヒー・カンパニー	Blue Bottle Coffee	アメリカ
37	2015.4	カムデンズブルースタードーナツ	Camden's Blue Star Donuts	アメリカ
38	2015.4	タコベル	Taco Bell	アメリカ
39	2015.10	ローラズ・カップケーキ	Lola's Cupcakes	イギリス
40	2015.11	シェイク・シャック	Shake Shack	アメリカ

小売・ファッション・ブランドマーチャンダイジング

41	1963.4	日本ロレアル	Nihon L'Oreal	フランス
42	1964.10	トリンプ・インターナショナル・ジャパン	Triumph International Japan	ドイツ
43	1967.4	エスティ・ローダー	Estee Lauder	アメリカ
44	1968.11	エイボン・プロダクツ	Avon	アメリカ
45	1970.4	ジャパン・ダックス・シンプソン	DAKS Simpson	イギリス
46	1970.11	マリークヮントコスメチックスジャパン	Mary Quant	イギリス
47	1972.4	ティファニー	Tiffany & Co.	アメリカ
48	1972.9	ウエラジャパン	Wella Japan	ドイツ
49	1973.4	ブシュロン	Boucheron	フランス
50	1974.2	スウォッチグループジャパン	Swatch Group Japan	スイス
51	1978.3	ルイ・ヴィトン	Louis Vuitton	フランス
52	1978.4	クリニークラボラトリーズ	Clinique	アメリカ
53	1979.5	日本アムウェイ	Amway Japan	アメリカ
54	1980.4	日本ロレックス	Rolex Japan	スイス
55	1980.4	シャネル	Chanel	フランス
56	1981.1	ナイキ	Nike	アメリカ
57	1982.11	リーバイ・ストラウス	Levi Strauss & Co. (Jeans)	アメリカ
58	1983.4	エルメス	Hermes Japan	フランス
59	1983.4	カッパ	Kappa	イタリア
60	1983.7	リー・ジャパン	Lee Japan (Jeans)	アメリカ
61	1983.12	アニエス・ベー	Agnes B.	フランス
62	1985.4	フォリフォリ	Folli Follie	ギリシア
63	1986.2	ローラアシュレイ	Laura Ashley	イギリス
64	1987.1	ラコステジャパン	Lacoste Japan	フランス
65	1987.4	フィラ	Fila Japan	イタリア
66	1988.4	エトロ	Etro	イタリア
67	1988.12	ニューバランスジャパン	New Balance Japan	アメリカ
68	1989.10	ユナイテッドアローズ	United Arrows	アメリカ
69	1990.6	ザ・ボディショップ	The Body Shop	イギリス
70	1991.1	コーチ	Coach	アメリカ
71	1991.3	ミュウミュウ	Miu Miu	イタリア
72	1991.4	ブルガリ	Bulgari	イタリア
73	1991.4	ル・クルーゼ	Le Creuset	フランス
74	1993.12	エディー・バウアー	Eddie Bauer	アメリカ
75	1994.12	ギャップジャパン	Gap	アメリカ
76	1995.4	ジョルジオアルマニ	Giorgio Armani Japan	イタリア
77	1996.4	アナスイ	ANNA SUI	アメリカ

チェーン店とフランチャイズ　65

78	1996.4	バッドボーイジャパン	Bad Boy Japan	アメリカ
79	1996.5	アンダーアーマー	Under Armour	アメリカ
80	1996.9	ヴィヴィアン・ウエストウッド	Vivienne Westwood	イギリス
81	1997.7	タグ・ホイヤ	Tag Heuer	スイス
82	1997.8	ザラ	Zara	スペイン
83	1998.2	アディダスジャパン	Adidas	ドイツ
84	1998.2	リーボック	Reebok	イギリス
85	1998.4	イルビゾンテ	Il Bisonte	イタリア
86	1999.4	ロンシャン・ジャパン	Longchamp Japan	フランス
87	2000.12	バーバリー	Burberry	イギリス
88	2001.4	キャサリンハムネット	Katherine Hamnett	イギリス
89	2001.6	ガシー・レンカー・ジャパン	Guthy-Renker Japan	アメリカ
90	2001.6	グッチ	Gucci	イタリア
91	2001.8	ドルチェ＆ガッバーナ	Dolce & Gabbana	イタリア
92	2002.4	コンバース	Converse	アメリカ
93	2002.4	ディーセル	Diesel	イタリア
94	2002.5	ビルケンシュトック	Birkenstock	ドイツ
95	2002.10	ポールスミス	Paul Smith	イギリス
96	2002.11	フェンディ	Fendi	イタリア
97	2002.11	ベルルッティ	Berluti	フランス
98	2003.2	プーマ	Puma	ドイツ
99	2003.6	プラダ	Prada	イタリア
100	2003.7	カルティエ	Cartier	フランス
101	2003.12	クリスチャン・ディオール	Christian Dior	フランス
102	2004.4	ケイト・スペード	Kate Spade	アメリカ
103	2004.10	ニューエラジャパン	New Era Japan	アメリカ
104	2004.11	エミリオ・プッチ	Emilio Pucci Japan	イタリア
105	2005.4	イブ・サンローラン	Yves Saint Laurent	フランス
106	2005.9	パトリッジアペペ	Patrizia Pepe	イタリア
107	2006.1	クロエ	Chloe	フランス
108	2006.2	ボッテガ・ヴェネタ	Bottega Veneta	イタリア
109	2006.2	ジミーチュウ	Jimmy Choo	イギリス
110	2006.3	マリメッコ	Marimekko	フィンランド
111	2006.4	ポロラルフローレン	Polo Ralph Lauren	アメリカ
112	2006.9	トップショップ	Topshop	イギリス
113	2006.9	ブランド, コントワー・デ・コトニエ	Comptoir des Cotonniers	フランス
114	2006.10	アグ	Ugg（boots）	アメリカ
115	2007.8	ヘネス・アンド・マウリッツ・ジャパン	Hennes and Mauritz（H&M）	スウェーデン
116	2008.1	バレンシアガ	Balenciaga	スペイン
117	2008.5	ロクシタン	L'Occitane	フランス
118	2008.8	キットソン・ジャパン	Kitson Japan	アメリカ
119	2008.10	ラッシュジャパン	Lush Japan	イギリス
120	2009.3	セオリー	Theory	アメリカ
121	2009.3	モンクレールジャパン	Moncler	イタリア

66   第Ⅱ部　外資系の投資と企業史

122	2009.4	フォーエバー21	Forever21	アメリカ
123	2009.4	マッキントッシュ	Mackintosh Japan	イギリス
124	2009.12	アバクロンビー＆フィッチ	Abercrombie & Finch	アメリカ
125	2010.4	ジェイリンドバーグ	J. Lindeberg	スウェーデン
126	2011.2	ヘンリーコットンズ	Henry Cotton's Japan	イタリア
127	2011.7	フライングタイガーコペンハーゲン	Flying Tiger Copenhagen	デンマーク
128	2012.4	アメリカ・イーグル	American Eagle	アメリカ
129	2013.4	チャールズ＆キース	Charles & Keith	シンガポール
130	2014.3	ケンゾー	Kenzo Paris Japan	フランス
131	2014.8	ヘレンカミンスキー	Helen Kaminski Japan	オーストラリア

スーパーマーケット・卸売・コンビニエンスストア

132	1973.11	セブン―イレブン・ジャパン	Seven-Eleven (Seven & I Food)	アメリカ
133	1974.4	イケア・ジャパン	IKEA Japan (2002)	スエデン
134	1975.4	ローソン	Lawson	アメリカ
135	1977.4	スパー・ホットスパー	Spar/Hotspar	オランダ
136	1980.3	サークルKサンクスジャパン	Circle K Sunkus	アメリカ
137	1989.3	トイザらス	Toys R Us-Japan	アメリカ
138	1990.4	エーエム・ピーエムジャパン	am/pm Japan	イギリス
139	1995.8	スポーツオーソリティ	Sports Authority	アメリカ
140	1996.5	オフィスデポ	Office Depot	アメリカ
141	1999.4	コストコ	Costco	アメリカ
142	2000.11	メトロ	Metro	ドイツ
143	2001.4	カレフール	Carrefour	フランス
144	2002.5	セイユー	Seiyu (WalMart)	アメリカ
145	2007.4	テスコ	Tesco	イギリス

IT部門・メディア・音楽・通信技術

146	1953.4	サムスン	Nihon Samsung	韓国
147	1976.4	インテル	Intel	アメリカ
148	1980.1	LGジャパン	LG Japan (Lucky Group)	韓国
149	1981.12	タワーレコード	Tower Records	アメリカ
150	1983.6	アップル	Apple	アメリカ
151	1986.6	マイクロソフトジャパン	Microsoft Japan	アメリカ
152	1989.4	ノキア	Nokia Japan	フィンランド
153	1989.6	デル	Dell	アメリカ
154	1990.2	エイチエムブイ	HMV	イギリス
155	1990.7	アスペンテックジャパン	AspenTech	アメリカ
156	1990.10	ウィルコム	Willcom	アメリカ
157	1991.7	マカフィー	McAfee	アメリカ
158	1992.10	SAPジャパン	SAP Japan	ドイツ
159	1996.1	ヤフージャパン	Yahoo Japan	アメリカ
160	1997.7	インフォシスリミテッド	Infosys	インド
161	1998.2	フォックス・ネットワークス・グループ	Fox International Channels	アメリカ

162	1999.7	日本ヒューレット・パッカード	Hewlett-Pakard Japan	アメリカ
163	2000.7	アマゾンジャパン	Amazon Japan	アメリカ
164	2001.10	ソニー・エリクソン	Sony Ericsson	スウェーデン
165	2001.11	グーグル	Google Nihon	アメリカ
166	2005.4	レノボ	Ienovo	香港
		遊園地・シネマコンプレックス・テーマパーク		
167	1983.4	ディズニージャパン	Disney Japan	アメリカ
168	1991.10	ワーナー・マイカル・シネマズ	Warner Mycal Cinemas	アメリカ
169	1994.12	ユニバーサル・スタジオ・ジャパン	Universal Studios Japan	アメリカ

出典: 会社のジャーナル, 社史, 新聞, ウェブサイトから取得した。さらなる参考文献については, 本書の目録を参照して頂きたい。

注: ⅰ) 表2-4は, 有形および無形の基準のものを使用している。投資の規模とそれに関連した収益は, 同社の各業界における業績, 日本国内外で報道されたメデアの量などとともに考慮される。
　　ⅱ) 表2-4は規範的ではなく, 完全な包括性を主張するものではない。

　それにもかかわらず, 戦後日本の風土に馴染ませた洋服および洋風スタイルの宝石, 腕時計, 靴, ハンドバッグ, ファッション小物などは, 和服とその伝統的な文化を圧倒していったのである。たとえば, 1970年代には, ティファニー (Tiffany & Co.) やルイ・ヴィトン (Louis Vuitton), そして1980年代には, エルメス (Hermes Japan) などが, 高級欧米風の宝石, 腕時計, ハンドバッグ, ファッション小物などのフランチャイズを開業した。また, 1980年代には, シャネル (Chanel) やローラアシュレイ (Laura Ashley) が, 高級「ブランド」店として, 日本の大都市に到来した。さらに, ナイキ (Nike), ニューバランス (New Balance Japan), リーバイス (Levi Strauss & Co.) やユナイテッドアロース (United Arrows) などが, 靴ならびに「ストリート」ファッションの代表店として, 日本でフランチャイズを開業した。これらの会社は, 1990年代に向けて, すぐに数多くの競争企業として加わったのである (**表2-4**参照)。

　和服から洋服への文化的な変動と共に, 和食から洋食への食生活の変化もみられた。たとえば, ピザハット (Pizza Hut) やサブウェイ (Nihon Subway) は, 平成3 (1991) 年に到来した。そしてほとんどどの国にも存在するスターバックス (Starbucks) は, 平成7 (1995) 年10月からチェーン店フランチャイズの営業を始めた[71]。世界中でよく知られているフランチャイズであるバーガーキング (Burger King) に関して, 日本での企業歴は多少複雑である。最初平成8 (1996) 年4月に到来し, 平成13 (2001) 年3月までに一旦退いたが, もう

68　第Ⅱ部　外資系の投資と企業史

一度平成19（2007）年6月に日本市場への2回目の参入も試みた[72]。最後の事例として，平成18（2006）年12月にはクリスピークリームドーナツ（Krispy Kreme Doughnut）のフランチャイズが開業した。これらのフランチャイズの驚くべき人気およびほぼ例外なしの「サクセス・ストーリー」は，確実に日本市場をまだ試していないフランチャイズの進出を奨励するものと考えられる[73]。

　これらのフランチャイズの「人気」が，外国のフランチャイズのオーナーと日本の投資家の両方をひきつけることは興味深いことであるが，それは当面本書で取り扱うべきことの範囲外である。しかし，簡潔にいえば，日本の消費者は海外のファッションや流行の最新の変化を知ることと，それらの商品やサービスを提供する国際的な国内市場を望んでいるように見えるのである。日本の投資家の場合には，冒険的な「金融」資本を持つことなしに「人的」資本に投資することができるフランチャイズの範囲を広げることができるのである。一方で，これらのフランチャイズは，紛れもなく西洋的または「アメリカン・スタイル」の資本主義の強力かつ広範なシンボルとしての役割を果たしているが，多かれ少なかれ地方，すなわち日本の「人的」資本を大規模に導入しており，それは正に日米間の合弁事業であるといえる。

　なお，日本人が国際的な国内市場を望んでいることは，多くの場合には，ネイティブの願望から生まれているといっても，次第に国内市場を再構築することが同時的に全世界中のグローバル化と衝突している歴史的な段階を反映していることでもある。平成8（1996）年から平成18（2006）年までのIT（ドットコム）企業の到来がよく例証として引かれるように，チェーン店フランチャイズの台頭と，その注目すべき発展には，兆候的なグローバル化の傾向があった。これらのフランチャイズは，いわゆる「IT改革」によってアメリカの大企業の新たな旗艦として，すばやく日本において子会社を設立した。実質的なローカルの競争相手なしに，マイクロソフト（Microsoft）の最初の（アメリカの外部という意味で）国際支社は，昭和53（1978）年11月に東京に設立された。ヤフー（Yahoo）日本は平成8（1996）年1月に営業を始め，アマゾン日本（Amazon Japan）は平成12（2000）年11月に営業を始めたが，平成15（2003）年後半から平成18（2006）年前半までの間に，アップルは最初の（アメリカの外部という意味で）国際支社からアップルストアの全国ネットワークを設立した（表2-4参照）[74]。

グローバル化の登場　69

　しかしながら，アメリカのIT企業フランチャイズの著しい成功は，軒並み揃って同じではなかった。たとえば，小売りのスーパーマーケットの場合，平成13（2001）年4月，フランスの大企業であるカレフロー（Carrefour）は，日本に「進出」していたが，平成17（2005）年3月までに戦略的に撤退し，現在ではブランド名だけを残している[75]。また，アメリカの大企業であるウォルマート（Walmart）は，平成14（2002）年4月10日に合同会社西友を売却したのち，長い間営業や経営的な困難を経験していたといわれている[76]。さらに，平成19（2007）年4月におけるテスコ（Tesco）の慎重な日本市場への参入の意義は，海外の大きい小売業者が未だ日本において自社の生存能力が証明されていないところにある[77]。明らかに，日本市場の外見上の国際化およびグローバル化は，簡単に概括できる現象ではないのである。

グローバル化の登場：ビッグバン改革以降，2007-2018

　平成18（2006）年には，国境を越えた直接投資の世界的な増加（38％）があったにもかかわらず，東アジアにおいて日本のみが外資導入の減少を記録した。1990年代のバブル期の金融的な混乱以来，マイナスの直接投資（direct foreign investment - FDI）の差引残額があったからである。その背景には，日本政府が，外国人投資家と外国金融機関に公共事業の部分的な所有を促進していたことがあったようである[78]。かつてはありえなかったが，この外資政策の180度の転換は，平成19（2007）年10月1日に実施された郵政民営化以降[79]，郵便貯金制度（PSS）とそれと相互に関係していた大蔵省の資金運用部（TFB）および財政投融資計画（FILP）の再編成によって，日本政府は伝統的な国内資金調達の源泉を切り離したのである[80]。

　外資導入に関する日本政府の見かけ上の緩和姿勢，とくに電力やガスなどの公益事業への外国投資に関する対応は，自由化プログラム，立法改革，また明確な統制撤廃の方針などを導入しなかったので，強化されてはいなかった。既存の外国為替法の下で，電力会社などの「公共の秩序」と「国家安全保障」に関連した公益事業の10％以上の海外投資は，日本政府当局の承認を必要とするというものであった。要するに，日本政府は，外国人投資家と外国金融機関に対して，承認を得るために投資（株式の買収）計画を変更，延期または中止さ

70　第Ⅱ部　外資系の投資と企業史

せる権限を外国為替法の下で与えていたのである。ただし，ほとんどすべての
日本企業は自社のビジネスが「公共の秩序」および「国家安全保障」に関連し
ているということを主張することができる。それゆえに，外国人投資家は日本
企業の潜在的な投資への大きな障害として，外国為替法の壁を批判している。
興味深いことは，経済産業省の官僚が，毎年日本政府は「拒絶なしに外国企業
からおよそ百通の要請を受け取る」と発表していたことである。たとえば，こ
の点について英国のザ・チルドレンズ・インベストメント・ファンド（The
Children's Investment Fund - TCI）の公益事業への投資が，テストケースとして
機能していた。TCI は電源開発株式会社（J パワー）の株式保有を9.9％から
20％に引き上げる増加計画を目指したが，平成20（2008）年 7 月14日に日本政
府は，「国家安全保障」上の理由によって，その増加計画を放棄することを命
じている[81]。また，公益事業と潜在的な外資導入において，10％以上の投資
は，実際に2,000億円以上を要求し，その厖大な資金のみは，増加計画の願書
数を削減したと考慮のほどを示している[82]。平成20（2008）年 9 月以降には，
経済産業省の官僚による「およそ百通」という外国企業から公益事業への株式
の厖大な買収の要請を受け取っていたとされる発言は，そうあってほしいとす
る作り話のように聞こえるが，ともあれ日本における外国資本の動向とは一致
していないのである[83]。

ケーススタディ

　平成20（2008）年 9 月のグローバル・ファイナンシャル・クライシスの前年
において，日本経済全体での外国投資の活動に顕著な盛り上がりがあった。平
成19（2007）年 4 月中に，モルガン・スタンレー（Morgan Stanley）は2,813億円
で全日本空輸株式会社（ANA）のホテルチェーン子会社の所有権を取得したが
（表 2 - 3 参照），それは外国投資によるこれまでの日本にとって最大級の不動産
の購入となった[84]。この間，モルガン・スタンレーとの競争のなかでゴール
ドマン・サックス（Goldman Sachs）は，平成10（1998）年以来，日本の不動産
に 2 兆円を投資していたという見積りがあったにもかかわらず，平成19（2007）
会計年度において，さらに追加の2,000億円の投資を計画していた[85]。「その
他」の金融部門では，ゼネラル・エレクトリック（General Electric - GE）グルー
プが，金額は不明であるが[86]，平成19（2007）年 5 月に三洋電機クレジット株

式会社，すなわち三洋電機株式会社の上場子会社の所有権を株式の買収によって奪っている[87]。興味深いことに，日本における銀行の売買取引は，対内と対外の両方向で行なわれていた。たとえば，平成19（2007）年5月からアドバンテージ・パートナーズ（Advantage Partners - AP）という日本の「サービスを提供する」投資ファンドは，外資系の東京スター銀行の所有権を取得するために，共同出資を準備し，平成20（2008）年3月中までに「友好的な」買収を完成していたということである[88]。また，世界の大手飲料や菓子グループである英国のキャドバリー・シュウェップス（Cadbury Schweppes）は，平成19（2007）年6月18日には，三星食品株式会社の「友好的株式公開買付け」を実施していた。その後，平成19（2007）年11月27日には，三星食品がキャドバリー・インベストメンツ・ジャパンの完全子会社となり，営業を継続している（表2-3参照）[89]。

　意義深いのは，これら上記の外資系の活動や活躍のなかには，日本経済および国内市場による深遠な制度変化の証拠とする兆候もある。たとえば，日興コーディアル・グループ（Nikko Cordial Corporation）の所有権を乗っ取ったシティグループ（Citigroup）と日本の完全子会社であるシティバンク銀行が，平成19（2007）年4月から平成20（2008）年1月までに「レイヤード（層状の）買収」をしたことは，その時点で最も密接に吟味された金融取引の1つであったのである[90]。シティグループは，積極的に日興コーディアルの協力を得て，企業や小売事業を拡大することによって，日本国民が貯蓄した巨大な資金を利用することを通じて，卓越した銀行や証券のマネージャーになることを目指していた[91]。海外金融商品および円キャリー・トレード（carry trade）を使用した日本における投資家や退職者の増加と日本の金融規制の一層の自由化緩和が期待されていることを背景にし，海外のマネー・マネージャーは日本市場に参入志望を高めていたのである[92]。また，フランスとベルギーのデクシア銀行（Dexia S.A.）は，戦後日本経済において前例のない形で，地方の自治体，市役所，区役所や県庁または地方銀行と第二地方銀行への貸付金や融資サービスを積極的に提供していた[93]。さらに，平成20（2008）年1月にはみずほ銀行がニューデリーとボンベイとの間の「地域開発道路」という大型インフラ・プロジェクトに協調していた産業の発展に資金を融資していた。こうしたことか

72　第Ⅱ部　外資系の投資と企業史

ら，インドの国営インド銀行（Bank of India）の貸し手と提携していたみずほ銀行は，インフラ・プロジェクトにおいてインドに最初に参入した日本の銀行となったのである[94]。このような国際的な金融協力関係が増加する背景には，日本金融界が世界最大の貯蓄プールを持っていながら，実質的に日本の銀行の入金口座がほぼゼロ「0！」％利息を支払うことによって，海外での高利回り収益を産む資産に投資することを熱望するようになったからである[95]。

　一方で，過去10年ほどにわたって保有している株式の価値を倍増していた投資環境のなかで，海外投資家および投資ファンドは，日本企業に積極的に投資し，そしてその株式を所有することによって，以前より高い配当金を払うことや業務執行代表などによって大きな利益を得るようになっていた[96]。この点について，ウォーレン・リヒテンシュタイン（Warren Lichtenstein）によって，平成5（1993）年に設立されたスティール・パートナーズ・ジャパン・ストラテジック・ファンド（Steel Partners）の活動はとくに注目すべきである。平成19（2007）年7月9日には，東京高裁によって「濫用的買収者（abusive acquirer）」と認定されたアメリカのスティール・パートナーズは，平成15（2003）年から平成20（2008）年にかけて明星食品株式会社，天龍製鋸株式会社，ブルドッグソース株式会社とサッポロビール株式会社などの代表的な日本企業に対して求められていない入札（未承諾の入札）を試みたのである。そこにおいて明らかな成功がなかったにもかかわらず，日本で「誤解されている」スティール・パートナーズが大手企業の取締役やマネージャーたちを「訓練すること」を目指し，引き続き株式の買収を働きかけることを通じて，利益を増やすための提案を行なう運動をし，結果的に日本企業が自社の株主に，より高い配当金を支払うことを要求していたのである[97]。

　日本企業の株式に対する「不要な」前例がない外資系の需要は，何社かの驚くべき受益に助けられていたと考えられる。たとえば，スキャンダルだらけの日本の大手「人材派遣会社」グッドウィル（Goodwill）は，平成20（2008）年3月中にサーベラス・キャピタル・マネジメント（Cerberus Capital Management）とモルガン・スタンレー（Morgan Stanley）の率いる外国の資本連合団から200億円の資金調達を発表していた。ビッグバン改革後の国際競争が増加していた新たな投資環境において，倒産の手前にある会社の取締役やマネージャーたちへの1つのメッセージは「外国からの金融的な援助は日本での失敗

グローバル化の登場　73

をカバーすることができる」といえることであろう[98]。

　ビッグバン改革の実施の後，（少なくとも表面上，外見から見ると）日本経済は
より競争力が上がったようである。先に述べたように，海外投資家および投資
ファンドは，日本市場におけるフランチャイズ，合弁事業，戦略的提携，再編
合併，株式の買収などの発展に関して非常に積極的に関与しているといわざる
をえない[99]。戦後日本資本主義の文脈のなかで，このような最初の日本企業
による日本企業への「敵対的株式の買収（hostile takeover)」の成功[100]，ある
いは日本で最初の成功した「求められていない公開買付け（unsolicited ten-
der)」としての経営の活発化は，本当の経営変化を意味する動向であると考え
られる[101]。しかし，それにもかかわらず，日本における「自由化」や「国際
化」の方針は，どの限度までに進んでも，新自由主義者たちからの批判を和ら
げる可能性はない。平成19（2007）年5月1日には，第一次安倍晋三内閣は，
アメリカのビジネス・グループならびにアメリカ合衆国通商代表部（Office of
the United States Trade Representative - USTR）からの要求によって，「三角合
併」という買収手法の導入を承認していた[102]。大統領ブッシュ（George W.
Bush）との首脳会談があった当時，首相安倍晋三は，多国籍企業の日本子会社
を通じて，一定の買収権を可能にするために安倍内閣の決定に注意を払うよう
呼びかけていたが，ブッシュはただ日本における合併および買収に関係する法
律のさらなる説明を要求していたようである。これに対して，多少驚いたのか
怒りだした安倍は，感銘をあまり受けていないブッシュに「これは貴国が強く
要求された行動」，また「これが巨大なアメリカ企業が日本企業を吸収合併す
る道を開くだろう…私は，厳しい批判に直面している」と不満を述べたとマス
メディアが報じていた[103]。その日米首脳会談のなかで，シティグループの日
本における意図がその問題を抱えた議論に違反したかどうか疑問に思わざるを
得ない。いずれにせよ，うえに述べたように，平成19（2007）年末頃には，ア
メリカ合衆国のシティグループと日本のシティグループ銀行が日興コーディア
ルの完全な所有権を取得するために三角合併の買収手法を成功的に利用してい
たのである[104]。

74 第Ⅱ部 外資系の投資と企業史

国際化対グローバル化：ビッグバン改革後の考察

　どのような形や方法で，そして何のために外資導入および外資系の企業が日本の金融と商業に参入してきたかを検討したうえで，このような近年の自由化・国際化・グローバル化の変遷の意味を考えることが必要になってくる。それに加えて，日本の政治経済は，日本人の「内面的な国際化」が「外国人の推進したグローバル化」，またその間における相互作用とどのように関連するかを考察し，さらに，それが世界の社会科学にとって重要である理由を説明しなければならない。

　国際的な学問の観点から，辛抱強い日本は，効果のない世襲の政治家，企業家や官僚たちのリーダーシップをもつ，（英名「Japan, Inc.」という）古い高度経済成長時代の日本を崇拝し，ましてアメリカ型の新自由主義者たちとの接点の外部を懸念することができない国であるといえる[105]。その理解から離れると，近代日本の興味深いパラドックスは，しばしば制度的な変革を整理するための主たる手段が保守主義のイデオロギーであるということである。確かに，明治・大正・昭和の時代における「維新」の運動を推進した社会経済的変化はイデオロギー的な保守主義によるものであったが，この保守主義は，現代の日本で根本的な制度変化のための力として働くことができるであろうか。この点について，ビッグバン改革後の日本における金融改革の重要さと早さに関して，海外学者たちが十分な注意を払っていないことは明らかである。

ケーススタディ

　ビッグバン改革後の金融事情は，「制度的剛性と消極的変化」のことではなく[106]，むしろ迅速な構造（機関）改革および立法的な改革のいずれかを示唆している[107]。この代表的な制度的改革の事例は，平成9（1997）年6月18日の「日本銀行法（第89号）」改正の公布と，平成10（1998）年10月の第一次小渕恵三内閣の迅速な意思決定が預金保険機構（Deposit Insurance Corporation Japan - DICJ）に厖大な600兆円程度の新たな資金（およそ日本政府の年間予算）を再融資すること，そして平成11（1999）年4月1日において預金保険機構の完全子会社である整理回収機構（Resolution and Collection Corporation - RCC）を設立する

ことであった[108]。なお，なによりも，平成10（1998）年10月16日に金融機能の再生のための「緊急措置に関する法（第132号）」の公布によって，小渕政権が，倒産の危機に瀕した「最も不正」である銀行（日本長期信用銀行（LTCB）や東京相和銀行など）に公的資金を提供するために，いきなり国有化あるいは「特別公的管理」に踏み切ったことは，ビッグバン改革後の制度的な改革のあり方を証明したものである。忘れてはいけないことは，丁度平成11（1999）年2月の当時において，日本銀行が大胆に今まで試されていない「ゼロ金利政策（Zero Interest Rate Policy - ZIRP）」という「実験的な」通貨改革を実施していたことである。また，金融的な不確実性が増加している空気のなかで，小渕政権が「不良債権」の法的な定義を作り直し，不良債権の強制的な公共への報告義務を実施し，そしてその報告義務を満たしていない企業に対して刑事訴訟などを導入した。さらに，平成10（1998）年6月22日に金融監督庁を設置したのである[109]。これらの立法的な改革の意義は，1990年代後半における顕著かつ迅速な管理および改正法を例示していることである[110]。

　なお，20世紀の最後の年では，これまでに考えられない中央省庁の再編成によって，大蔵省（Ministry of Finance - MOF）という由緒ある名称は，21世紀時点から廃止されることになった。その象徴的な官僚政治改革の直後，平成13（2001）年4月6日には，日本政府が大蔵省の後継省として新設された財務省（Finance Ministry/Ministry of Finance - MOF）に世界最大の金融機関といえる郵便貯金制度（PSS）とそれと相互に関係していた資金運用部（TFB）および財政投融資計画（FILP）の管理および制御を停止していた。その再編によって，財務省は，これまで日本国家の「代替予算」や「第二日本銀行」と批判された郵便貯金制度の資金を調達する源泉から切り離されたのである。平成13（2001）年4月26日には，構造改革の主要な目的を達成するため，改革のかん高い提案者の小泉純一郎を首相として任命することによって強調された[111]。確かに，自由民主党（LDP）内の妥協しない保守主義的な対抗は，第一次小泉純一郎内閣の「抜本的な改革」という代表標語の意味や誠実的な実施を一変させたが，それにもかかわらず，少なくとも金融的な観点から見ると，それ以前の構造改革の慣性によって最終的に小泉政権は，世界最大の公的資金である郵便貯金制度の民営化に乗り出し，さらに少数の銀行や金融機関の一時的な国営化を主宰

76 第Ⅱ部 外資系の投資と企業史

したのである。それゆえに，日本の近代史に照らして，バブル経済の崩壊後において日本経済が柔弱で改革に適応しない，または日本の政治経済は変えることができないなどのありふれた批判に関して，そのような解説はふさわしくないといわざるをえない[112]。

むすびにかえて

第二次世界大戦後の占領時代から現在にいたるまで，日本政府の商業政策が，常に決定的な役割を演じ，日本政府の外資系企業に対する態度は，いわゆる「排外化」が進められる過程において，しばしば強い干渉がなされ，外資導入を戦略上重大な事業にのみ限定してきたのであった[113]。結局，戦後の日本経済への外資系の参入の試みは，明治32（1899）年に不平等条約および治外法権の廃止があったことから欧州で第二次世界大戦の勃発した昭和14（1939）年までの期間におけるよりも制限されていた。昭和28（1953）年から昭和41（1966）年までの14年間で「31プロジェクト」という世界銀行からの借入による形で導入された外資があったにもかかわらず，1960年代後半にいたるまでのとげとげしい長年の外国資本に対応するための交渉の結果として，日本経済がある意味で「自由化された」といえるであろう。

しかし，米国商務省の統計によると，その当時のアメリカ合衆国から日本への直接投資は，主に日本に対して米国の優勢な商工業の力が発揮されていた「製造業」と「石油化学」関連部門に集中し，またその金額は非常に少額であった（表2-5参照）。たとえば，昭和25（1950）年において，その投資金額は1,179万ドルを記録したが，海外投資合計のわずか0.16％であり，昭和29（1954）年11月から昭和32（1957）年6月までの「神武景気」，昭和33（1958）年6月から昭和36（1961）年12月までの「岩戸景気」，1960年代の池田勇人内閣の「所得倍増計画」とそれに関連した昭和40（1965）年10月から昭和45（1970）年7月までの「いざなぎ景気」を通じて，投資金額は7,548万ドルにのぼったとはいえ，海外投資合計の約2％にすぎなかった。それから昭和46（1971）年8月の「ニクソン・ショック」ならびに昭和48（1973）年10月の「（第一次）オイル・ショック」の後，昭和52（1977）年においての投資金額は1億4,600万ドル，海外投資合計の3.15％であったが，昭和25（1950）年の海外投資金額から

むすびにかえて 77

表2-5 アメリカ合衆国の対日直接投資, 1950-1977 （単位：100万米ドル）

	鉱山・精錬業	石油科学	製造業	運送・交通・公共企業	貿易	金融・保険業	他業	全業種合計	アメリカ合衆国投資合計	投資合計・そこにおける対日分の割合（%）
1950	0	非公開	5	1	0	—	非公開	19	11,788	0.16%
1951	0	非公開	9	1	1	—	非公開	48	12,979	0.37%
1952	0	非公開	13	1	2	—	非公開	75	14,721	0.51%
1953	0	非公開	17	1	2	—	非公開	101	16,253	0.62%
1954	0	非公開	22	1	2	—	非公開	112	17,631	0.64%
1955	0	非公開	28	1	5	—	非公開	129	19,395	0.67%
1956	0	非公開	35	1	6	—	非公開	140	22,505	0.62%
1957	0	非公開	58	1	13	—	非公開	185	25,394	0.73%
1958	0	非公開	63	1	15	—	非公開	181	27,409	0.66%
1959	0	非公開	69	1	21	—	非公開	209	29,827	0.70%
1960	0	非公開	91	1	27	—	非公開	254	31,865	0.80%
1961	0	非公開	103	1	30	—	非公開	302	34,717	0.87%
1962	0	非公開	122	1	39	—	非公開	373	37,276	1.00%
1963	0	非公開	145	2	53	—	非公開	472	40,736	1.16%
1964	0	非公開	208	2	60	—	非公開	599	44,480	1.35%
1965	0	非公開	276	2	63	—	非公開	676	49,474	1.37%
1966	0	287	366	15	50	4	10	731	51,792	1.41%
1967	0	305	442	16	54	4	13	834	56,560	1.47%
1968	0	370	527	19	71	3	16	1,005	61,907	1.62%
1969	0	437	645	24	93	4	22	1,226	68,093	1.80%
1970	0	525	768	29	116	7	37	1,482	75,480	1.96%
1971	0	717	978	29	143	非公開	非公開	1,913	82,760	2.31%
1972	0	846	1,185	非公開	177	14	非公開	2,323	89,878	2.58%
1973	0	868	1,399	非公開	260	31	非公開	2,671	101,313	2.64%
1974	0	1,367	1,520	29	280	50	72	3,319	110,078	3.02%
1975	0	1,313	1,557	35	309	77	47	3,339	124,050	2.69%
1976	0	1,567	1,691	30	366	105	38	3,797	136,809	2.78%
1977	0	1,447	1,968	90	810	104	174	4,593	145,990	3.15%

出典: U.S. Department of Commerce, 1981: 46, and U.S. Department of Commerce, 1982: 1 -27, より作成。

注: 1) 整数ではない数字の切り上げによって，各業種の金額とその合計に加算されないものが出てくる可能性がある。
2) 1950年から1965年まで，金融・保険業の詳細なデータは確認できない。ただし，その間において，これら業種のデータは，「他業種」に含まれている。
3) 1972年から1977年にかけての，沖縄のデータは日本に含まれている。
4) ［非公開］の意味，特定は法人・人物について，その数字または別の数字でのデータの開示を避けるためにデータ開示が抑制されたことを示している。

78 第Ⅱ部 外資系の投資と企業史

みれば約12.5倍の増加であった。結局，1970年代から1990年代にいたるまで，日本経済の商業的な自由化は，主に自動車産業と外資チェーン店のフランチャイズの部門に限定されていたのである[114]。

　やがて，バブル景気の失速にともなう外国からの外資導入の必要性は，日本の規制緩和をもたらす結果となった。金融および銀行法の改革にみると，新進歩主義的なビッグバン改革は，日本経済にとって外国資本の存在を許す刺激となったことが証明された。日本経済の全体には，外資導入の増加という点からも，国内市場は以前より「国際的」になったといわざるを得ないであろう。とくに，国際化の多くは，アメリカ合衆国を起源としたものであることから，日本のビジネス環境はアメリカ化されているといえるのである。しかし，それは元に戻らないほどの変化があったということを意味するわけではない。とりわけ，シティバンク，メリルリンチ，そしてルノーの活発な活動に代表されたように，平成10（1998）年から平成20（2008）年までにかけての10年間の日本経済への外国資本の寄与は目立ち，きわめて重要であった（**表2-1**および**表2-4**参照）[115]。国際化の流れとアメリカの覇権と日米同盟による保護のなかで，日本の金融および商業への外資導入は，近い将来，最適レベルに達するまで続くことになると考えられる。21世紀初期の世界的な金融危機および平成23（2011）年3月11日の東日本大震災の「トリプル災害」からの復興は深刻な課題であり，決して無視されてはならない。しかし，最終的には，この金融ならびに財政危機によって長期のプロセスに向けて，より大規模な経済への対応力が発揮されることであろう。

　　（付記）本書の初校中にルノー・日産・三菱自動車工業の会長であるカル
　　ロス・ゴーンが日本の東京地検特捜部に逮捕され，日産と三菱自動車工業
　　はいちはやくゴーンを会長職から解任したが，ルノーはまだ態度を示して
　　いない。この過程でフランスの資本であるルノーの会長であるゴーンの国
　　籍がレバノンであることが報じられた。まさに「グローバル化」の局面が
　　ここにも垣間みられる。

第Ⅲ部　国家と企業：特殊会社の発達史
　　　　1880-2018

80　第Ⅲ部　国家と企業：特殊会社の発達史

はじめに

　明治政権の発足当初から，金融機関および大企業における国家の役割は，日本の経済発展と近代化に不可欠である。すなわち，明治維新以来，国家として西欧の「金融技術」が導入され，こうした改革過程を通じて，帝国財政や金融行政政策は，近代日本の経済的な成功の支柱となったのである。国家の帝国財政や金融行政政策には，どういう歴史があったのであろうか？　どのようにして，どの程度で，国家の影響が経済全体に及んだのであろうか？　また，国家の帝国財政や金融行政政策には，帝国の内地と外地（植民地）において，いかなる公社（公的機関），民間会社，あるいはそれらの間にみられた「特殊会社」が最も国家の政策と支配力の主役になったのであろうか？　そうした関係における，いわゆる「特殊会社」や「国策会社」はどのようにして定義し，また区別ができるのであろうか？　以下の解明は，競争の激しい学問領域のなかで史的な概説を目的にしており，帝国財政や金融部門における国家の役割を解明していくこととする。

特殊銀行および特殊会社の設立，1880-1946

　21世紀の初期にあたって，ウィキペディアのウェブサイトによると，特殊会社は「日本において特別法により設立される会社のことをいう」[1]とあるが，それは77年前の満洲興業銀行が，特殊会社とは「特殊会社法（勅命）ニヨリ設立サレタルモノ」[2]とする簡潔な定義と非常に似ている。しかしながら，ウィキペディアのウェブサイトでは，「概説」のタイトルのもとに，

　　　国策上必要な公共性の高い事業ではあるが，行政機関が行うよりも，会社形態でこれを行う方が適切であると判断される場合に設立される。規模が大きく，また後に完全に民営化して普通の会社に移行させる可能性もあることから，株式会社形態で設立される。特殊会社は，公的資本があるかどうかによって決まるのではなく，あくまで特別な法律に設立根拠があることで判断される[3]

と書かれている。それは，正確にこの140年間にみられた特殊会社の概念化や

論争の概説をするものであろうか？　明治中後期から大正期ならびに昭和初期にいたるまで，特殊会社の概念は，かなり変形および進化したことに間違いない。ともあれ，昭和7（1932）年3月1日の満洲国の建国以降，その特殊会社の概念が一層強化されたものとなり，

　　　特殊なるものを目的とする事業…国民一般又は国家利益を考慮して，各種の特別法が設けられ，或は国家資本が参加して，公的目標に合致する様，行政的干渉や，統制が加へられるのである[4]

と主張されてきた。まして『満洲国経済建設綱要』には，その思想的な背景とその当時の理想が明らかにされており，「資本主義経済の弊を排し，資本に対しては所要の国家統制を加へ，眞に資本の効（効）果を活用し，国民生活の向上，国力の充実を計る…」[5] ことを定めるべきであると記載されている。要するに，大日本帝国における特殊会社の反市場経済的な概念は，敗戦後占領期間から現在にいたるウィキペディアの「特殊会社は，公的資本があるかどうかによって決まるのではなく，あくまで特別な法律に設立根拠があること」[6] という改訂された概念とは合致していないのである。

　そこで改めて，特殊会社を概念化するために，各会社が歴史的に果たした機能および役割を検討する必要性がある。特殊会社の妥当性がある区別の方法はいくつかあるが，日本列島あるいは帝国時代の植民地であったという「内地か外地か」を区別する方法が最も理解しやすいであろう。しかし，数多くの特殊銀行および特殊会社は，日本列島とともに植民地において実に複雑な運営が行なわれていた。たとえば，表面上台湾の中央銀行である台湾銀行は，合計36支店のうち，4店は日本で，16店は台湾で，16店は海外で経営されていた。そしてこれらの海外支店のうち，満洲の大連には1店，上海と香港を含む中国（シナ）に7店，東南アジアに5店，残りの支店がボンベイ，ロンドン，ニューヨークにあった[7]。それと同様に，表面上朝鮮の中央銀行である朝鮮銀行は，合計40支店を設立していた。そのうち，5店は日本で，10店は朝鮮で，25店は海外で経営されていたといいながら，これらの海外支店のうち，満洲で20店，中国（シナ）で3店，残りの支店がロンドンとニューヨークにあった[8]。また，日本通運株式会社，大日本航空株式会社，東亞海運株式会社のような運輸会社も内地と外地とで活躍した特殊会社の事例でもあったのである。

　したがって，特殊会社の最も妥当性がある区別の方法は，内地組と外地組と

いうよりも，それらの有する機能および役割に関して検討する必要性がある。山崎定雄『特殊会社法規の研究』によると，特殊会社を以下の3点で区別化することができる。「イ」の1点は，特殊会社として日本列島および植民地における経済「開発振興の推進力」を引き起こす目的である。たとえば，南満洲鉄道株式会社，東洋拓殖株式会社，樺太開発株式会社，朝鮮林業開発株式会社，南洋拓殖株式会社，北支那開発株式会社，中支那振興株式会社，東北振興電力株式会社などがそのような観点から設立されたものである。「ロ」の2点は，特殊会社として「国防上必須」の生産の「急速なる整備拡充」を目的とするものである。たとえば，日本製鐵株式会社，帝国燃料興業株式会社，国際電気通信株式会社，帝国鉱業開発株式会社，日本発送電株式会社，日本石炭株式会社，帝国石油株式会社などがそうした観点にもとづいて設立されたものである。「ハ」の3点は，特殊会社として「国家存立上の基本的物資」の生産および「需給を調整」することを目的に設立されたものである。たとえば，日本硫安株式会社，日本米穀株式会社，日本輸出農産物株式会社，日本肥料株式会社，日本木材株式会社，日本蚕糸統制株式会社などがあげられる[9]。こうした3点の考察から特殊会社の多面的な機能および役割が明らかになるのである。

　特殊銀行および特殊会社の設立に関する解明は，計画立案，設立，資金調達，昇進，運営，規制および法律における国家の関与の深さを明らかにしなくてはならない。まず，特殊会社の所有権という基本的な課題については，国家（帝国政府）が常にその株式の多くを持たされていたことである。たとえば，横浜正金銀行については，国際銀市場との取引を促進するにあたって，明治政権は帝国の銀準備から横浜正金銀行に銀を供給していた。そのことによって，明治政権は横浜正金銀行の当初資本金の3分の1を所有していたのである[10]。また，明治政権は新たな中央銀行である日本銀行に資本金の半分を提供し，日本銀行の株式の5割（50％）の所有権を保持していた[11]。必然的に，不換紙幣の償還と銀行券の発行独占を達成するために設立された日本銀行は，帝国政府と緊密な関係を続けてきたので「国家自身の生き物である」といわれている[12]。さらに，昭和初期以降，戦時中に設立された南方開発金庫について，帝国政府は資本金の全額を出資し，まるで「国家の完全子会社」という解釈がなされていた[13]。結局，特殊会社の所有権は，名目上「半官半民」の形であっ

たにもかかわらず，国家権力の育成という概念を前提にして，帝国政府が株式の3分の1から場合によっては全部までのそれぞれの所有権を保持していたのである。

　そのうえ，天皇および皇室，華族，そして日本の有力な「大富豪」家族が厖大な株式を保有することによって，なおさら特殊銀行および特殊会社の所有権の問題を複雑なものとしていた。国家官庁における最高の地位を有する天皇家のみにこの問題を局限してみると，明治中期から昭和20（1945）年にいたるまで，特殊銀行および特殊会社の設立の際に，しばしば国家は天皇家に株式を贈ったことによって，天皇および皇室はその大株主であったことが知られている。たとえば，天皇および皇室の，日本銀行，横浜正金銀行，日本興業銀行，台湾銀行，南満洲鉄道株式会社，東洋拓殖株式会社などの株式の保有権は，とくに大きく，金額的にも高額なものであったといわれている[14]。それゆえに，国家の所有した「半官」の資産（株式）は，天皇および皇室，華族，そして日本の有力な家族による株式の所有によって増強されたことが明白である。なお，特殊会社の株式の所有権に関して，外国人株主が完全に欠如していることも考慮しなければならないことである[15]。

　明治中期から昭和20（1945）年にいたるまで，特殊銀行および特殊会社への運営上の特権，とくに独占権の拡大に伴ない，大蔵省預金部や日本興業銀行を通じて「日本政府保証証券」の発行などによる資金調達が多かったことは忘れてはならない。たとえば，特殊銀行の出発点からの事例として，横浜正金銀行は，貿易と外貨の取引をするために，世界の商業地に支店ネットワークを確立し，帝国政府の海外代表（エージェント）として日本の商業銀行のなかでの独占的地位を得たのである[16]。帝国政府の国内代表である日本銀行も，日本で唯一の銀行券が発行できる中央銀行であった。そして「政府の銀行」として次位の商業銀行を管理するため，金融市場において，みずからの貸出を縮小したり，担保を売ったりなどの「公開市場操作」を行なっている。また，「銀行の銀行」としてみずからの公定歩合でその商業銀行に，資金を貸出している。さらに，場合によって，日本銀行は，「最後の貸し手」として破産する可能性がある銀行や金融機関に対する「助け」や「救済」の頼りにされていたのである[17]。

84　第Ⅲ部　国家と企業：特殊会社の発達史

　その後に設立された特殊銀行の運営上の特権などに関して，日本勧業銀行は，開業からの最初の10年間において，株主に配当率年間５％の帝国政府より補給を受領するなどの特権を保証されていたことである。それと同様に，府県農工銀行は，帝国政府より払込資本金の５倍を「極度として債券」を発行する権利などの特権を得ており，帝国政府は全国の46府県に1,000万圓を分配することを通じて，府県農工銀行が最初の15年間に利益配当金を支払うことが免除されており，さらに５年間配当金の追加支払免除を延長する権利を有することで設立が歓迎された。実際に，府県農工銀行の存在は，帝国政府の「恵み」という1,000万圓の助成金と20年間配当金の支払免除の結果として保証されていたからである[18]。府県農工銀行と同様に北海道拓殖銀行も，帝国政府より払込資本金の５倍を「極度として債券」を発行する特権を有し，また帝国政府は「株金中」100万圓を引き受け，最初の10年間にその配当金を「受けざる」形で放棄していたのである[19]。最後の事例として[20]，日本興業銀行は，日本勧業銀行と同様に開業からの最初の10年間において，株主に配当率年間５％の補給金を帝国政府より受領する特権を有していた。しかし，日本興業銀行は，特殊銀行のなかで唯一資金が必要である場合において，主務大臣の認可を受けると，「外國に於ける公益事業に對し…制限に關せず，債券を発行しえるもの」と認められたことがあったのである[21]。特殊会社への運営上の特権に関して，代表的な事例である東洋拓殖株式会社は，朝鮮型の「勧業銀行」という農業振興の金融機関として帝国政府より払込資本金の10倍を「限度とする」社債を発行する特権を有し，また帝国政府は定期的に「借入金等」の特権も与えたのである[22]。こうしたことから結論として，特殊銀行および特殊会社が本質的に自己資金を得ているというような主張は，帝国政府が与えた特権の多大な影響を視野に入れていないということができる[23]。

　これらの特殊銀行という専門金融機関のそれぞれに独占権を与えた特別な特権の代わりに，特殊銀行は，執行役員の選択と金融政策の実行において，国家によって絶対的な管理を受けることになった。運営上のやり取りや取引のなかで最も些細なことまで，大蔵省の厳格な監督の下，常に維持されていた[24]。銀行家の間や金融界では，総裁，副総裁，取締役などすべての特殊銀行の役員任命は，閣僚と場合によっては内閣の承認が必要であることはよく知られていた[25]。したがって，大蔵省の人事監督と任務の管理によって，必要に応じて

内地（たとえば日本勧業銀行）で務めた特殊銀行員を外地であった特殊銀行（たとえば朝鮮銀行）に派遣行員として再配属することが可能であった。要するに，帝国政府の手厚い加護により特殊銀行の間に「同心協力，内外相応じて国家経済の発達進歩に貢献させる趣旨」を奨励したといわれている。たとえば，日本銀行と横浜正金銀行の条例および条項にみる，「日銀副総裁の正金頭取または正金頭取が日銀理事兼務」という条項は必然的に両者の親密な関係を意図して制定されたのである[26]。最終的に，昭和10年代に達した絶頂期から間もないあいだに，帝国政府は特殊金融機関のなかで，さまざまな仕事ができるエリート官僚たちを育てることに成功した[27]。

　最後に，特殊銀行の規制における大蔵省の役割について注意を払うことは，金融機関が国家によって期待されること，すなわち奉仕を実行できるようにさまざまな「手段」が設計されていたことである。そのさい非公式の形でなされる「行政指導」の慣習がとくに注目されるべきである[28]。ラニスによると，明治維新の発足当初から，国家への奉仕において，恵まれた華族および大富豪の家族に援助が必要であることを「思い起こさせた」と主張している[29]。帝国政府の最高地位の役員や閣僚から出された行政指導は，多くの場合，国家の「管理者」である大蔵省の職員によって仲介されていた。しかしながら，日本銀行も，国家の主要な金融仲介業者として，規模，機能，または所有権にかかわらず，それぞれの金融機関や大企業，中小企業に行政指導を与えたことがある[30]。行政指導の存在を実証することは難しく，あったかどうかそれ自体が不明の事例が圧倒的に多いと考えることができる。しかし，それにもかかわらず，どのような形であっても，一旦なされた行政指導の「助言，要請，指示」は容易に拒否されることはあり得ない[31]。国家が定義した「義務」が回避されることに抵抗はなかった[32]。こうしたことから，行政指導の「慣例」は，敗戦まで，そしてその後になってからも，国家が経済全体に及ぼす影響の手段であったのである[33]。

特殊銀行および特殊金融機関の概観，1880-2018

　大日本帝国政府が明治13（1880）年に設立された海外代表である横浜正金銀行ならびに明治15（1882）年に設立された国内代表である日本銀行を含めて，

86　第Ⅲ部　国家と企業：特殊会社の発達史

17の特殊銀行および金融機関が明治中後期から大正期ならびに昭和初期にいたるまで，日本の金融基盤となったのである。ここでいう特殊銀行ネットワークとは，本州の本島から四国，九州，北海道へという政策施行順位によって，横浜正金銀行，日本銀行，日本勧業銀行，府県農工銀行，北海道拓殖銀行，日本興業銀行として設立されたものである。また，台湾から韓国，朝鮮，満洲へと進み，最終的に南方諸島の植民地へ，台湾銀行，朝鮮銀行（旧韓国銀行），朝鮮殖産銀行，満洲中央銀行，満洲興業銀行，南方開発金庫が設立されている[34]。さらに，第一次世界大戦後，産業組合中央金庫の設立に伴なって金融改革がさらに進んだが，昭和恐慌から日中戦争と太平洋戦争の勃発や実施にいたるまで，商工組合中央金庫，恩給金庫，庶民金庫，戦時金融金庫，（そして敗戦後に設立された復興金融金庫）の特殊金融機関は，郵便局を通じて郵便貯金制度および大蔵省預金部とともに帝国財政の基盤を強化したのである（**表3-1**参照）。

　特殊銀行および金融機関の概観は，各特殊法が公布された日付の順番によるものである。なお，特殊法の詳細や営業期間，後身，現在関係会社などについて，**表3-1**を参照されたい。

日本銀行　Bank of Japan-BOJ

　明治15（1882）年6月に大蔵卿松方正義によって設立された。本店は東京の日本橋に置かれた。日本の中央銀行として，銀行券の発行・物価の安定・経済成長の持続・圓の為替相場（交換レート）の調整および安定・国際収支の均衡などが任務とされた。日本における兌換紙幣発行に関する条例および法律は，ベルギー国立（中央）銀行にもとづき，帝国の中央銀行として，金本位制の運営などに関してはイングランド銀行を手本にしたものである。日本銀行の見解は，日本銀行が経済成長と開発において国を大いに導くことを示唆した。日本銀行の傘下にある大きな普通銀行は，大規模な産業・工業・商業だけでなく，小規模の産業・工業・商業にも融資した。さらに，直接的または間接的に地方銀行，商人および株主を通じて，明治後期・大正・昭和初期における著しい経済成長および発展を促進した。

　敗戦後，昭和24（1949）年6月に「日本銀行法（第67号）」は改正され，最高

意思決定機関として政策委員会を設置した。また，平成 9 （1997）年 6 月18日に「日本銀行法（第89号）」の全面改正が始まり，日本政府は資本金の55％を所有し，以前の戦時色の濃い内容から，2 つの理念である「独立性」と「透明性」を軸とした内容のものに改められ，翌年 4 月 1 日に施行されている[35]。

横浜正金銀行　Yokohama Specie Bank-YSB

　明治13（1880）年 2 月28日に横浜商人などの発起によって開設された。本店は神奈川県横浜に置かれた。開設された目的は，取引の円滑化と，貿易増進を促すことで，主な業務は，日本政府の代表（エージェント）として日本の不利益を軽減する圓銀貨（正金）で貿易決済を行なうことであった。また，貿易金融および外国為替（両替）に特化した銀行で，日本を国際金融面で支え，日本唯一の外国為替銀行として発展し，緊縮政策を前提とする金解禁に加担した。国際為替金融の専門銀行として，帝国，アジアと世界において日本の通商および貿易の推進のため，資金と金融サービスを調達した。横浜正金銀行は，「西洋のモデルにしたがわなかった唯一の特殊銀行」といわれているが，英国の東洋銀行（Oriental Bank），チャータード銀行（Chartered Bank of India, Australia and China），香港上海銀行（Hongkong and Shanghai Bank）などと同じようなサービスを提供した。さらに，一般的には知られていないが，横浜正金銀行はそれぞれの英米金融シンジケートを通じて，帝国政府が海外で発行してきた公債（17回），市債（7 回）および社債（3 回）の合計27回において，日本政府の代表として引受者の役割を演じたのである[36]。

　敗戦後の昭和21（1946）年に連合国軍の総司令部（GHQ）の指令によって，解体および清算され，外国為替銀行および普通（都市）銀行としての役割は新たに設立された東京銀行に引き継がれることとなった[37]。それと同様にそれまでの外国為替業務は多くの商業銀行が営むことが可能となり，東京銀行の外国為替の独占はなくなった。平成 8 （1996）年 4 月 1 日に，東京銀行は，三菱銀行と合併して三菱東京銀行となった。「Bank of Tokyo-Mitsubishi」という英語の行名は，外国銀行が日本の金融機関のなかで最も知られた「東京銀行」のブランド名の継続や強調を求めていたが，平成30（2018）年 4 月 1 日から「東京」の文字が消え，三菱 UFJ 銀行（MUFG Bank）となっている。

88　第Ⅲ部　国家と企業：特殊会社の発達史

表 3−1　特殊会社（特殊銀行および特殊金融機関），1882-2018

	会社名　（英語）	会社名	創立関係 法令年月日	創立関係法
1	Bank of Japan - BOJ（1882）	日本銀行	明治15(1882)年 6月27日	日本銀行条例 （太第32号）
2	Yokohama Specie Bank - YSB（1880）	横浜正金銀行	明治20(1887)年 7月7日	横浜正金銀行条例 （勅第29号）
3	Hypothec Bank of Japan - HBJ（1897）	日本勧業銀行	明治29(1896)年 4月20日	日本勧業銀行法 （第32号）
4	Agricultural Bank of Japan - ABJ（1897）	府県農工銀行	明治29(1896)年 4月20日	農工銀行法（第33号）
5	Bank of Taiwan - BOT（1899）	台湾銀行	明治30(1897)年 4月1日	台湾銀行法（第38号）
6	Hokkaido Colonial Bank - HCB（1900）	北海道拓殖銀行	明治32(1899)年 3月22日	北海道拓殖銀行法 （第76号）
7	Industrial Bank of Japan - IBJ（1902）	日本興業銀行	明治33(1900)年 3月23日	日本興業銀行法 （第70号）
8	Bank of Korea/Chosen - BOK（1902）	朝鮮銀行 〔旧韓國銀行〕	明治44(1911)年 3月29日	朝鮮銀行法（第48号）
9	Industrial Promotion Bank of Chosen - IPB（1918）	朝鮮殖産銀行	大正7(1918)年 6月7日	朝鮮殖産銀行令 （勅第7号）
10	Industrial Cooperative Central Bank - Norinchukin（1923）	産業組合中央金庫	大正12(1923)年 4月6日	産業組合中央金庫法 （第42号）
11	Manchurian Central Bank - MCB（1932）	満洲中央銀行	昭和7(1932)年 6月11日	満洲中央銀行令 （勅第26号）
12	Commerce and Industry Central Bank - CICB（1936）	商工組合中央金庫	昭和11(1936)年 5月27日	商工組合中央金庫法 （第14号）
13	Industrial Bank of Manchuria - IBM（1936）	満洲興業銀行	昭和11(1936)年 12月3日	満洲興業銀行法 （勅第172号）
14	Pensioner's Bank（1938）	恩給金庫	昭和13(1938)年 3月31日	恩給金庫法（第57号）
15	People's Bank（1938）	庶民金庫	昭和13(1938)年 4月1日	庶民金庫法（第58号）
16	Southern Development Bank - SDB（1942）	南方開発金庫	昭和17(1942)年 2月19日	南方開発金庫法 （第23号）
17	Wartime Finance Bank - WFB（1942）	戦時金融金庫	昭和17(1942)年 2月19日	戦時金融金庫法 （第32号）
A	Postal Savings System - PPS（1875）	郵便貯金（制度）	明治8(1875)年 4月4日	郵便貯金法（第1号）
B	Deposit Bureau - MOF（1925）	大蔵省預金部	大正14(1925)年 3月30日	預金部預金法 （第25号）
C	Financial Recovery Fund - FRF（1946）	復興金融金庫	昭和21(1946)年 10月8日	復興金融金庫法 （第34号）

出典: 山崎定雄, 1943, および各社の社史, 研究誌, ウェブサイトなど。

営業期間	後身会社	現在関係会社
1882- 現在	日本銀行	日本銀行
1880–1945	東京銀行（普・都）	三菱 UFJ 銀行
1897–1971	第一勧業銀行（普・都）	みずほ銀行
1897–1944	日本勧業銀行	みずほ銀行
1899–1945	日本貿易信用株式会社	株式会社日貿信
1900–1997	北海道拓殖銀行（普・都）	1997年事実上倒産
1902–2002	日本興業銀行（普・都）	みずほ銀行
1902–1950	日本不動産銀行	あおぞら銀行
1918–1948	韓国殖産銀行（独立）	韓国産業銀行（独立）
1923–1945	農林中央金庫	農林中央金庫
1932–1945	―	―
1936- 現在	商工組合中央金庫	商工組合中央金庫
1936–1945	―	―
1938–1949	國民金融公庫	日本政策金融公庫
1938–1949	國民金融公庫	日本政策金融公庫
1942–1945	―	―
1942–1945	―	―
1875–2007	郵便貯金制度	ゆうちょ銀行（2007）
1925–1951	大蔵省資金運用部（1951）	―
1946–1951	日本開発銀行（1951）	日本政策投資銀行

日本勧業銀行

Hypothec Bank of Japan-HBJ

　明治30（1897）年 7 月に長期融資を通じて，農工業改革を目的とした営業が開始された。北海道以外，全国の46府県にネットワークを設立した。いわゆる「殖産興業銀行」として重工業より軽工業の産業を進めることになったわけである。しかし，その現実は，明治時代の政治家，資本家，官僚などが想像したほど実り豊かではなかった。第一次世界大戦前の実態，織物および繊維工業は，日本の唯一「世界の中で最新の技術を持っていた」軽工業であった。ちなみに，明治29（1896）年 4 月20日における日本勧業銀行の設立法によると，本行は軽工業の産業を促進するため，「割増金付き金融債券発行特権」を得た。要するに，戦前の「政府籤」，戦中の「勝札」，戦後の「富くじ」，そして現在の「宝くじ」という類いのくじ引き券を発行している。

　敗戦後の昭和25（1950）年 5 月に普通銀行となり，昭和46（1971）年10月には第一銀行と合併し，世界最大級の第一勧業

銀行（DKB）となった。こうしたことから第一勧業銀行は，DKBグループ（関連会社の数では日本の企業系列のなかで最大）をつくって，そのグループ内での運営活動のいわゆる「中央銀行」になった。驚くべきことは，昭和46（1971）年の段階においても，第一勧業銀行は，日本勧業銀行のおかげで日本のほとんどの都道府県で支店を有する全国に広いネットワークを張りめぐらした唯一の商業（都市）銀行であった。第一勧業銀行は，みずほフィナンシャル・グループをつくるために，平成12（2000）年9月に富士銀行（元安田銀行）と日本興業銀行と統合された。現在のみずほ銀行の中心的な前身の1つである。

府県農工銀行　Agricultural Bank of Japan-ABJ

農業の改良のために設立された。明治33（1900）年8月に徳島県に農工銀行が設立されたことで，北海道を除く全府県に一行ずつ設立されることになった。府県農工銀行の貸付は長期年賦で元利返済ができるなど，小作農民，農業組合，農協協会，信用組合，農工業者に有利な面があった。一方で担保となる不動産価格の査定がきびしく，貸付額も過少であり，申し込みから貸出までに時間がかかりすぎるなどの問題点も存在した。府県農工銀行と日本勧業銀行は，その業務内容を拡大していくなかで，両行がともに業務上で重複する部分が大きくなっていった。そうした背景のなかで，大正10（1921）年から昭和19（1944）年にいたるまでに，日本勧業銀行は，「一県一行」の政策によって府県農工銀行を買い取り吸収合併して支店としていった。それゆえに，府県農工銀行は，時に日本勧業銀行の「子機関」と呼ばれることになっていたのである。

台湾銀行　Bank of Taiwan-BOT

明治30（1897）年4月1日の「台湾銀行法（第38号）」により，明治32（1899）年9月に創立された。日本銀行の次位につくものとして，東洋圏のみならず，欧州（ヨーロッパ）の諸国のそれを除く，世界で第2番目の中央銀行である。台湾の中央銀行でありながら，糖業，塩業，たばこ産業などを支配し，商業銀行としての役割も果たしていた。台湾，中国と東南アジアなどの多くの国々に，広範囲に支店のネットワークを確立していたことによって，帝国財政の「南（南洋）の金融支柱」といわれていた。第一次世界大戦後は戦争景気で取引量が増加し，海外に支店を設置した。主な取引相手は，みずから財閥銀行を

特殊銀行および特殊金融機関の概観　91

持たない鈴木商店であった。鈴木商店の経営破綻後，昭和恐慌にいたる過程で台湾銀行は休業に追い込まれたが，帝国政府の救済資本の注入により再建された。いうまでもなく，日本の植民地支配に欠かせない存在であったからである。

　敗戦後，連合軍総司令部により閉鎖機関に指定された。昭和21（1946）年の再編成にしたがって，（日本と無関係に）台湾の中央銀行と商業銀行の二重性を持つ銀行として営業を続けてきたが，昭和36（1961）年に，台湾政府の「中華民国中央銀行（Central Bank of China）」の設立によって，台湾銀行は一般的な金融業務を行なう銀行に転換した。現在も営業を行なっており，日本では東京都千代田区内幸町に支店を有している。忘れてはならないのは，台湾銀行が解散された後，日本にあった「残余財産と多数の金融機関のご支援」により，昭和32（1957）年4月に日本貿易信用株式会社が設立されたことである。その17年後，昭和49（1974）年4月に株式会社日貿信（Nichiboshin）と改名（商号）変更されたが，今日でも資産流動化，企業の合併および買収，企業再生，不良債権処理などの処理に貢献している[38]。

北海道拓殖銀行　Hokkaido Colonial Bank-HCB

　明治32（1899）年3月22日創立の「北海道拓殖銀行法（第76号）」にもとづいて，明治33（1900）年2月16日に設立され，札幌に本店を構えた。北海道以外の各府県には農工銀行が置かれていたが，北海道では北海道拓殖銀行が農地などを担保に，長期開発資金を貸し付ける不動産融資業務を行ない，それを主要業務としていた。理論的には，北海道経済の発展を促進することは，農業と地域的な商業・産業・工業にサービスを提供することだけではなかった。むしろ，これから基幹産業となる可能性を有する部門（漁業と鉱業，水力発電，観光業の更なる開発に関連したもの）を認識し，それらを促進することが必要であったからである。しかし，実際には，農業と工業に資金を調達することは，銀行にとって最大の懸念を抱かせるものであった。このように，北海道拓殖銀行は，日本勧業銀行・府県農工銀行・日本興業銀行の3行をモデルとして，北海道において，農業と商工業を促進するための「殖産興業銀行」に相当する銀行であった。戦間期において，大蔵省による帝国における金融機関統一の指示にしたがって，北海道拓殖銀行の財政的な基盤を強化するために，北海道と樺太

92   第Ⅲ部　国家と企業：特殊会社の発達史

の普通銀行のほとんどすべては，吸収合併を通じて，北海道拓殖銀行へと統合
されたのである。

　敗戦後，昭和24（1949）年4月9日に北海道拓殖銀行法が廃止されたことに
より，普通銀行に転換したのち，都市銀行への加入を果たした。日本語の社名
は旧名を保ったが，英語の社名では外国人とくにアジア系の人々が気になった
「Colonial」の単語を「拓殖」に置き換えた。つまり，英語社名は「Hokkaido
Colonial Bank」から「Hokkaido *Takushoku* Bank」へと変更されたのである。
北海道を中心的な営業基盤とし，北海道の経済を支える存在になっていたが，
1990年代前半のバブル期に行なっていた不動産開発会社への巨額な融資の大半
が，バブルの崩壊に伴ない不良債権となったことが原因で，経営不振に陥り，
平成9（1997）年11月17日に経営破綻した。都市銀行の下位に低迷していたと
はいえ，都市銀行としては戦後初の破綻銀行であった。そして，その破綻に
よって「銀行不倒神話」は文字どおり幻のものであったことが明らかになっ
た。破綻後，翌年に北海道内の店舗は北洋銀行に，北海道外の店舗は中央信託
銀行にそれぞれ営業権を譲渡し，解散した。

日本興業銀行　Industrial Bank of Japan-IBJ

　明治33（1900）年3月23日の「日本興業銀行法（第70号）」にもとづいて，明
治35（1902）年3月に設立された長期産業資金の供給と外資の導入を目的とし
た半官半民の特殊銀行である。主な事業内容は，事業金融および信託業務，証
券業務であり，長期資金の貸付も行なっていたため，日本で唯一の長期事業金
融機関として発展していった。海外または国内の金融市場において，社債を起
債することを望んだすべての日本企業のための主要な金融エージェントであっ
た。たとえば，特殊会社である南満洲鉄道株式会社と東洋拓殖株式会社，そし
て日本の代表的な民間会社である東京電燈と大同電力などの海外起債を管理し
ていた。また，日本興業銀行は，日本の「六大」都市のため市債の発行の交渉
も進めていた。さらに，日本興業銀行と台湾銀行，朝鮮銀行の3つの特殊銀行
からなるシンジケートと協力しながら，悪名の高い「西原借款」を実行するこ
とについても関係していた。第一世界大戦以後，帝国政府から公社と大企業の
起債の保険を引き受けるよう委ねられ，それを促進していた。それゆえに，日
本興業銀行は，大日本帝国政府の代表として，昭和元（1926）年と昭和2

（1927）年における東京市および横浜市の「震災善後市債」を引き受けていた。その結果，帝国政府が海外で発行してきた市債（7回）および社債（12回）の合計19回において，仲介受託者の役割を演じたのである[39]。

　しかしながら，敗戦後の連合国軍総司令部（GHQ）の指令で日本興業銀行法が廃止されたことにより，普通銀行に転換し，昭和27（1952）年12月に長期信用銀行の1つに移行してから，金融債の発行や国債・地方債の発行などを行なっていた。基幹産業（とくに重化学工業）を主な融資対象としており，明治維新後の重工業の発展や，第二次世界大戦後の復興と高度経済成長を外債発行によって支え，日本政府にとって不可欠な金融機関になった。バブル経済の後，平成12（2000）年9月に第一勧業銀行と富士銀行とともに，みずほホールディングスを設立したとき，みずほコーポレート銀行となった。なお，平成14（2002）年4月に第一勧業銀行の企業および投資バンキング部は，みずほコーポレート銀行へ移行した。そして，その小口取引金融部は，みずほ銀行によって引き継がれた。結局，平成25（2013）年7月1日に，みずほコーポレート銀行がみずほ銀行を吸収合併し，それと同時に行名を「みずほ銀行」と変更した。

朝鮮銀行　〔旧韓国銀行〕Bank of Korea/Chosen-BOK

　明治42（1909）年10月に韓国銀行として京城（現在のソウル）に設立された。明治43（1910）年の韓国併合の翌年，「朝鮮銀行法（第48号）」が発令され，明治44（1911）年3月に朝鮮銀行と改称された。日本の植民地銀行として機能し，朝鮮での金融活動を行ない，「北（朝鮮，満洲など）の金融支柱」となった。そのさい，台湾銀行と同様に，中央銀行と商業銀行の二重性を持つ銀行としての役割も果たした。主な業務は，銀行券の発行を通じて，朝鮮ならびに中国において「圓通用圏（円ブロック）」の形成および拡大を進め，国庫金取扱い，銀地金や有価証券の出納などを行なったのである[40]。

　敗戦後，これらはすべて昭和20（1945）年9月には，閉鎖機関に指定され，解散したが，朝鮮銀行の日本にあった「残余財産」をもとに，昭和32（1957）年6月12日に「長期信用銀行法（第187号）」にもとづく日本不動産銀行（NFB）が設立された。その20年後，昭和52（1977）年4月に日本債券信用銀行（NCB）と改名して再編成されたが，平成バブル経済の崩壊で破綻し，その後身は平成

94　第Ⅲ部　国家と企業：特殊会社の発達史

13（2001）年1月からあおぞら銀行と改称された。

朝鮮殖産銀行　Industrial Promotion Bank of Chosen-IPB

　大正7（1918）年に朝鮮各地に分立していた農工銀行6行を合併して設立された。営業目的は，東洋拓殖株式会社とともに朝鮮における農業振興を推進するために資金の低金利貸付および当座貸，手形割引，貯蓄預金などを行なうことにあった。北海道拓殖銀行と同様に，朝鮮殖産銀行は，朝鮮経済の発展を促進するには，農業と地域的な商業・産業・工業に金融サービスを提供することだけではなく，これから基幹産業となる可能性のある部門（漁業と内陸部に鉱業，水力発電，観光業のさらなる開発に関連したもの）を認識し，それらを促進するための「殖産興業銀行」であったわけである。しかも，戦後，昭和20（1945）年後半には，米軍の管理下に入り，韓国殖産銀行と改称され，さらにその後，昭和29（1954）年4月1日に韓国産業銀行として再編成が行なわれた。現在でも営業は継続しており，日本では東京都千代田区丸の内に支店がある。

満洲中央銀行　Manchurian Central Bank-MCB

　帝国政府は，「満洲国」という植民地でも特殊および準特殊的な中央銀行を設立した。昭和7（1932）年に，満洲と蒙古（モンゴルおよび蒙疆）で満洲中央銀行と蒙疆銀行は，農業・工業・商業企業への融資業務といった殖産銀行の業務を目指していたが，昭和11（1936）年に満洲興業銀行の設立以降，満洲中央銀行は満洲金融市場の公開市場操作を通じて，満洲国において統一された「圓通用圏」の金融経済を図っていた。それと同様に，帝国金融当局が後に中国の「華北」地域では，昭和13（1938）年3月1日に中國聯合準備銀行，また中国全体では，昭和7（1940）年12月21日に中央儲備銀行が，中央銀行の役割をもって設立された。しかも，その銀行は特殊および準特殊銀行とされなかったのは，これら銀行の所有者たちは名目上「中国および蒙古人」であったからである。終戦にともない，満洲中央銀行は他の植民地における特殊銀行と同じく解散される対象となったのである。

産業組合中央金庫　Industrial Cooperative Central Bank

　第一次世界大戦後，日本では農業経済が潤った時期があったが，その間にお

特殊銀行および特殊金融機関の概観　95

いても地主と小作人の関係は悪化していた。大戦後の1920年代に入り，金融不況ならびに恐慌のもとで農業経営が困難に直面し，地主と小作人との争いが激化するなかで，政府は産業組合の育成や普及を農業政策の重点とした。産業組合中央金庫と全国購買組合連合会の設立，産業組合への低利資金の多額融通などはその一環として行なわれたものである。そして，昭和18（1943）年に農林中央金庫と改称された。今日でも農林水産業の関連企業の発展に貢献している。

商工組合中央金庫　Commerce and Industry Central Bank-CICB

中小企業の資金調達の円滑化をはかることを目的とし，大正12（1923）年に設立された協同組織金融機関である。「政府と民間団体が共同で出資する唯一の政府系金融機関」といわれ，他の政府系機関に比して民間金融に近い関係を持つとされる。現在にいたるまで，特殊法人として預金の受け入れ，債券の発行，短期金融など，中小企業のために「幅広い総合金融サービス」を提供している[41]。

満洲興業銀行　Industrial Bank of Manchuria-IBM

日本にとって重要な植民地である満洲地域において「殖産興業銀行」としての役割を果たすべく設立された特殊銀行であった。主要な業務は，普通の預金業務および債券の独占発行を通じて，満洲の農工業への資金を調達することである。設立当初では，一般商工業者への貸付が大半であったが，昭和12（1937）年4月に「満洲産業開発五ヵ年計画」が樹立されると，それにもとづいて重工業振興を推進することになり，建設，鉱業などの基幹産業のための債券発行を増加させた。その結果，満洲系の特殊および準特殊会社の融資と運営継続と深い関わりがあり，満洲における長期金融の中心的な銀行となった。なお，満洲と蒙古（モンゴルおよび蒙疆）では，すでに昭和7（1932）年に帝国占領地の金融当局により満洲中央銀行と蒙疆銀行が設立されていたことにも注意を払うべきである。いずれにせよ，終戦後，他の満洲における特殊会社や日系企業と同じく，業務を終えている。

96　第Ⅲ部　国家と企業：特殊会社の発達史

恩給金庫　Pensioner's Bank

官吏等を務めたものが退職や死亡後に遺族らに支給される恩給や勲章に付属する年金を担保にして，受給者かつ生活困難者に融資をすることを目的に昭和13（1938）年に設立されたものである。戦後の経済的な復興が進むと中小企業とつながりが強くなり，設備資金や経営資金を融通するようになっていった。昭和24（1949）年6月1日に国民金融公庫に業務を引き継ぎ解散した。

庶民金庫　People's Bank

恩給金庫と同様な金融機関であるが，恩給金庫と異なる点は，企業や個人経営者に高利貸に代わる「融資」を行なう機関として昭和13（1938）年4月に設立されたところにある。その資金調達の制度をみると，1,000圓ほどの比較的少額の融資が中心であり，担保も必要ではなかったところに特徴がある。金融債の発行も認可されていた。恩給金庫と同様に戦後の復興とともに中小企業と深く関連を持つようになってきたが，こちらも昭和24（1949）年6月1日に国民金融公庫に業務を引き継ぎ解散した。

南方開発金庫　Southern Development Bank-SDB

いわゆる「大東亜戦争」で占領した南方地域における資源の開発および利用に必要な資金を供給し，通貨および金融の調整を図るのを目的として昭和17（1942）年に設立された。当初は臨時軍事費から軍票を借り入れ，それで融資を行なうのが主要な役割であった。しかし，軍票の発行が膨張したため，南方占領地の資金を自己調達せねばならなくなり，昭和18（1943）年4月1日から南方開発金庫は，「外貨」としてギルダー，ルピー，ペソ，ドル，シルリング，ポンドなどの発券権を行使した。その銀行券の発行と現地での強制的な通用は，南方開発金庫の設立の主要な役目であったが，南方諸国の経済において，こうした銀行券の濫発は，壊滅的なハイパーインフレーションをもたらしたのである。終戦後まもない，昭和20（1945）年9月30日，ほかの植民地および外地の金融機関とともに連合国軍の総司令部（GHQ）から即時閉鎖命令を受けたのである。

ところで，大日本帝国におけるインフレは，まるで「内地」から離れる距離の大きさによって，悪化している。昭和20（1945）年8月には，戦後上海での

特殊銀行および特殊金融機関の概観　97

公式小売（物価）価格は，昭和16（1941）年12月（太平洋戦争開戦前）の公式価格より7,000倍に増大し，シンガポールでの公式小売（物価）価格は，35,000倍に増大し，そしてビルマの公式小売（物価）価格は，ほぼ20万倍に増大した。戦争の終焉時には，本州，四国，九州の「内地」において，「日本銀行券」の流通額は30億圓にのぼった。台湾と朝鮮という最長期間の制御支配が続いた植民地では，「台湾銀行券」の流通額は1.6億圓に，「朝鮮銀行券」の流通額は8億圓にのぼった。満洲と蒙古（モンゴル）では，「満洲中央銀行券」の流通額は80億圓と，「蒙疆銀行券」の流通額は27億圓にのぼった。征服して間もない地域をみると，東南アジア地域では「南方開発金庫券」の流通額は180億圓で，占有していた中国の「華北」地域では，「中國聯合準備銀行券」の流通額は132億圓，また中国全体では，「中央儲備銀行券」の流通額は，少なくとも3兆圓より厖大な総額にのぼった。さらに，大日本帝国の占領地において，2.4億圓以上の軍票が総額発行されていたが，これについては未知の部分が多く，もっと多額にのぼる可能性がある。戦後において，東南アジアの諸国などが要求していた賠償金を支払うことを批判した日本人はこの「圓の戦争」をよく知っていないし，または忘れられていたと考えられる。それにしても，大日本帝国の特殊銀行が発行した銀行券の乱発とそれが引き起こしたハイパーインフレは，事実上，占領地下の「臣民」に対する強制的な「貸付金」であったのである[42]。

戦時金融金庫　Wartime Finance Bank-WFB

　昭和17（1942）年に軍需などの生産力増強や産業再編のための資金供給，株式市場の安定のための資金供給など，戦時下における企業の金融支援を目的として設立された。日本政府が資本金3億圓のうち2億圓を出資し，日本銀行からの融資を元手に軍需産業や特殊会社を中心に調達不可能なリスクの高い資金の供給機能を果たした。そのために金庫の損失は，政府保証を通じて，全額を補償した。設立時に吸収した株価維持機関の日本共同証券の機能を引き継いでおり，政府の資金と保証に支えられて巨大軍需企業から無名の中小企業や個人にまでまとまった融資を行なった。昭和19（1944）年の夏以降，軍需株が崩落し始めていたことにより，帝国政府が大量の株を買い付けて株価の維持を図った。また，投資の目的で株式（終戦時約11億圓分）を保有しており，それをもって中小企業の自己資本充実を援助した。敗戦後，総司令部（GHQ）によって，

98 第Ⅲ部 国家と企業：特殊会社の発達史

昭和20（1945）年9月30日に閉鎖機関に指定された。

郵便貯金（制度） Postal Savings System-PSS

明治8（1875）年4月4日に「郵便貯金法（第1号）」が公布されて，5月2日から郵便貯金事業が開始された。その当時の郵便貯金事業が直面させられた第一の問題は，国民にマネーの貯蓄思想および金融機関に貯金する習慣を広範に導入することであったのである。発足当初から郵便貯金事業が蓄積した預金額は，大蔵省預金部を通じて「運用せられ」，金融経済上に「一大資源の殿堂」として帝国財政の「一角に屹立」していたといわれている[43]。

敗戦後，改めて政府が郵便局を通じて，国民の経済生活の安定を図ることを目的とし，国民へ政府の貯蓄奨励や民間金融が行き渡らない地域も含めた全国均一の金融サービスを供給した。その間，さまざまな金融および経済的な困難があったにもかかわらず，政府（という逓信省貯金局，郵政省貯金局ならびに総務省郵政事業庁）のために，郵便貯金制度は必ず「黒字」を成し遂げたのである。結局，世界最大の公的資金となった郵便貯金制度が，巨大な金融機関として政府が保有していることは，豊富な資金力が民間へ提供されていないことにつながるなどと批判されることにもなった。まして，バブル経済後の，いわゆる平成不況において，郵便貯金は，頻繁に「民営化」を求められる対象となった。平成19（2007）年10月1日以降には，郵便貯金法は廃止され，それにともなう郵政民営化によって，流動性の貯金は，日本政府による保証を継続させるため，ゆうちょ銀行に移管された。また，預金された定期性の貯金は，独立行政法人郵便貯金・簡易生命保険管理機構に移管された。こうした郵政民営化の過程は，平成39（2027）年11月30日までに終わる予定である。

大蔵省預金部 Deposit Bureau-MOF

帝国日本経済において，「最大の国立金融機関」といっても「差支へない」ものであった。預金部資金（郵便貯金および官公庁の積立金）の運用については，日本銀行が運用金を取り扱う機関であると規定されているのみで運用規定はなく，運用方法は大蔵大臣の裁量に委ねられ，議会または委員会の監督を受けることはなかった。そのため，預金部資金の運用を審議する機関として，大正14（1925）年3月30日に公布された「預金部預金法（第25号）」から預金部資金運

特殊銀行および特殊金融機関の概観　99

用委員会が常置されることとなった。貯蓄奨励運動の推進による預金部資金の増大に伴ない，それまでは公（国）債に対する投資および資金の地方還元を図るための地方低利資金の融通が主であったが，日中戦争が進行するにつれ，各特殊銀行および特殊会社に「貸付金」や債券を市場で発行するに際し[44]，その債券の買い入れにも預金部資金運用範囲を広げ，「帝国財政」という軍需生産の拡充資金と特殊会社の資金調達にも充てられるようになったのである[45]。

　大蔵省預金部は敗戦後，さまざまな制限を受けながら昭和26（1951）年3月まで存続したが，同年4月から大蔵省資金運用部に改組され，同年4月からそれまでの預金部資金は，郵便貯金や各種特別会計の準備金および余裕金を統合管理する資金運用部資金として，バブル経済の崩壊までその運用が図られてきたが，平成13（2001）年4月に廃止となり，その事業は財政融資資金に引き継がれた。資金源は，郵便貯金や厚生年金，国民年金その他の特別会計の積立金および余裕金とその他の資金で資金運用部に預託されたもの，ならびに資金運用部特別会計の積立金および余裕金である。国民大衆の零細な貯蓄性資金がその中心をなすものである。

復興金融金庫　Financial Recovery Fund-FRF

　第二次世界大戦後の日本経済の復興資金を供給するために昭和21（1946）年に設立された特殊金融機関である。主として日本銀行引受けの復興金融債の発行によって，調達した巨額の資金を傾斜生産方式のもとで石炭，鉄鋼などに集中的に融資した。この復興金融債の大量発行により日本銀行券が増発され，これを原因として，復興金融金庫は占領経済において，壊滅的なインフレーションならびにハイパーインフレーションを引き起こすことになった。それゆえに，昭和24（1949）年3月以降は，「ドッジ・ライン（Dodge line）」という経済安定計画の実施により，政府節減と「安定化不況」を通じて，厳しいデフレ対策を導入し，新規復興金融債の発行などの貸付は停止された。また，昭和27（1952）年1月には，債権および債務とすべての復興金融金庫の業務を日本開発銀行（現在の特殊法人である日本政策投資銀行）に引き継いで解散した。

100　第Ⅲ部　国家と企業：特殊会社の発達史

表 3-2　特殊会社，1906-2018

	会社名（英語）	会社名	創立関係法令年月日
1	South Manchuria Railway Company - SMR（1906）	南満洲鉄道	明治39（1906）年 6 月 7 日
2	Oriental Development Company - ODC（1908）	東洋拓殖	明治41（1908）年 8 月27日
3	Taiwan Electric Power Company（1919）	台湾電力	大正 8 （1919）年 4 月25日
4	Japan Iron and Steel - JIS（1933）	日本製鐵	昭和 8 （1933）年 4 月 6 日
5	Tohoku Industrial Promotion Company - TIPC（1936）	東北興業	昭和11（1936）年 5 月27日
6	Tohoku Electric Power Promotion Company（1936）	東北振興電力	昭和11（1936）年 5 月27日
7	Taiwan Development Company - TDC（1936）	台湾拓殖	昭和11（1936）年 6 月 3 日
8	Nanyo Development Company - NDC（1936）	南洋拓殖	昭和11（1936）年 7 月27日
9	Korean Forestry Development Company - KFDC（1937）	朝鮮林業開発	昭和12（1937）年 6 月26日
10	Teikoku Petroleum Cooperative Sales Company - PCS（1937）	帝國燃料興業	昭和12（1937）年 8 月10日
11	Nippon Express（1937）	日本通運	昭和12（1937）年10月 1 日
12	Japan Electric Generation and Transmission Company（1938）	日本発送電	昭和13（1938）年 3 月26日
13	Nippon Gold Production Company - JGDC（1938）	日本産金振興	昭和13（1938）年 3 月29日
14	Nippon Ammonium Sulphate Company（1938）	日本硫安	昭和13（1938）年 4 月 2 日
15	North China Development Company - NCDC（1938）	北支那開発	昭和13（1938）年 4 月30日
16	Central China Development Company - CCDC（1938）	中支那振興	昭和13（1938）年 4 月30日
17	Nippon Rice Distribution Company（1939）	日本米穀	昭和14（1939）年 4 月12日
18	Imperial Mining Development Company - IMD（1939）	帝國鑛業開発	昭和14（1939）年 4 月12日
19	KDTK（later KDD, now KDDI）（1939）	國際電氣通信	昭和14（1939）年 4 月12日
20	Dai Nippon Airways Company - DNAC（1939）	大日本航空	昭和14（1939）年 4 月12日
21	Korean Magnesite Development Company - KMDC（1939）	朝鮮マグネサイト開発	昭和14（1939）年 4 月28日
22	Japan Agricultural Exports Company（1940）	日本輸出農産物	昭和15（1940）年 4 月 8 日
23	Japan Fertilizer Company - JFC（1940）	日本肥料	昭和15（1940）年 4 月 8 日
24	Japan Coal Company - JCC（1940）	日本石炭	昭和15（1940）年 4 月 8 日
25	Korea Mining Development Company（1940）	朝鮮鑛業振興	昭和15（1940）年 6 月22日
26	Karafuto Development Company - KDC（1941）	樺太開発	昭和16（1941）年 3 月 9 日
27	Nippon Wood Material Company（1941）	日本木材	昭和16（1941）年 3 月13日
28	Nippon Silk Yarn Company（1941）	日本蚕糸統制	昭和16（1941）年 3 月13日
29	East Asia Shipping Company（1938）	東亞海運	昭和16（1941）年 3 月14日
30	Teikoku Oil Company - TOC（1941）	帝國石油	昭和16（1941）年 3 月15日
31	Korean Silk Yarn Company（1942）	朝鮮蚕糸統制	昭和17（1942）年 3 月25日

出典: 山崎定雄, 1943, および各社の社史, 研究誌, ウェブサイトなど。

特殊銀行および特殊金融機関の概観　101

創立関係法	営業期間	後身会社	現在関係会社
南満洲鉄道株式会社ニ関スル件（勅第142号）	1906-1945	—	—
東洋拓殖株式会社法（第63号）	1908-1945	—	—
台湾電力株式会社令（勅第1号）	1919-1946	台湾電力公司	台湾電力公司
日本製鐵株式会社法（第47号）	1933-1950	新日本製鐵（1970）	日本製鉄　（2019）
東北興業株式会社法（第15号）	1936-1951	東北開発（1957）	三菱マテリアル（1991）
東北振興電力株株式会社法（第16号）	1936-1951	日本発送電（東北支店）	東北電力（1951）
台湾拓殖株式会社法（第43号）	1936-1946	—	—
南洋拓殖株式会社令（勅第228号）	1936-1945	—	—
朝鮮林業開発株式会社法（第13号）	1937-1945	—	—
帝國燃料興業株式会社法（第52号）	1937-1949	—	—
日本通運株式会社法（第46号）	1937-1950	日本通運	日本通運
日本発送電株式会社法（第76号）	1938-1951	—	—
日本産金振興株式会社法（第36号）	1938-1945	—	—
硫酸増産及配給統制法（第70号）	1938-1954	日本硫安輸出（1954）	—
北支那開発株式会社法（第81号）	1938-1945	—	—
中支那振興株式会社法（第82号）	1938-1945	—	—
米穀配給統制法（第81号）	1939-1945	—	—
帝國鑛業開発株式会社法（第82号）	1939-1949	新鉱業開発（1949）	—
國際電氣通信株式会社法（第83号）	1939-1948	国際電信電話（KDD）	KDDI株式会社（2001）
大日本航空株式会社法（第84号）	1939-1945	三路興業（1947）	國際航業（1954）
朝鮮マグネサイト開発株式会社令（第7号）	1939-1945	—	—
日本輸出農産物株式会社法（第100号）	1940-1945	—	—
日本肥料株式会社法（第101号）	1940-1945	日本肥料	日本肥料
石炭及コークス配給統制法（第104号）	1940-1945	—	—
朝鮮鑛業振興株式会社令（第33号）	1940-1945	—	—
樺太開発株式会社令（勅第7号）	1936-1945	—	—
木材統制法（第66号）	1941-1945	—	—
蚕糸業統制法（第67号）	1941-1946	—	—
東亞海運株式会社法（第68号）	1938-1946	—	—
帝國石油株式会社法（第73号）	1941-1950	帝国石油（1950）	国際石油開発帝石（2008）
朝鮮蚕糸統制令（第24号）	1942-1945	—	—

特殊会社の概観，1880-2018

　明治39（1906）年 6 月に，いわゆる満洲における大日本帝国政府の代表として設立された南満洲鉄道株式会社と明治41（1908）年 8 月に，いわゆる東洋（主に朝鮮）における大日本帝国政府の代表として設立された東洋拓殖株式会社という「二大植民地会社」を含めて，31社の特殊会社が明治後期から大正期ならびに昭和初期にいたるまで，大日本帝国の中心的な大企業となったのである[46]。実際には，昭和11（1936）年 4 月（日中戦争の勃発手前）から昭和16（1941）年 3 月（太平洋戦争の勃発手前）の 5 年間にかけて設立された，31の特殊会社のうちの26社が創立関係法の公布によるものである。こうした特殊会社ネットワークとは，台湾から樺太，朝鮮，南洋諸島，北・中支と，とりわけ満洲の植民地へ，台湾電力株式会社，樺太開発株式会社，朝鮮林業開発株式会社，南洋拓殖株式会社，北支那開発株式会社，中支那振興株式会社などが設立されたことで形成されたものである（**表 3-2** 参照）。また，中国の東北地方（主に満洲）において国力を充実するために，満洲関係の特殊会社41社（**表 3-3** 参照）が設立され，さらに，満洲関係の「準」特殊会社の35社（**表 3-4** 参照）も設立された。しかしながら，特殊会社が単なる植民地における国策会社とみるような考え方は，典型的な共通の誤解である[47]。つまり，本州（そして東北地方）内地における産業開発および国防にかかわることを供給統制するために，東北振興電力株式会社，帝国燃料興業株式会社，日本通運株式会社，日本発送電株式会社，日本産金振興株式会社，日本米穀株式会社，国際電気通信株式会社，大日本航空株式会社などが特定の特殊会社として編成されている[48]。こうしたことから，特殊銀行と同様に特殊会社は，ただの外地の植民地会社だけではないことを認識するとともに，さまざまな観点から帝国企業の基盤であったことを改めて認識する必要がある。

　特殊会社の概観は，各特殊法が公布した日付の順番で以下にみて行くこととする。なお，特殊法の詳細や営業期間，後身，現在関係会社などについては，**表 3-2** を参照されたい。

南満洲鉄道　South Manchurian Railway Company-SMR

　日露戦争中の満洲軍野戦鉄道提理部を母体に，明治39（1906）年11月26日に日本政府が半官半民の特殊会社として資本金2億圓で設立したものである。日露戦争の勝利により，明治38（1905）年のポーツマス条約の結果，ロシア帝国から譲渡された東清鉄道の南満洲支線の鉄道施設や付属地と，日露戦争中に物資輸送のため建設された軽便鉄道の安泰線とその付属地の経営が当初の設置目的であった。明治40（1907）年7月から明治44（1911）年1月にかけて，南満洲鉄道株式会社（いわゆる満鉄）が金融機関の間での仲介者として日本興業銀行に委託し，同行を通じて，ロンドンおよびパリ金融市場において社債を，日本政府保証証券という形をとって売り出した。そのさい，当社は，鉄道の改良，鉄道建設と付属物件の設置，旅館・学校・病院などの建設，また煙臺炭坑の開発と大連停車場埠頭の設備建設や修築などに必要な資金を調達するため，外国資本の導入にさし迫られていたのである[49]。

　なお，大正5（1916）年になると，鞍山鉄鉱山の採掘，都市における水道と電気の供給，農産物への投資，大連汽船などの事業投資も活発に行なわれた。また，大正12（1923）年7月には，短期的な金利の高い国内債券を借り換えるため，「第五回南満洲鉄道株式会社英貨社債」（期間25年）を日本政府保証という形でロンドンおよびパリ金融市場において売り出した。結局，ロンドン金融市場において，5回にわたって総額1.8億圓，すなわち2,000万ポンドにのぼる，それまで帝国政府において発行された社債のうちで南満洲鉄道株式会社は，最も多額の対象となったのである[50]。

　このような満鉄関連企業の在り方から「満鉄コンツェルン」と呼ばれ，満洲の社会経済において大きな影響力を有していた。いうまでもなく，「特殊金融機関たる一段を演じている」南満洲鉄道株式会社は，植民地における単なる鉄道会社ではなかったのである[51]。それにもかかわらず，敗戦後，連合国軍の総司令部（GHQ）による閉鎖機関令が公布されたことによって，満鉄は昭和20（1945）年9月30日に閉鎖され終焉を迎えた[52]。

東洋拓殖　Oriental Development Company-ODC

　日本の朝鮮統治時代の明治41（1908）年12月18日に朝鮮における拓殖資金の調達および拓殖事業の推進を目的として設立された半官半民の特殊会社であ

104 第Ⅲ部 国家と企業：特殊会社の発達史

表 3 - 3 特殊会社 (満洲関係)，1932-1945

	会社名 (英語)	会社名	創立関係法令年月日
1	Manchurian Central Bank - MCB (1932)	満洲中央銀行	昭和 7 (1932) 年 6 月11日
2	Manchurian Telegraph and Telephone - MTT (1933)	満洲電信電話	昭和 8 (1933) 年 3 月26日
3	Manchurian Oil Company - MOC (1934)	満洲石油	昭和 9 (1934) 年 2 月21日
4	Dowa Automobile Company - DAC (1934)	同和自動車工業	昭和 9 (1934) 年 3 月22日
5	Manchurian Raw Cotton Company - MCC (1934)	満洲棉花	昭和 9 (1934) 年 4 月 6 日
6	Manchurian Gold Exploration - MGE (1934)	満洲採金	昭和 9 (1934) 年 5 月 3 日
7	Manchurian Mining Development - MMD (1935)	満洲鑛業開発	昭和10 (1935) 年 8 月 1 日
8	Manchurian Forestry Company - MFC (1936)	満洲林業	昭和11 (1936) 年 2 月26日
9	Manchurian Coal Mining Company - MCMC (1936)	満洲炭礦	昭和11 (1936) 年 2 月27日
10	Manchurian Public Relations Association (1936)	満洲弘報協会	昭和11 (1936) 年 4 月 9 日
11	Manchurian Salt Company - MSC (1936)	満洲鹽業	昭和11 (1936) 年 4 月23日
12	Manchuria Development Compan - MDC (1936)	満洲拓殖	昭和11 (1936) 年 6 月 4 日
13	Manchuria Korea Development Company - MKDC (1936)	満鮮拓殖	昭和11 (1936) 年 6 月26日
14	Mukden Arms Factory - MAF (1936)	奉天造兵所	昭和11 (1936) 年 7 月 4 日
15	Manchurian Instrument Company - MIC (1936)	満洲計器	昭和11 (1936) 年10月19日
16	Manchurian Life Insurance - MLI (1936)	満洲生命保険	昭和11 (1936) 年10月19日
17	Manchurian Light Metals - MLM (1936)	満洲軽金属製造	昭和11 (1936) 年11月 2 日
18	Industrial Bank of Manchuria - IBM (1936)	満洲興業銀行	昭和11 (1936) 年12月 3 日
19	Manchurian Book Company - MBC (1937)	満洲図書	昭和12 (1937) 年 3 月29日
20	Manchurian Synthetic Fuel - MSF (1937)	満洲合成燃料	昭和12 (1937) 年 7 月29日
21	Manchurian Development Company - MDC (1937)	満洲拓殖公社	昭和12 (1937) 年 8 月 2 日
22	Manchuria Film Production - MFP (1937)	満洲映画協会	昭和12 (1937) 年 8 月14日
23	Manchurian Yalu River Hydroelectricity - MYRH (1937)	満洲鴨緑江水力発電	昭和12 (1937) 年 8 月18日
24	Manchurian Heavy Industries - MHI (1937)	満洲重工業開発	昭和12 (1937) 年12月20日

特殊会社の概観　105

創立関係法	営業期間	資本金 （百万圓）	大株主
満洲中央銀行令（勅第26号）	1932-1945	30百万	満洲國政府100%
日満合弁通信会社ノ設立ニ関スル協定（条約第1号）	1933-1945	100百万	日本國政府27.7%・満洲國政府17.2%・満洲興業銀行2.1%・朝鮮銀行2.1%
満洲石油株式会社令（勅第7号）	1934-1945	40百万	満洲國政府47.5%・日本大手石油社・財閥企業
同和自動車工業株式会社令（勅第22号）	1934-1945	30百万	満洲重工業開発84.8%
満洲棉花株式会社令（勅第26号）	1934-1945	15百万	満洲國政府97.7%
満洲採金株式会社令（勅第38号）	1934-1945	60百万	満洲國政府99.9%
満洲鑛業開発株式会社令（勅第90号）	1935-1945	50百万	満洲國政府95%・満鉄5%
満洲林業株式会社令（勅第6号）	1936-1945	40百万	満洲國政府58%・満鉄8%
満洲炭礦株式会社令（勅第12号）	1936-1945	30百万	満洲重工業開発99.9%
満洲弘報協会ニ関スル件（勅第51号）	1936-1945	5百万	満洲國政府70.8%・満鉄24%
満洲鹽業株式会社令（勅第55号）	1936-1945	25百万	満洲國政府48%
満洲拓殖株式会社令（勅第81号）	1936-1937	15百万	満洲拓殖公社（1937）
満鮮拓殖株式会社令（勅第97号）	1936-1937	15百万	満洲拓殖公社（1937）
株式会社奉天造兵所令（勅第116号）	1936-1945	25百万	満洲國政府80%
満洲計器株式会社令（勅第156号）	1936-1945	8百万	満洲國政府81%
満洲生命保険株式会社令（勅第157号）	1936-1945	30百万	満洲國政府50%・日本大手保険社50%
満洲軽金属製造株式会社令（勅第160号）	1936-1945	80百万	満洲重工業開発98.3%
満洲興業銀行令（勅第172号）	1936-1945	30百万	満洲國政府50%・朝鮮銀行50%
満洲図書株式会社令（勅第41号）	1937-1945	8百万	満洲國政府78%
満洲合成燃料株式会社令（勅第217号）	1937-1945	50百万	満洲國政府34%・満洲炭礦6%・満洲石油6%
満洲拓殖公社設立ニ関スル協定（条約第1号）	1937-1945	85百万	日本政府30%・満洲國政府30%・満鉄20%・東洋拓殖7.5%
株式会社満洲映画協会令（勅第248号）	1937-1945	9百万	満洲國政府50%・満鉄50%
満洲鴨緑江水力発電株式会社令（勅第250号）	1934-1945	100百万	満洲國政府50%
満洲重工業開発株式会社令（勅第460号）	1937-1945	450百万	満洲國政府50%・一般企業50%

106   第Ⅲ部　国家と企業：特殊会社の発達史

25	Manchurian Real Estate - MRE（1938）	満洲房産	昭和13（1938）年2月10日
26	Manchurian Petrochemical Industries - MPI（1938）	満洲油化工業	昭和13（1938）年2月17日
27	Manchurian Aircraft Company - MAC（1938）	満洲飛行機製造	昭和13（1938）年6月16日
28	Manchurian Electrochemical Company - MEC（1938）	満洲電氣化学工業	昭和13（1938）年10月6日
29	Manchurian Grain Provisions - MGP（1938）	満洲糧穀	昭和13（1938）年11月2日
30	Manchurian Ammonium Sulphate Company - MASC（1938）	満洲硫安工業	昭和13（1938）年12月20日
31	Manchurian Land Development - MLD（1939）	満洲土地開発	昭和14（1939）年4月30日
32	Manchurian Automobile Company - MAC（1939）	満洲自動車製造	昭和14（1939）年5月5日
33	Showa Iron and Steel - SIS（1939）	昭和製鋼所	昭和14（1939）年5月25日
34	Jilin Synthetic Petroleum - JSPC（1939）	吉林人造石油	昭和14（1939）年9月4日
35	Manchurian Japan Trading Company - MJT（1939）	日満商事	昭和14（1939）年12月26日
36	Manchurian Commodities Company - MCC（1939）	満洲生活必需品	昭和14（1939）年12月26日
37	Manchurian Gunpowder Company - MGC（1940）	満洲火薬工業	昭和15（1940）年11月1日
38	Manchurian Electrical Service - MES（1940）	満洲電業	昭和15（1940）年12月21日
39	Manchurian Investment Bonds - MIB（1941）	満洲投資證券	昭和16（1941）年5月10日
40	Manchurian Agriculture - MA（1941）	満洲農産公社	昭和16（1941）年7月14日
41	Manchukuo National Airways - MNA（1931）	満洲航空	昭和16（1941）年7月21日

出典: 菊池主計, 1939, 満洲興業銀行（編）, 1941, および各社の社史, 研究誌, ウェブサイトなど。

特殊会社の概観　107

満洲房産株式会社令（勅第9号）	1938-1945	30百万	満洲國政府33.3%・満洲興業銀行33.3%・東洋拓殖33.3%
満洲油化工業株式会社令（勅第15号）	1938-1945	20百万	満洲國政府50%・満洲興業銀行25%
満洲飛行機製造株式会社令（勅第130号）	1938-1945	100百万	満洲重工業開発100%
満洲電氣化学工業株式会社令（勅第246号）	1938-1945	30百万	満洲國政府67%
満洲糧穀株式会社令（勅第253号）	1938-1945	10百万	満洲國政府65%・満洲拓殖公社25%・朝鮮殖産銀行10%
満洲硫安工業株式会社令（勅第293号）	1939-1945	50百万	満洲國政府100%
満洲土地開発株式会社令（勅第81号）	1939-1945	20百万	満洲國政府100%
満洲自動車製造株式会社令（勅第96号）	1939-1945	100百万	満洲重工業開発100%
株式会社昭和製鋼所令（勅第121号）	1929-1945	200百万	満洲重工業開発77.5%・満鉄22.5%
吉林人造石油株式会社令（勅第229号）	1939-1945	200百万	満洲國政府35%
日満商事株式会社令（勅第326号）	1936-1945	30百万	満洲國政府50%・満鉄50%
満洲生活必需品株式会社令（勅第327号）	1939-1945	50百万	満洲國政府80.5%
満洲火薬工業株式会社令（勅第308号）	1940-1945	8.5百万	奉天造兵所74.7%
満洲電業株式会社令（勅第327号）	1934-1945	320百万	満洲國政府18.6%・日本簡易保険局9.9%・満洲興業銀行2.5%
満洲投資證券株式会社令（勅第417号）	1941-1945	400百万	日産100%
満洲農産公社株式会社令（勅第174号）	1941-1945	70百万	満洲國政府93.5%
満洲航空株式会社令（勅第178号）	1931-1945	60百万	満洲國政府82%

108　第Ⅲ部　国家と企業：特殊会社の発達史

表 3-4　準特殊会社（満洲関係），1933-1945

	会社名（英語）	会社名	創立関係法令年月日
1	Dashin Enterprises (1933)	大興公司	昭和 8 （1933）年 7 月 1 日
2	Benxihu Colliery (1933)	本渓湖煤鉱公司	昭和 8 （1933）年 9 月25日
3	Daido Alcohol Company - DAC (1933)	大同酒精	昭和 8 （1933）年11月24日
4	Daian Enterprises (1934)	大安汽船	昭和 9 （1934）年 3 月31日
5	Manchurian Explosives Sales Company - MESC (1935)	満洲火薬販売	昭和10 （1935）年11月 1 日
6	Manchurian Soda Company - MSC (1936)	満洲曹達	昭和11 （1936）年 5 月22日
7	Toa Mining Company - TMC (1937)	東亞鑛山	昭和12 （1937）年 7 月 5 日
8	Manchurian Stockbreeding Company - MSC (1937)	満洲畜産	昭和12 （1937）年 9 月 1 日
9	Manchurian Soybean Straw Pulp - MSSP (1937)	満洲豆稈パルプ	昭和12 （1937）年 9 月 3 日
10	Manchurian Fire Insurance Company - MFC (1937)	満洲火災海上保険	昭和12 （1937）年12月10日
11	Manchurian Business Promotion Council (1937)	満洲實業振興	昭和12 （1937）年12月28日
12	Manchurian Mining Company - MMC (1938)	満洲鑛山	昭和13 （1938）年 2 月28日
13	Manchurian Asbestos Company - MAC (1938)	満洲石棉	昭和13 （1938）年 6 月 6 日
14	Manchurian Magnesium Manufacturing Company (1938)	満洲マグネシウム工業	昭和13 （1938）年 7 月 2 日
15	Dongbiandao Development Company - DDC (1938)	東邊道開発	昭和13 （1938）年 9 月14日
16	Manchurian Cement Cooperative - MCC (1938)	満洲共同セメント	昭和13 （1938）年10月 1 日
17	Manchurian Leaf Tobacco - MLT (1938)	満洲葉煙草	昭和13 （1938）年12月28日
18	Manchurian Special Paper - MSP (1939)	満洲特殊製紙	昭和14 （1939）年 3 月 2 日
19	Manchurian Cotton Manufacturing Company - MCMC (1939)	満洲棉実工業	昭和14 （1939）年 6 月18日
20	Manchurian Mongolian Natural Products Development (1939)	満蒙天産開発	昭和14 （1939）年 7 月 6 日
21	Shulan Coal Mining Company - SCMC (1939)	舒蘭炭礦	昭和14 （1939）年 7 月26日
22	Kyowa Mining Company - KMC (1939)	協和鑛山	昭和14 （1939）年 8 月 5 日
23	Manchurian Coal Liquefaction Research (1939)	満洲石炭液化研究所	昭和14 （1939）年 8 月16日
24	Manchurian Tussah Silkworm - MTS (1939)	満洲柞蠶	昭和14 （1939）年 8 月19日
25	Manchurian Machine Tool Company - MMTC (1939)	満洲工作機械	昭和14 （1939）年 9 月 1 日

大株主	営業期間	資本金（百万圓）
満洲中央銀行56.9%	1933-1945	20百万
満洲國政府20%・満洲重工業開発40%・大倉事業40%	1933-1945	100百万
東洋拓殖75%	1933-1945	4百万
満洲國政府82.1%	1934-1945	0.35百万
満洲國政府100%	1935-1945	0.5百万
満鉄25%・満洲電氣化学工業25%・旭硝子社25%	1936-1945	16百万
三井鑛山88%・満洲國政府8%	1937-1945	5百万
満洲國政府88%・満洲拓殖公社12%	1937-1945	20百万
日満繊維工業78%・満洲興銀11%・満洲政府11%	1937-1945	10百万
日本大手保険社	1937-1945	5百万
満鉄50%	1937-1945	5百万
満洲重工業開発100%	1938-1945	50百万
浅野スレートなど浅野財閥系57%	1938-1945	3百万
満洲軽金属製造100%	1938-1945	10百万
満洲重工業開発92%・本渓湖煤鉱公司8%	1938-1945	140百万
日本大手セメント社，財閥グループなど	1938-1945	1.3百万
満洲國政府12.9%	1938-1945	10百万
満洲國政府42.8%	1939-1945	3.5百万
満洲線花50%	1939-1945	5百万
倉敷紡績84.7%	1939-1945	3百万
満洲國政府20%・満洲炭礦40%・吉林人造石油40%	1939-1945	30百万
満洲國政府20%・満洲重工業開発40%	1939-1945	10百万
満洲國政府66.7%	1939-1945	8百万
満洲國政府33.3%	1939-1945	7.5百万
満洲工廠12.5%	1939-1945	20百万

110　第Ⅲ部　国家と企業：特殊会社の発達史

26	Manchurian Production Company - MPC (1939)	満洲産業	昭和14 (1939) 年11月 1 日
27	Manchurian Book Distrubution - MBD (1939)	満洲書籍配給	昭和14 (1939) 年12月27日
28	Society for the Protection of Manchurian Resources (1940)	満洲資源愛護協会	昭和15 (1940) 年 6 月 6 日
29	Manchurian Soybean Chemical Industry (1940)	満洲大豆化学工業	昭和15 (1940) 年 6 月20日
30	Manchurian Special Steel Company - MSSC (1940)	満洲特殊鉄鋼	昭和15 (1940) 年10月15日
31	Manchurian Hemp Sack Company - MHSC (1940)	満洲麻袋	昭和15 (1940) 年12月 2 日
32	Manchurian Reforestation Company - MRC (1941)	満洲造林	昭和16 (1941) 年 2 月15日
33	Manchurian Carbon Manufacturing Company - MCC (1941)	満洲炭素工業	昭和16 (1941) 年 5 月28日
34	Manchurian Wool Company - MWC (1941)	満洲羊毛	昭和16 (1941) 年 6 月24日
35	Mishan Coal Mining Company - MCM (1941)	密山炭礦	昭和16 (1941) 年 7 月10日
36	Manchurian Information Service - MIS (1941)	満洲事情案内所	昭和16 (1941) 年12月28日

出典: 菊池主計, 1939, 満洲興業銀行 (編), 1941, および各社の社史, 研究誌, ウェブサイトなど。

る[53]。明治43 (1910) 年 8 月22日の「韓国併合」以降，東洋拓殖株式会社（い
わゆる東拓）は，植民者の韓国への移住行動が促進されるなかで，着実に帝国
政府の重要な政治機関となったのである。発足当初から，日本の農民を植民者
として送り込むために現地の農民の所有する土地の収奪を強行したが，こうし
たいかがわしい事業のために，国内金融市場から十分な資金を調達できる見込
みは立たなかった。こうしたことから，「東拓」は，大正 2 (1913) 年 3 月と，
大正12 (1923) 年 3 月と，昭和 3 (1928) 年10月にも，朝鮮における日本の植
民地経営を進めるために「仏貨社債」と「米貨社債」を売り出した。このよう
な社債を海外起債することは，中国の東北地方における日本の植民地経営を進
めるために設立された南満洲鉄道株式会社の「英貨社債」と同様に，日本興業
銀行の手を経ることによって，日本政府保証証券の形をとって行なわれた。そ
れは，結局，パリおよびニューヨーク金融市場において，3 回にわたって調達
した総額 1 億圓，すなわち1,050万ポンドにのぼる多額な社債となったのであ
る[54]。
　本来的に，主な目的は植民地における拓殖事業を推進することに突出してい
たが，大正 6 (1917) 年に東拓法の改正によって，移民事業だけでなく，金融

門倉商店20%	1939–1945	1百万
満洲図書92%	1939–1945	2百万
満洲國政府20%	1940–1945	2.5百万
満洲農産公社30.8%	1940–1945	30百万
満洲鑛山66%・満洲重工業開発32%	1940–1945	30百万
満洲農産公社55%・満洲棉花40%	1940–1945	20百万
満洲國政府50%・満鉄25%・東洋拓殖25%	1941–1945	8百万
満洲軽金属製造・満洲電氣化学工業33.4%	1941–1946	15百万
満洲畜産30%	1941–1945	3百万
満洲重工業開発50%・日満商事25%	1941–1945	100百万
満洲國政府100%	1941–1945	0.5百万

機関としての能力も整備されるようになった。しかしながら，昭和20（1945）年には，日本の敗戦とともに総司令部（GHQ）によって解体され，東拓が所有していた資産のうち，北部は朝鮮民主主義人民共和国の政府が，南部はアメリカ軍政庁から払下げを受けた新韓公社がそれぞれ受け継いでいる。

台湾電力　Taiwan Electric Power Company

　大正8（1919）年7月31日に設立された台湾電力株式会社（いわゆる台電）は，台湾全土で電力開発を行ない，その充電化をはかることを目的とするものであった。しかし，第一次世界大戦後の経済的な再調整ならびに金融危機，昭和2（1927）年4月の鈴木商店の経営破綻とそれに関連した台湾銀行の不良債権処理，そして昭和恐慌にいたる過程において，帝国政府はみずからの資金調達を試みたかったが，改めて外国からの先端技術の導入を計画した。こうしたことから，昭和6（1931）年7月1日に，クーン・ロエブ商会，ナショナル・シティ銀行，フアースト・ナショナル銀行，J.P.モルガン商会というウォール街の著名な金融機関を通じて，日本政府保証という形でニューヨーク金融市場において総額約4,600万圓，すなわち2,280万ドルの，英貨にして470万ポンドに

112　第Ⅲ部　国家と企業：特殊会社の発達史

相当する「米貨社債」（期間25年）が発行された。そのさい，日本政府の保証する外債発行の仲介銀行である日本興業銀行のかわりに，予想外の横浜正金銀行が，植民地に対する投資ということで政治的に微妙な仲介的役割を演じたのである[55]。

　昭和15（1940）年になると，発電所の工事が進展したことによって，台湾の西部系統を統一し，電供独占を確立し，電力供給が安定的に行なえるようになった。しかし，日本が敗戦した昭和20（1945）年には，水害と米軍による空襲で発電量が前年の3割にまで落ち込んでいた。翌年，台湾電力有限公司（日本とは無関係）が新たに誕生して台湾電力の事業を継承して現在にいたっている。

日本製鐵　Japan Iron and Steel-JIS

　昭和9（1934）年1月29日に官営八幡製鉄所を中心に，輪西製鉄，釜石鉱山，三菱製鉄，九州製鋼，富士製鋼の1所5社が合同して設立された鉄鋼メーカーである。その後，東洋製鉄と大阪製鐵が加わり，1所7社で構成されることとなった。大東亜戦争中には，空襲や艦砲射撃を受け，甚大な被害をこうむり，生産は低下した。戦後，海外の鉱山および炭鉱などを失ない，昭和25（1950）年に解散されたことによって，八幡製鐵，富士製鐵，日鐵汽船，播磨耐火煉瓦の4社に分かれた。昭和45（1970）年に八幡製鐵と富士製鐵が合併して，新日本製鐵と改名し，平成24（2012）年に住友金属工業と合併し，新日鐵住金となった。そして，平成31（2019）年4月1日に，日本製鉄株式会社に社名を変更し，設立当初の「日本製鐵」（にほんせいてつ）に復することになるが，「鐵」が新字体の「鉄」に，読みも「にっぽんせいてつ」に，また英語社名は「Nippon Steel」となる。

東北興業　Tohoku Development Company-TDC

　日中戦争の勃発から第二次世界大戦の終了までに，東北地方の殖産興業を推進するため，政府の国策による援助および指導によって昭和11（1936）年10月7日に設立された半官半民の特殊会社である。昭和初期の世界大恐慌や東北地方を襲った度重なる冷害と凶作および昭和三陸地震とそれによる津波により疲弊した東北地方を救済し，経済振興を促進することは無視することができない

政治的な課題であった。しかし，必ずしも大きい成果を挙げることができなかった。昭和32（1957）年に東北開発三法の公布にともない，東北開発株式会社となったが，いつ廃止されてもおかしくない状態で推移した。結局，東北興業とした設立されてから50年後，昭和61（1986）年に東北開発は民営化されている。そして平成3（1991）年に三菱マテリアルと合併して消滅した。三菱グループの大手事業との合弁によって，東北開発の事業はなくなったが，東北地方内で広げた各事業は現在も活動し続けている。それは，岩手と青森の両セメント工場，福島県のハードボード事業（東部大建工業会津工場），土地造成事業（トヨタ自動車東日本などの自動車産業），砂鉄事業（アツギ東北・むつ工業）の4事業である。

東北振興電力　Tohoku Electric Power Promotion Company

東北地方のインフラ整備などの振興を図るため，同地方における電気事業を営むことを目的して東北興業と同様に昭和11（1936）年に設立された。しかし，昭和16（1941）年9月9日に東北振興電力株式会社は，昭和14（1939）年4月11日に発足していた特殊会社である日本発送電に合併し，その有していた設備などは仙台市に置かれた日本発送電東北支店に移管されている。敗戦後，昭和26（1951）年5月1日，電力事業再編成の結果，公益事業として東北電力など9電力会社が設立されるにあたって，東北電力は日本発送電東北支店の所有設備と東北配電株式会社の所有設備を継承する形で事業関係が継続している。

台湾拓殖　Taiwan Development Company-TDC

昭和11（1936）年に台湾島内の工業化および南支と南洋の開発を目的として設立され，商工業者の拡大に伴ない，多くの企業と関係を持つことで業務を達成している。とくに干拓，開墾，鉱山，鹽（塩）業，化学，工業などの事業の経営ならびに事業への融資を推進した。新たな研究によると，台湾拓殖は「東拓に比べ規模は小さいが，関係会社投資が多額に達する」といい，台湾拓殖の土地収入がその経営を安定させる要因であった[56]。日本の敗戦後，総司令部（GHQ）によって閉鎖機関とされ，昭和21（1946）年に解散し，全資本が中華民国政府に接収された。

南洋拓殖　Nanyo Development Company-NDC

大日本帝国の特殊会社として昭和11（1936）年11月27日に設立され，南洋群島パラオに本店を設置し，官民をあげて水産業，農業，鉱業などの開発を推進し，また社会制度やインフラの整備，教育，医療の充実など「資金供給・定期預リ金」に関する金融事業を行なうことで，南洋群島唯一の日本銀行代理店としての機能を果たした。業務としては，拓殖事業の促進，南洋進出への資金供与，拓殖や移民事業への支援を通じて南太平洋への進出を行なった。そして製糖業に偏っていた南洋群島の産業構造を見直し，外南洋への経済発展，移民拓殖事業の推進，熱帯産業の実験地としての南洋群島の活用を目的に掲げており，それらの事業の担い手として期待されるところは大きかった。しかし，昭和20（1945）年9月の敗戦後，総司令部（GHQ）によって閉鎖機関とされている。

朝鮮林業開発　Korean Forestry Development Company-KFDC

朝鮮における統制上最も重要な治山事業の全面的な促進のため，昭和12（1937）年に設立された特殊会社である。また，朝鮮総督府のもとにおいて，国有林経営の整備およびその改善を行なった。しかし，昭和20（1945）年9月30日には，総司令部（GHQ）によって閉鎖機関に指定され，解散した。

帝国燃料興業　Petroleum Cooperative Sales Company-PCS

人造石油の製造には巨額な資金が必要であるとされるが，これを援助するために昭和12（1937）年に設立されたものである。特殊会社として，資本金1億圓のうち帝国政府が半額を出資し，また以下のような特殊保護が与えられていた。たとえば，帝国燃料興業株式会社第1回払込を10分の1とすること，払込資本金の3倍に当たる「帝国燃料興業債券」を発行し得ること，などである。それにもかかわらず，敗戦後，昭和24（1949）年になって廃止されている。

日本通運　Nippon Express

昭和3（1928）年に発足していた国際通運株式会社を母体に，同業種6社の資産ならびに政府その他の出資を得て，昭和12（1937）年10月1日に「日本通運株式会社法（第46号）」にもとづき設立されたものである。その後，第二世

界大戦の展開に伴ない，輸送の総合的運営の必要に迫られた政府の方針によっ
て，昭和17（1942）年に全国主要都市の運送業者を合併して企業規模を拡大し
た。その過程において様々な分野での活躍，たとえば美術展を開催したり，博
物館を開くなど文化面での事業を行なったり，また，海外への事業展開も行な
われている。

　戦後，昭和25（1950）年2月1日では，日本通運株式会社法を廃止する法律
が施行されたことで民間企業として再出発した。日本通運が現在にも残る企業
である理由としては，物流ビジネスを支える業務基盤に早くからITを活用し
てきたことが挙げられる。また，日本通運によると，開発期間の長期化ベン
ダーロックインなど最先端のテクノロジーを取り込みながら，困難があっても
着実に乗り越えたことで事業継続を行なうと主張している[57]。

日本発送電　Japan Electric Generation and Transmission Company

　昭和13（1938）年4月1日に「五大電力会社（東邦電力，大同電力，日本電力，
東京電燈および宇治川電気）」と呼ばれた電力同盟が企業連合団を発足させたこ
とを土台として設立されたものである。電力事業における主要な地位を占める
ものとして登場した五大電力会社は，大正12（1923）年6月から昭和6（1931）
年1月にかけて，ロンドンとニューヨークの金融市場において，14回にわたっ
て総額4.6億圓，すなわち4,700万ポンドにのぼる「英貨社債」，「英国大蔵省保
証証券」および「米貨社債」を発行した。意義深いことは，この電力事業へ特
許をはじめとする技術の導入を含めた外資導入を認可していることである。ま
して，このような形で進められた厖大な外資導入は，文字どおり日本経済を
「充電」させたのである[58]。しかし，日本発送電施設の分与，水力発電におけ
る発電用水利権の帰属をめぐって紆余曲折は絶えなかった。そして，最終的に
第二次世界大戦後の昭和26（1951）年に総司令部（GHQ）によって，日本発送
電は解散させられた。その後は，全国9地域の民間電力会社に分割され，北海
道電力，東北電力，東京電力，中部電力，北陸電力，関西電力，中国電力，四
国電力，九州電力の9社が発電と送配電を行なう地域独占体制が確立されるこ
ととなった。

116　第Ⅲ部　国家と企業：特殊会社の発達史

日本産金振興　Nippon Gold Production Company

昭和12（1937）年に制定された「産金五カ年計画」によって，昭和12（1937）年から昭和17（1942）年にかけて，金の一大飛躍的増産を実現するために「邁進（恐れることなく突き進むこと）」することを目的に昭和13（1938）年3月に設立された。昭和9（1934）年5月に設立された（満洲関係）特殊会社である満洲採金株式会社と同様に採金鉱業を促進する目的というよりも，当時の新聞によると，「産金事業のあらゆる方面にわたつているが，其の最も主要なものは産金事業に対する融資と投資」ということであった。そのために，「日本産金振興株式会社の所在地は本社を東京市京橋区京橋三丁目に置き，朝鮮京城府竹添町に朝鮮支社，札幌市南一条西十八丁目に札幌出張所，仙台市東三番町仙台鉱山監督局内に仙台出張所，福岡市土手町福岡鉱山監督局内に福岡出張所を夫々設置している」と記されている[59]。敗戦後，昭和20（1945）年9月には，解散したと考えられるが，現時点ではその業務経歴は不明である。

日本硫安　Nippon Ammonium Sulphate Company

硫酸アンモニアの配給統制事業を完全に遂行させるとともに，必要ある場合において，本会社として硫酸アンモニアの製造，その他供給確保上必要な事業を行なうために昭和13（1938）年に設立された。そして，主に輸出の一元化，最高価格の公定ということを推進した。戦時中，肥料の三大要素である硫安だけは，国内生産に頼っており，国内でのその統制や受注を主要な任務とした。敗戦後，昭和26（1951）年になると，設備近代化を目指した「第一次合理化計画」によるガス源移転と硫安の輸出が進められるようになった。そして，昭和29（1954）年に，日本硫安輸出株式会社に業務を引き継ぎ，特殊会社としての日本硫安株式会社は解散した。

北支那開発　North China Development Company-NCDC

中国の華北地域において，経済開発事業を促進するために昭和13（1938）年11月7日に設立された。設立当初の資本金は3億5,000万圓で，その半分にあたる額を帝国政府が負担し，残りを南満洲鉄道株式会社，三井財閥，三菱財閥などの大企業グループが出資した。主要な営業目的は，インフラ整備の投資を通じて，北支占領地の経済的な開発を推進することであった。北支占領地にお

特殊会社の概観　117

ける資金調達は，大蔵省預金部の政府保證債券の引受および多額の購入をすることによって，鉱工業（とりわけ石炭とそれが関連していた製鉄業），運輸業とその他の公益事業（交通，通信，電力などの関係会社）の中心となったのである。しかしながら，北支占領地での「圓通用」の実施計画によって，「中國聯合準備銀行券（聯銀券）」などの乱発とそれが引き起こしたハイパーインフレは，北支那開発の投資活動を相殺してしまい，とくに昭和18（1943）年以降「北支物価の急騰でその機能を後退させざるをえない」と書かれている[60]。終戦に伴ない，総司令部（GHQ）により閉鎖機関に指定され，昭和20（1945）年9月30日に閉鎖された。

中支那振興　Central China Development Company-CCDC

日本の占領下にあった華中地域の振興を主な目的として昭和13（1938）年11月に設立された。その活動は多岐にわたり，交通，運輸，通信，電機，鉄道，水産業にわたるまでさまざまの業種にかかわったが，これらの事業を振興させるうえで，必要な資金の調達を業務とした。資本金は1億圓とし，帝国政府が半分を負担し，残りの半分を民間からの出資によるという形をとった。出資者には，株券を交付したが，それに優先配当権が与えられており，営業で出た利益に応じて配当を受け取ることができる仕組みになっていた。中支那振興の運営方式は，軍占領下の幹線的な振興事業の判断にしたがって，「別に子会社を設立」し，それからの投資を通じて，経済的な開発を引き起こすと考えられていたのである。しかし，北支那開発と同様に，大蔵省預金部の投資旗艦があったにもかかわらず，圓通貨として「中央儲備銀行券（儲備銀券）」と「中國聯合準備銀行券（聯銀券）」などの乱発とそれが引き起こしたハイパーインフレによって，中支那振興の投資活動は無効となったのである。他の特殊会社と同じように，総司令部（GHQ）により閉鎖機関に指定されたため，昭和20（1945）年9月30日に閉鎖された[61]。

日本米穀　Nippon Rice Distribution Company

昭和14（1939）年4月に，米穀小売業界および業者個々の指導啓発，消費者の啓発，米穀小売業者の経営改善・活性化・福利厚生を目的として，都道府県の米穀小売商業組合，米穀小売業者が組織する任意団体およびこれらで組織す

る全国連合会を会員として設立されたものである。敗戦後，昭和20（1945）年9月30日には，解散したと考えられるが，現時点ではその業務経歴は不明である。

帝国鉱業開発　Imperial Mining Development Company-IMDC

重要鉱物の資源開発および増産をはかるために，鉱業または附属事業に対する資金の融通または投資を行なう目的で昭和14（1939）年に設立された特殊会社である。昭和24（1949）年1月21日に，財閥解体政策にもとづき解散された。そして，新鉱業開発株式会社に全事業を継承したが，事業の主柱であった秋田県の宮田又鉱山の鉱況は昭和36（1961）年頃から急激に悪化した。それとともに「新規鉱床探査の成果は上がらず，鉱量は減少し，品位の低下に加え，採掘の深部移行に伴なって作業条件は悪化して，採算性は悪化していった」といわれているが[62]，現時点ではその業務経歴は不明である。

国際電気通信　KDTK（KDD）

昭和13（1938）年，日本の国際的地位の向上，海外との通信を円滑に行なうために日本無線電信株式会社と国際電話株式会社を合併し，無線電信と電話を整備して，統一した特殊会社である。そして，対外無線電信電話の設備建設とその保守業務を行ない，その設備を政府に提供することで使用料収入を得ていた。なお，翌昭和14（1939）年4月12日の「国際電気通信株式会社法（第83号）」の改正によって事業を拡大し，無線通信電話に加え，有線通信業務の設備建設とその保守，外国における無線通信の経営と無線通信の貸与，電気通信用品の製造および販売などの業務を行なうようになったのである。

終戦後，総司令部（GHQ）によって，昭和22（1947）年に閉鎖機関に指定されたが，国際電気通信株式会社の施設（一部を除く）・業務・職員などは，逓信省に移管した。昭和24（1949）年6月1日，国際通信部門は，逓信省の二省分離（郵電分離）で成立した電気通信省に移管したが，昭和27（1952）年8月1日には，電気通信省が廃止されたことによって，日本政府は新たな日本電信電話公社を設立した。そして昭和27（1952）年8月7日に制定された「国際電信電話会社法（第301号）」にもとづき，翌年，昭和28（1953）年3月24日に国際通信部門を日本電信電話公社から分離し国際電信電話株式会社（Kokusai Denshin

Denwa - KDD）を設立した。それから45年後，平成10（1998）年 7 月30日には，電気通信分野における「規制の合理化」のための関係法律の整備によって，国際電信電話会社法が廃止され，以前独占的な国際通信事業の特殊会社である国際電信電話会社は完全民営化され，会社法の定めによる企業法人となったのである。

大日本航空　Dai Nippon Airways-DNKK

昭和12（1937）年 9 月に支那事変が勃発すると，日本にとって満洲を含む中国大陸と日本本土との航空路による連絡が戦略上重要となり，民間航空輸送は，新たに設立される大日本航空株式会社への統合が図られることとなった。そのため，国策会社へと改組され，次いで昭和13（1938）年11月 7 日の臨時株主総会において大日本航空株式会社に参加の件を承認し，事業をこの新会社に継承させたうえで同月末日に解散することとなった。これにあわせ，日本のローカル線を経営していた 4 社は航空輸送を停止することになり，日本国内における航空輸送事業は大日本航空株式会社によって統一して営業されることとなった。なお，正式にいえば，大日本航空株式会社の創立総会は11月28日に開かれ，12月 1 日に営業を開始した。そして日本軍が宗主国の植民地軍を放逐し，新たに占領した東南アジアにそのネットワークを拡大し，大規模な戦争のなかにおいては，軍事的に重要な輸送手段となったのである。

　帝国政府が昭和20（1945）年 8 月14日にポツダム宣言受諾を決定（15日に国民に発表）したことによって，日本軍は順次武装解除されることになり，その過程で同社は解散された。昭和22（1947）年 9 月12日に直接的な後継会社として，航空施設部門を分割した三路興業株式会社が設立されたが，昭和29（1954）年 5 月から社名変更によって國際航業株式会社（旧字体の「國」）となり，平成19（2007）年 9 月25日の上場廃止まで登記上の社名で営業を行なった。注意すべきことは，大日本航空株式会社は間違いなく，現在の日本航空株式会社（Japan Airlines - JAL）とは全く別の会社であるということである。

朝鮮マグネサイト開発　Korean Magnesite Development Company-KMDC

　非鉄金属および非金属鉱物に関する事項を管掌した朝鮮総督府殖産局の一部にかかわるものである。特殊鉱物の開発増産のために，従来あった鉱山課に代

わって，特殊鉱物課と，鉱政課が設立された。とくに日本では，マグネサイトがあまり採取できないため大変重宝な資源とみなされており，端川港から汝海津まで約65キロメートルに鉄道が開通すれば多くのマグネサイトが産出されるといわれていたことから，同地のマグネサイトの一大総合開発を目指す特殊会社として昭和14（1939）年に設立されたものである。この時期の朝鮮は，当時の「資源大国」と呼ばれ，同社は他にもウランなどの物資の採取にもかかわっていた。昭和20（1945）年9月30日には，総司令部（GHQ）によって閉鎖機関に指定され，解散した。

日本輸出農産物　Japan Agricultural Exports Company

昭和15（1940）年に「農産物の輸出事業，農産物の開発輸出事業，農産物の開発輸入事業，輸入農水産物の国内代替生産事業」の4つの事業において，商品売買および資金供給を行なうために特殊会社の日本輸出農産物は設立された。昭和13（1938）年と比較すると，昭和18（1943）年の日本の対大東亜共栄圏貿易は，内地農産物の輸出の微増があったといいながら，それに対して，大東亜共栄圏からの輸入が激増し，大幅な輸入超過となったのである。要するに，戦時中には農産物の輸出開発および輸入農水産物の「国内代替」が実現できない日本の輸出農産物は，中国，仏領インドシナ，蘭領インド，英領マレイなどからの農産物の輸入に依存する度合が上昇した。しかしながら，忘れてはいけないのは，戦時中の無制限潜水艦戦や航空機投下機雷などによって，昭和18（1943）年とその後における内地と外地での大東亜共栄圏貿易は，ほとんど無くなるまでに徐々に減少を続けたことである。敗戦後，解散した特殊会社と考えられるが，現時点で業務経歴は不明である。

日本肥料　Japan Fertilizer Company-JFC

昭和15（1940）年頃，森山静記が，肥効促進材として効果の高い天然の腐植物質を活かした固形肥料を発明し，その販売会社として日本肥料を特殊会社として設立した。戦後には，民間企業として再出発し，現時点では日産化学工業株式会社や株式会社三共商会などが主要な株主となっている。

日本石炭　Japan Coal Company-JCC

　戦前日本の戦時統制経済の展開過程において石炭配給統制法に基づき，重要物資の生産と配給の一元化を図るために昭和15（1940）年に設立された半官半民の企業である。戦前には，石炭の「一手買取り，一手販売」制度を行なったが，いわゆる「太平洋戦争期」に入ると，もはや帝国政府や地域軍部はこの企業形態に満足することができなかった。それにしたがって，より直接的な形での統制業務を採用するにいたった。第二次世界大戦の終結とともに，特殊会社に指定されたことによって，解散している[63]。

朝鮮鉱業振興　Korea Mining Development Company

　北朝鮮での資源開発，鉱産物の備蓄など，様々な事業を手掛けるために昭和15（1940）年に設立された。資源鉱物分野において，代表的な公企業としての活躍を目指したものであったが，敗戦後，昭和20（1945）年9月頃には解散している。

樺太開発　Karafuto Development Company-KDC

　昭和16（1941）年7月10日に樺太における「自給自足」の経済開発を目標として設立された。資本金は5,000万圓である樺太開発は，樺太の資源を開発している鉱業，林業，農業，畜産業などの生産を推進するための資金調達が行なわれるように定められた。そして，それらを合理的に利用することも大きな目的であったが，最も遅く設立された「拓殖・開発」関係の特殊会社として人材および資材の確保の面で苦労した。結局，戦時中における4年間で，樺太の経済開発の急速な推進は実現できることではなかった。帝国政府が昭和20（1945）年8月14日にポツダム宣言受諾を決定したことによって，樺太の日本軍は順次武装解除されることになり，同社も解散とされた[64]。

日本木材　Nippon Wood Material Company

　木材の統制機関として昭和16（1941）年3月に設立された特殊会社である。木材の生産から配給までを一貫統制し，需要の枯渇および価格の公正を図ることを使命としていた。輸移出入材を除く木材について，原則として地方木材を通じて統制を行なうものとしている。戦後，解散したと考えられるが，現時点

122　第Ⅲ部　国家と企業：特殊会社の発達史

で業務経歴は不明である。

日本蚕糸統制　Nippon Silk Yarn Company

　国民経済の総力を最も有効に発揮するため，蚕糸の製造，製品の加工糸（輸出用に限る）の製造および配給事業の統制を目的として昭和16（1941）年3月に設立されたが，そのさい，被合併会社として日本縫糸製造配給統制株式会社と日本絹縫糸製造配給統制株式会社の2社がみられる。大東亜戦争中，蚕糸産業はなおさら重要性が高まり，朝鮮蚕糸統制と親密な関係を持ち，生産や配給の統制も同時に行なわれた。昭和20（1945）年8月15日の終戦に伴ない，昭和20（1945）年12月22日に新たに制定された「蚕糸業法（第57号）」付則第7項の規定により，日本蚕糸統制株式会社は，昭和21（1946）年3月1日を以て解散となっている。

東亞海運　East Asia Shipping Company

　昭和13（1938）年12月16日に閣議決定の趣旨にもとづき「対支海運強化に関する暫定的措置」として設立された特殊会社である。日華事変の進展に伴ない日本から中国間，中国沿岸航路の邦船数社による経営航路を統制強化する目的で昭和14（1939）年8月12日に日本郵船，大阪商船，三井物産，川崎汽船，日新汽船，原田汽船，山下汽船，大同海運，近海郵船，岡崎汽船，阿波国共同汽船の中国航路関係11社の現物出資により事業を開始した。ちなみに，「東亞海運株式会社法（第68号）」は，その2年後，昭和16（1941）年3月14日に公布された法律である。そして，運営の制限会社として，占領軍によって指定された昭和21（1946）年6月4日に解散となったのである。

帝国石油　Teikoku Oil Company-TOC

　各社の石油鉱業部門を一元化し，石油資源の開発促進および振興を図る半官半民の国策会社として昭和16（1941）年9月1日に設立された。そして昭和17（1942）年に日本石油，日本鉱業，中野興業，旭石油の各石油部門を譲り受け，昭和18（1943）年に太平洋石油，日本石油鉱業や，昭和19（1944）年に北樺太石油をそれぞれ吸収統合した。昭和25（1950）年における帝国石油株式会社法の廃止に伴ない民間会社「帝国石油」として新発足した。平成20（2008）年

に，帝国石油と国際石油開発の両社を統合合併し，国際石油開発帝石株式会社
（INPEX Corporation）と名称変更した[65]。

朝鮮蚕糸統制　**Korean Silk Yarn Company**

　朝鮮総督府の農林局は，昭和18（1948）年12月1日に殖産局や専売局などと
ともに廃止され，新たに農商局と鉱工局などを設立する計画が樹立されてい
た。それらにより，朝鮮蚕糸統制会社は昭和17（1942）年3月25日に設立され
た。戦時統制経済下に，日本蚕糸統制とともに，準特殊会社である満洲柞蚕の
生産などと朝鮮産の蚕糸の統制を目的とした国策会社である。終戦にともない
他の朝鮮における特殊会社と同じく解散となっている。

むすびにかえて

　結論として，特定の政府所有権の割合，付与された特権，監督の詳細がどの
程度であったかにかかわらず，それぞれの産業分野における企業の管理を容易
にするために帝国政府は，特殊会社に特別な特権を与えていることを考慮しな
ければならないことである[66]。それに加えて，特殊銀行および特殊会社，郵
便貯金制度，大蔵省預金部の設立における国家の指導的な役割に注目した。帝
国政府が資本主義的な発展計画を前提としていたことを考えると，なぜ国家が
特殊銀行および特殊会社を誘導することに熱心であったのかという疑問が生じ
る。その疑問に答えるために，日本の近代化の指導者たちが先進国と日本の間
に存在していた乖離（ギャップ）の大きさと，欧米の先進国と比べて後進性を
感覚したことにも考慮すべきである。国家からの特別な援助と調整がなけれ
ば，民間企業は，新しく開国した日本が直面した問題に対処することはできな
いと考えられた[67]。そのうえ，明治政権は，徳川幕府から貿易（内面のそれと
外面のそれとの両方とも），鉱業，林業，水の保全（すなわち，その流通や使用管理
など），そして数少ない西洋式の産業のほとんどすべての幕藩産業を，経済統
制の幅広い権限のもとに決定的に継承したのである[68]。
　よって，経済全体の重要項目に対する国家の奨励と統制は，発足当初から敗
戦まで帝国経済の有していた顕著な特徴である[69]。実際には，特殊会社およ
び国有企業を通じて，国家は完全な所有権を行使し，産業の各分野に直接的な

124   第Ⅲ部   国家と企業：特殊会社の発達史

表3-5   特殊法人（特殊銀行および特殊会社），1936年から現在にいたる

	会社名	創立関係法令年	創立関係法	現在関係省
1	沖縄振興開発金融公庫	昭和47（1972）年	沖縄振興開発金融公庫法（第31号）	内閣府
2	沖縄科学技術大学院大学学園	平成23（2011）年	沖縄科学技術大学院大学学園法（第59号）	内閣府
3	日本電信電話株式会社	昭和59（1984）年	日本電信電話株式会社等に関する法律（第85号）	総務省
4	東日本電信電話株式会社	昭和59（1984）年	日本電信電話株式会社等に関する法律（第85号）	総務省
5	西日本電信電話株式会社	昭和59（1984）年	日本電信電話株式会社等に関する法律（第85号）	総務省
6	日本放送協会	昭和25（1950）年	放送法（第132号）	総務省
7	日本郵政株式会社	平成17（2005）年	日本郵政株式会社法（第98号）	総務省
8	日本郵便株式会社	平成17（2005）年	日本郵政株式会社法（第98号）	総務省
9	日本たばこ産業株式会社	昭和59（1984）年	日本たばこ産業株式会社法（第69号）	財務省
10	株式会社日本政策金融公庫	平成19（2007）年	株式会社日本政策金融公庫法（第57号）	財務省
11	株式会社日本政策投資銀行	平成19（2007）年	株式会社日本政策投資銀行法（第85号）	財務省
12	輸出入・港湾関連情報処理センター株式会社	平成11（1999）年	電子情報処理組織による関税手続の特例等に関する法律の一部を改正する法律（第95号）	財務省
13	株式会社国際協力銀行	平成23（2011）年	株式会社国際協力銀行法（第39号）	財務省
14	日本私立学校振興・共済事業団	昭和28（1953）年	私立学校教職員共済法（第245号）	文部科学省
15	放送大学学園	昭和56（1981）年	放送大学学園法（第80号）	文部科学省
16	日本年金機構	平成19（2007）年	日本年金機構法（第109号）	厚生労働省
17	日本中央競馬会	昭和23（1948）年	競馬法（第158号）	農林水産省
18	日本アルコール産業株式会社	平成17（2005）年	日本アルコール産業株式会社法（第32号）	経済産業省
19	商工組合中央金庫	昭和11（1936）年	商工組合中央金庫法（第14号）	経済産業省
20	株式会社日本貿易保険	昭和25（1950）年	貿易保険法（第67号）	経済産業省
21	新関西国際空港株式会社	平成24（2012）年	関西国際空港及び大阪国際空港の一体的かつ効率的な設置及び管理に関する法律（第20号）	国土交通省
22	北海道旅客鉄道株式会社	昭和61（1986）年	旅客鉄道株式会社及び日本貨物鉄道株式会社に関する法律（第88号）	国土交通省
23	四国旅客鉄道株式会社	昭和61（1986）年	旅客鉄道株式会社及び日本貨物鉄道株式会社に関する法律（第88号）	国土交通省
24	日本貨物鉄道株式会社	昭和61（1986）年	旅客鉄道株式会社及び日本貨物鉄道株式会社に関する法律（第88号）	国土交通省
25	東京地下鉄株式会社	平成14（2002）年	東京地下鉄株式会社法（第188号）	国土交通省
26	成田国際空港株式会社	平成15（2003）年	成田国際空港株式会社法（第124号）	国土交通省

27	東日本高速道路株式会社	平成16（2004）年	高速道路株式会社法（第99号）	国土交通省
28	西日本高速道路株式会社	平成16（2004）年	高速道路株式会社法（第99号）	国土交通省
29	中日本高速道路株式会社	平成16（2004）年	高速道路株式会社法（第99号）	国土交通省
30	首都高速道路株式会社	平成16（2004）年	高速道路株式会社法（第99号）	国土交通省
31	阪神高速道路株式会社	平成16（2004）年	高速道路株式会社法（第99号）	国土交通省
32	本州四国連絡高速道路株式会社	平成16（2004）年	高速道路株式会社法（第99号）	国土交通省
33	中間貯蔵・環境安全事業株式会社	平成15（2003）年	日本環境安全事業株式会社法（第44号）［現：中間貯蔵・環境安全事業株式会社法（第120号）］	環境省

出典：「所管府省別特殊法人一覧（平成30年4月1日現在）」『総務省』「www.soumu.go.jp/main_sosiki/gyoukan/kanri/satei 2 _02.html」（2018年11月2日閲覧）より作成。
注：日本銀行は，改正された日本銀行法により，そのあり方が定められている「認可法人であり，政府機関や株式会社ではありません」と主張している。

　運営を行なった。すなわち，上記の特殊会社とともに国有鉄道，郵便局，電話および電信，造幣局と国立印刷局などの国有企業，帝国陸軍および帝国海軍関係の兵器廠，火薬廠，造船所，軍服制服工場の産業など，そして，たばこ，塩，樟脳の帝国政府の独占を管理する専売局の事例を挙げることができる。強力な政府の指導力と監督のもとに，民間資本を動員および吸収する目的で，南満洲鉄道株式会社，東洋拓殖株式会社，満洲電信電話株式会社，日本製鐵株式会社，満洲重工業開発株式会社などの特殊会社の設立は，とくに注目すべきである。といえば，経営歴が一番長い南満鉄鉄道株式会社だけでは，71の子会社の運営を管理した。したがって，日本経済における金融機関および産業分野の発展は，相互に特殊銀行および特殊会社との関係に依存することで，帝国政府の発達上の計画にしたがって事業内容を構成している[70]。

　明治時代から大正時代までの経済は本質的に「自由（非規制的）な競争力のある市場環境」であったが，昭和期における独裁主義や超国家ファシズムは異常であったと信じる人が本書の論議に対して疑いをさしはさむかも知れない。とくに金融部門では，「1918年まで，それ以降でも，銀行業界への参入は自由であり，設立資本金の要件が満たされれば誰でも銀行を開くことができる…（1927年から1950年の間）日本の銀行業界は，比較的に地方分権があった形から半官半民の国家主義的な銀行業界に移行した」[71]とする主張がなされている。一方で本書の論議は，帝国政府による特殊銀行および特殊会社の創立計画は明治10年代にさかのぼって進められたと考えている。21世紀の新自由主義のなか

126　第Ⅲ部　国家と企業：特殊会社の発達史

には，銀行や株式市場（取引所）のあり方に不均衡な強調がなされ，それに対応して国家の役割および財政，国策会社，公社そして中央銀行，郵便局などの運営が十分検討されていないとみられている[72]。史的な観点から見ると，事実上，市場経済の「科学（science）」によって引き起こされたものの多くは，実際には，資本主義（と社会主義両要素を取り入れた）混合経済の「芸術（art）」の成果であるととらえることができるのである[73]。

　日本の昭和20（1945）年8月15日の敗戦以降においては，特殊銀行および特殊会社という概念の悲劇的な終結が暗黙のように見えるかもしれない。しかしながら，戦後の昭和21（1946）年10月に設立された復興金融金庫（FRF）ならびに昭和26（1951）年4月に設立された日本開発銀行（DBJ），昭和27（1952）年12月に設立された日本長期信用銀行（LTCB）という国家による金融機関の設立は，新たな始まりのものというより，帝国財政の史的な連続性がそこに示されている。また，昭和20（1945）年以前に設立された特殊銀行および金融機関の大部分と特殊会社の一部分は（決して数が多いとはいえないが），戦後期における高度経済成長の段階では，驚異的な弾力性を発揮したことが実証されているのである。たとえば，東京銀行（横浜正金銀行の後身会社），日本不動産銀行（朝鮮銀行の後身会社），日本通運株式会社，日本硫安輸出株式会社，国際電信電話株式会社，日本肥料株式会社，帝国石油株式会社，そして全国9地域に分割された民間電力会社（北海道電力，東北電力，東京電力，中部電力，北陸電力，関西電力，中国電力，四国電力，九州電力）である。この間において意義深いことは，郵便貯金制度と大蔵省資金運用部および日本銀行，日本勧業銀行，日本興業銀行，北海道拓殖銀行，農林中央金庫，商工組合中央金庫という公社および特殊法人が継続していることが本質的に変わらないことは，また引き続き「行政指導」の実践した慣習など，歴史的な継続性の明白な象徴である（表3-5参照）。これらすべての事例は，金融機関および産業部門における国家の長期的な関与がなされていることを肯定している。要するに，明治中後期から大正期ならびに昭和初期にいたるまで，帝国政府は，日本の主要な金融機関および産業分野に設計，立法規制，資金調達，営業推進などを行なっていたのである。

第 I 部　127

注

まえがき

1 ）庄林二三雄，1981: 4.

2 ）Imazu, 1980: 125.

3 ）Partner, 2018: 187. 参照。

4 ）19世紀後半において，ゲッセンククロンなどは，後進国の政治家たちを動かす「動機」としてみずからの「後進性」の認識がとくに重要な役割に果たしていると主張していた。Bytheway and Schiltz, 2009: 59-79. 参照。

5 ）Westney, 1987. 参照。

6 ）Imazu, 1980: 128-30; Jones, 1980; Wittner, 2008. 参照。

7 ）竹内倫樹，2001: 212.

8 ）Hont and Ignatieff, 1983. 参照。

9 ）バイスウェイ，2005. 参照。

第 I 部

1 ）日本経済にとって優位の投資国であった米国の場合をみても，昭和16（1941）年12月の太平洋戦争の直前，中国に対する直接投資が，日本に対するそれに比して20倍は大きかったであろうとの推測がなされている。Davenport-Hines and Jones, 1989: 225. 参照。

2 ）そのさい，500万圓以上の投資において，財閥企業の演じた役割に注目する必要がある。なお，その当時の財閥の活動について，森川英正，1981: 282-302. 参照。

3 ）長崎，箱舘（現在の函館）と神奈川（すなわち横浜）はグレゴリオ暦1859年 7 月 1 日に，兵庫（現在の神戸）と新潟はグレゴリオ暦1868年 1 月 1 日に開港されている。Checkland, 1989: 20-4. 参照。

4 ）実際に，日本の条約港において，米国，蘭国，露国，英国，仏国，独国，伊国の「強大国」に加え，スイス，ベルギー，オーストリア・ハンガリー連合王国，スペイン，ポルトガル，デンマーク，スウェーデン，ノルウェー，ハワイ，ペルーも治外法権の獲得についての交渉を行なった。Norman, 1892: 322. 参照。ちなみに，ハワイは1898年に米国に併合されるまでは独立国であった。

5 ）Borton, 1955: 222, Dickens and Lane-Poole, 1894: 29-30; 石井寛治，1982: 245-90; とくに246-60; および石井寛治，1984: 7-145. 参照。

6 ）Morikawa, 1992: 72, 129-30. 参照。

7 ）麒麟麦酒株式会社，1957: 1, 21-33, 55; 三島康雄，1981: 19-37; および三菱創業百年記念事業委員会，1970: 112.

8 ）Checkland, 1989: 13-4; および Nish, 1966: 10-1. 条約改正の歴史については，山本茂，1997. 参照。

9）堀江保蔵，1950: 74-82; 115-27, 156-67. 参照。

10）外国資本の直接投資による最初の事例は，明治32（1899）年に米国のウェスター
　　ン・エレクトリック会社が10万8,000圓を投資して設立した日本電気株式会社であ
　　る。

11）大溪元千代，1964: 12-4.

12）Cochran, 1980: 40-1; および Durden, 1975: 74-6.

13）設立時の株式会社村井兄弟商会の社長は村井吉兵衛，副社長はイー・ジー・パー
　　リッシュ（E.G. Parish）であった。大溪元千代，1964: 63-78, および堀江保蔵，
　　1950: 75-6. 参照。

14）株式会社村井兄弟商会と岩谷商店の競争は，あまりにも有名で，伝説にすらなっ
　　ている。大溪元千代，1964: 139-50. 参照。

15）日本政府は，日清戦争時にすでに国税徴収法の改正によって，国産葉タバコの専
　　売を行なっていたが，日露戦争時の明治37（1904）年4月1日に「煙草専売法
　　（法14）」を公布し，完全にタバコの製造および販売の国家による独占である専売
　　制を実施したのである。Ogawa, 1923: 71; および Kobayashi, 1922: 30-1. 参照。

16）合弁事業としての株式会社村井兄弟商会が，明治37（1904）年に工場設備を日本
　　政府に売却したのち，村井吉兵衛は，同年12月に払込資本金100万圓の村井銀行
　　を，明治40（1907）年に英国のJ.P. コーツ株式会社と提携して，帝国製糸株式会
　　社という合弁事業を設立するとともに，村井鉱業株式会社，村井汽船合資会社，
　　村井カタン糸株式会社，東洋印刷株式会社，日本石鹸株式会社などを設立した。
　　また，大正6（1917）年には，村井貯蓄銀行を設立し，半官半民の東洋拓殖株式
　　会社への投資を通じて，韓国における大きな地主となっている。しかしながら，
　　村井銀行および村井貯蓄銀行は，関東大震災が引き起こした金融的な危機のなか
　　で経営破綻におちいっている。大溪元千代，1964: 85-8, 239-45, 257-9; および
　　Duus, 1995: 387. 参照。

17）Cochran, 1980: 41; および Cox, 2000: 39-42. 参照。

18）明治40（1907）年に設立された日本燐寸株式会社は，東洋燐寸株式会社，帝国燐
　　寸株式会社，中央燐寸株式会社とともに，マッチの四大メーカーとなっている。
　　堀江保蔵，1950: 120. 日本のマッチ産業史については，永木広次・大塚完元，
　　1974. 参照。

19）朝日燐寸株式会社の設立にもスウェーデン・マッチ会社が関係しているといわれ
　　ているが，現在のところ詳細は不明である。

20）明治32（1899）年2月1日の「鉱業条例施行細則改正（農商省第3号）」および
　　明治33（1900）年3月30日の「鉱業条例中改正追加法（第74号）」参照。

21）日本石油株式会社，1958: 219-29. 参照。

22）日本石油株式会社と宝田石油株式会社の関連については，内藤隆夫，2000: 23-45;
　　および日本石油株式会社，1958: 1-50. 参照。

23）日本石油株式会社，1958: 25-8.

24）日本石油株式会社，1958: 45-50; および堀江保蔵，1950: 75, 79-81.

25）戦後の日本石油株式会社について，新日本石油株式会社のウェブサイトなど参照。

26）Davenport-Hines and Jones, 1989: 222.

第 I 部　129

27) 堀江保蔵，1950: 122.

28) 大正後期から昭和初期にかけて製油工場を建設した石油会社は，旭石油（1921），日本石油（1924），小倉石油（1924），三菱石油（1931），丸善石油（1933），愛国石油（1934），早山石油（1935）などである。

29) アソシエーテット石油会社は，明治34（1901）年10月に，カリフォルニア州で設立されたが，アソシエーテット石油会社とタイドウォーター石油会社（Tide Water Oil Company）は，大正15・昭和元（1926）年3月に，別にタイドウォーター・アソシエーテット石油会社という合弁事業を設立している。なお，タイドウォーター石油会社は，明治21（1888）年11月に，ニュージャージー州で設立されたものである。昭和11（1936）年11月にこれら3社が合併するにいたるまで，これら3つの石油会社は，相互に関連はあっても独立の企業として存在を続けていたが，合併にさいしてタイドウォーター・アソシエーテット石油会社の社名を継承した。三菱石油株式会社社史編纂委員会，1981: 1-36，とくに9. 参照。

30) Hein, 1980: 46-52. 参照。

31) 昭和9（1934）年6月27日の「石油業法施行令（勅第196号）」，「石油業委員会官制（勅第197号）」，「石油業法施行規則（商工省第16号）」，昭和10（1935）年6月8日の「石油試掘奨励金交付規則中改正（商工省第4号）」，昭和10（1935）年9月19日の「石油業法施行令第6条の特例に関する件（勅第272号）」，「石油精製業者又は石油輸入業者の保有すべき石油の数量に関する件（商工省第5号）〈6カ月分の貯蔵を義務とす〉」などの法律によって，石油産業における追加の直接投資は妨げられた。Davenport-Hines and Jones, 1989: 232-3. 参照。

32) 堀江保蔵，1950: 162-4. 日本ヴァキューム・オイル株式会社は，米国のヴァキューム・オイル会社（Vacuum Oil Company）が日本で設立した完全な子会社と考えられるが，目下のところ，詳細は不明である。Schumpeter, 2000: 774-5. 参照。

33) 堀江保蔵，1950: 76-7; および Mason, 1992: 26.

34) 日本電気株式会社社史編纂室，1972: 24-56，とくに50, 440.

35) Davenport-Hines and Jones, 1989: 225.

36) 東京芝浦電気株式会社総合企画部社史編纂室，1963: 5-31, 795. 参照。ただし，本書の合弁事業に関する15ページの記述には誤りがあるので，正確を期すために，東京芝浦電気株式会社，1978: 1-48; および東京電気株式会社，1940: 97-114，とくに99. 参照。

37) 東京電気株式会社は，最初，明治23（1890）年に合資会社白熱舎として設立され，明治28（1895）年に東京白熱舎電燈球製造株式会社と改称されていたものが，明治32年（1899）年に再び改称されたものである。東京電気株式会社，1940: 300-50; および日本電気事業史編纂会，1941: 241-6. 参照。

38) 明治43（1910）年になると，東京電気株式会社は，従来の竹でつくった炭素線の電球と区別するため，「マツダ・ランプ」と名づけられた新たなタングステン電球を発売した。マツダ・ランプの「マツダ」は日本人の苗字の松田ではなく，ゾロアスター教の光の神アウラ・マズダ（マツダ）にもとづくものである。東京電気株式会社，1940: 139-42，とくに141; および堀江保蔵，1950: 118. 参照。

39) Nishimura, 2014: 65-7. 日本における電球事業と特権管理については，西村成広，

130   注

2016: 43-67. 参照。

40) 堀江保蔵，1950: 115-8. 日本の電球製造史については，Schumpeter, 2000: 544-8;
および Uyeda, 2000［1938］: 266-78. 参照。

41) Dunn, 1976: 164.

42) 東京芝浦電気株式会社総合企画部社史編纂室，1963: 59, 795; および堀江保蔵，
1950: 118-9.

43) 東京芝浦電気株式会社総合企画部社史編纂室，1963: 82-94; 東京電気株式会社，
1940: 236-9; および堀江保蔵，1950: 118-9.

44) 明治32（1899）年から昭和4（1929）年11月にいたるまで，ウェスティングハウ
ス・エレクトリック・インターナショナル会社は，ウェスターン・エレクトリッ
ク会社と同様に，販売代理店として高田商会を利用していたが，米国製電機製品
の日本における本格的な販売を推進するために株式会社菱美電機商会を発足させ
たと考えられる。

45) 堀江保蔵，1950: 160.

46) Feldenkirchen, 1995: 200-2.

47) 堀江保蔵，1950: 160.

48) 堀江保蔵，1950: 165. 三井物産株式会社とバブコック・アンド・ウィルコックス
会社との関係の発生は，明治41（1908）年に締結された日本における製品の直接
販売協定にまでさかのぼることができる。

49) 堀江保蔵，1950: 165.

50) 堀江保蔵，1950: 165-6. 米国の研究者ダーン（R.W. Dunn）によれば，大正12
（1923）年に，日本と米国の投資家たちが，合弁事業である払込資本金1億圓，
米貨にして5,000万ドルの日米エンジニァリング株式会社（Japanese-American
Engineering and Contracting Company）を設立したとある。ただし，その当時
における最大な直接投資は，米国のゼネラル・モーターズ会社の800万圓であり，
日米エンジニアリング株式会社に関する大きすぎる数字は正しくないと考えられ
る。もしこれほどの投資がなされれば，20世紀の日米合弁事業の事例としてこれ
まで取りあげられないはずはないと考える。Dunn, 1976: 164-5. 参照。

51) 東京芝浦電気株式会社総合企画部社史編纂室，1963: 80, 134-5.

52) 東京芝浦電気株式会社総合企画部社史編纂室，1963: 82-94; 東京電気株式会社，
1940: 236-9; および堀江保蔵，1950: 118-9.

53) 東京芝浦電気株式会社総合企画部社史編纂室，1963: 134-5; および堀江保蔵，
1950: 160-1.

54) 堀江保蔵，1950: 120-1.

55) 作道洋太郎，1982: 156-7, 185, 227-9; および畠山秀樹，1988: 211-4, 252-4.

56) 作道洋太郎，1982: 309; および堀江保蔵，1950: 161-2. 昭和14（1939）年には，株
式会社住友電線製造所は，住友電気工業株式会社と社名を改めている。

57) 堀江保蔵，1950: 120; 東京電気株式会社，1940: 674, および「会社沿革」『日本コ
ロンビア』［columbia.jp］（2018年10月13日閲覧）。参照。

58) Davenport-Hines and Jones, 1989: 230.

59) 堀江保蔵，1950: 164-5; および Mason, 1992: 94. 日本コロンビア蓄音器株式会社

と日本ビクター蓄音器株式会社の社史については，東京電気株式会社，1940: 666
-81. 参照。

60) 東京芝浦電気株式会社総合企画部社史編纂室，1963: 795. 参照。

61) コンテ＝ヘルム，2001: 303-32, とくに304-5; Davenport-Hines and Jones, 1989:
225; および Reader, 1970: 335.

62) 日本工学会，1929: 386-9; および千藤三千造，1967: 25-8. 参照。

63) 昭和3 (1928) 年には，ヴィッカーズ社とアームストロング・ウィットワース社
は，イングランド銀行の斡旋によってすべての営業を合併した。Cairncross,
1995: 66-9; および Iida, 1997: 135. 参照。

64) 奈倉文二，1998: 15-46.

65) 堀江保蔵，1950: 119-20; および奈倉文二，2001: 215-48, とくに218-9.

66) 奈倉文二，1979: 135-66; および奈倉文二，1983: 123-70. 参照。

67) マルコムは，オーストラリアに滞在している英国人の資本家であるといわれる
が，経歴は，現在のところ不明である。

68) 堀江保蔵，1950: 77-81.

69) Cottrell, 1975: 27, 40; および Edelstein, 1982: 37-44.

70) Warner, 1991: 56-60.

71) Davenport-Hines and Jones, 1989: 225; および Uyeda, 2000: 183-4.

72) また，大正6 (1917) 年9月12日の「工業所有権戦時法実施令（勅第141号）」，
「工業所有権戦時法登録令（勅第142号）」，「工業所有権戦時法実施規則（農商省
第22号）」，「工業所有権戦時法登録規則（農商省第23号）」も参照。

73) 堀江保蔵，1950: 121.

74) 第二次世界大戦後，英国のダンロップ・ゴム株式会社は住友ゴム工業株式会社に
資本を提供したが，昭和58 (1983) 年に，工場の持分を住友ゴム工業株式会社に
売却し，資本関係を解消している。McMillan, 1989: 148, 183-4. 参照。

75) 宮本又郎・阿部武司・宇田川勝・沢井実・橘川武郎，1995: 186. 参照。

76) Francks, 2015: 98; および Nevins and Hill, 1957: 377-8. 参照。

77) カワサキ，スズキ，ホンダ，ヤマハなどの象徴的な日本のオートバイ会社の台頭
にもかかわらず，1930年代の古典的な陸軍のオートバイの生産は1960年代後半ま
で続き，陸王内燃機株式会社が倒産したときだけその生産は止まった。「1958 Ri-
kuo RT2: Harley Davidson's Japanese Connection」『Classic Bikes』[www.mo-
torcyclemuseum.org] (2014年4月30日閲覧)。なお，ハーレー・ダビッドソン・
モーターサイクルのホームページや陸王内燃機のウェブサイトなど参照。

78) たとえば，ウーズリー・モーターズ株式会社（Wolseley Motors Company）と株
式会社東京石川島造船所の事例については，メイドリー，2001: 249-73, とくに
252. 参照。

79) 四宮正親，1998: 7.

80) 堀江保蔵，1950: 162. セール・フレーザー商会は，明治15 (1882) 年に，ロンド
ンと横浜に姉妹会社を設立したが，その会社は日本に蒸気機関車，鉄道線路など
を中心に，さまざまな外国製品を輸入するとともに，日本の市債および社債など
の英国での販売を行なった。Suzuki, 1994: 148, 247. 参照。

81) 四宮正親, 1998: 4-7, 21; および Davenport-Hines and Jones, 1989: 230. また, Nevins and Hill, 1957: 566-7; Wilkins and Hill, 1964 [2011]: 150-1, 202-3, および Wilkins, 1990: 35-57. 参照。

82) 四宮正親, 1998: 7-9.

83) 四宮正親, 1998: 9, 21; および Davenport-Hines and Jones, 1989: 230.

84) その当時の三井物産株式会社の経営については, 山本広明, 1981: 304-29. 参照。

85) 堀江保蔵, 1950: 162-3.

86) 四宮正親, 1998: 21; および宮本又郎など, 1995: 188. 参照。

87) Davenport-Hines and Jones, 1989: 233.

88) また, 関連分野のミシン産業について, 明治34 (1901) 年に, 米国のシンガー・ミシン会社 (Singer Sewing Machine Company) が, 完全な子会社を日本に設立している。Gordon, 2012: 30-56. 参照。

89) 大溪元千代, 1964: 243-6; 堀江保蔵, 1950: 165; および Davenport-Hines and Jones, 1989: 225-6. そして, 19世紀の末までには, 世界最大の繊維機械メーカーであるプラットブラザーズ (Platt Brothers) は, 三井物産を通じて, 日本の繊維産業と強く結びついている。Francks, 2015: 215-6. 参照。

90) 旭絹織株式会社は, 昭和4 (1929) 年に日本窒素肥料株式会社を中核とした日窒コンツェルンの傘下に入っている。

91) 日本窒素肥料株式会社は, 昭和31 (1956) 年に発生が確認された有機水銀中毒による水俣病の原因を作り出した企業として, 悪名が高いが, 現在はチッソ株式会社と称している。

92) 堀江保蔵, 1950: 164. 日本の繊維および織物産業史については, Schumpeter, 2000: 567-95; および Uyeda, 2000: 20-181. 参照。

93) 堀江保蔵, 1950: 120.

94) 堀江保蔵, 1950: 124-5.

95) 堀江保蔵, 1950: 121.

96) コンテ＝ヘルム, 2000: 304-5. 参照。

97) 残念ながら, 現時点でこれ以上のことをつかむことはできない。堀江保蔵, 1950: 122; および山内昌斗, 2010: 151-6. 参照。

98) 作道洋太郎, 1982: 192, 231, 364-5; および畠山秀樹, 1988: 261-2, 310-1.

99) 堀江保蔵, 1950: 164.

100) Mikami, 1980: 213; および Dunn, 1976: 165. 参照。

101) 作道洋太郎, 1982: 302-4; および堀江保蔵, 1950: 165.

102) バイスウェイ, 2005 を参照されたい。

103) 堀江保蔵, 1950: 126; および Schumpeter, 2000: 612. 参照。

104) 日本政府は, いわゆる「排外化」を進める過程において, 海外から輸入される製品およびサービスにかえて, 国産品およびサービスでできるだけ需要をまかなうことができるように政策的に努めていた。排外化については, Davenport-Hines and Jones, 1989: 217-29, とくに222. 参照。

第Ⅱ部

1 ）Fujiwara, 1989: 172.

2 ）Higashi and Lauter, 1990: 6.

3 ）Schaede and Grimes, 2003: 6-8.

4 ）Clammer, 2001: 31; Higashi and Lauter, 1990: 6.

5 ）グローバル化の定義は，一見シンプルな「単一市場としての世界の統合」から国際化，グローバリゼーション，および進展している「グローバル化」といった世界の多様な構成要素の複雑な議論へと展開することもある。Ferguson, 2002: 18. 参照。また，プライマー（入門書）として，Beck, 1997および Robertson, 1992を参照。

6 ）Adams and Hoshii, 1972: 256.

7 ）Mason, 1992: 263.

8 ）昭和55（1980）年に外為法および外資法を改正する決定は，世界の金融市場に日本政府の意図を示した。また，1990年代後半において，この法律の改正が日本の金融「ビッグバン改革」を生み出し，著しい外国資本の流入への重要な前提条件となったのである。Mason, 1992: 155-61.

9 ）早いものとして昭和34（1959）年 8 月に，米国大使ダグラス・マッカーサー 2 世（Douglas MacArthur II）は，日本政府に貿易および通貨の自由化の導入を促していた。驚くべきことに，この動きは日本経済の「強さや国際競争を生き残るために」日本経済団体連合会（経団連）からの臨時的な支援を受けていた。Fujiwara, 1989: 172.

10）Adams and Hoshii, 1972: 257-8.

11）Fallow, 1994: 59.

12）Ozaki, 1971: 1080.

13）Cleveland and Huertas, 1985: 218; Mason, 1992: 110.

14）昭和 7 （1932）年 1 月に，エレベーター関係の技術を得るため，三井物産株式会社が全体の40パーセントにあたる出資をし，そして，米国のオーチス・エレベーター会社（Otis Elevator Company）が60パーセントにあたる出資をすることによって日米合弁事業として東洋オーチス・エレベーター株式会社が設立された。堀江保蔵，1950: 165.

15）昭和 8 （1933）年に，米国のナショナル・キャッシュ・レジスター会社（National Cash Register Company - NCR）が全額を出資し，完全な子会社であるナショナル金銭登録機株式会社が設立されたが，2 年後の昭和10（1935）年には，日本金銭登録機株式会社と合併し，日本ナショナル金銭登録機株式会社と改称している。堀江保蔵，1950: 165.

16）昭和12（1937）年 6 月に，米国のワットソン・コンピューター・レコーディング・マシン会社（Watson Computing-Tabulating Recording Machine Company）が全額を出資し，完全な子会社である日本ワットソン統計会計機械株式会社として設立された。堀江保蔵，1950: 165-6.

17）深尾京司・天野倫文，2004: 97-100; Fallows, 1994: 59.

18) Morita, Reingold and Shimomura, 1986: 192-3.

19) Adams and Hoshii, 1972: 259. また，日本の洋楽レコード史について，歌崎和彦，2000など参照。

20) その頃から，他の合弁事業の事例もあった。たとえば，昭和47（1972）年に，日本サンホームと伊藤忠商事は，アメリカの大企業であるプロクターアンドギャンブルと提携し，大規模な市場において，消費財とヘルスケア製品とを販売するためにP&Gサンホーム（現在のP&G）を設立した。深尾京司・天野倫文，2004: 92-6. しかしながら，ジョーンズなどによると，昭和62（1987）年にいたるまでP&Gサンホームは利益をあげることができなかったのである。Jones, 2005, 197. 参照。

21) Hollerman, 1988: 1-49.

22) 秋山孝允，秋山スザンヌ，湊直信，2003: 115.

23) Adams and Hoshii, 1972: 480.

24) 「日本が世界銀行からの貸出を受けた31プロジェクト」『世界銀行』[worldbank. or.jp/31project]（2018年8月31日閲覧）。

25) 秋山孝允，秋山スザンヌ，湊直信，2003: 116.

26) 昭和22（1947）年1月に設立された復興金融金庫は，昭和26（1951）年4月20日に施行された「日本開発銀行法（第108号）」にもとづき，「日本開発銀行」と改称され，復興金融金庫の貸付金や債権を承継していた。そして昭和31（1956）年6月に設立された北海道開発公庫（翌年，北海道東北開発公庫と改称された）は，平成11（1999）年6月11日に公布され，同日施行された「日本政策投資銀行法（第73号）」にもとづき日本開発銀行と合併し，同年10月1日に日本開発銀行と北海道東北開発公庫の一切の権利業務を承継する新たな日本政策投資銀行が設立された。その後，日本政策投資銀行は，平成19（2007）年6月13日に公布された「株式会社日本政策投資銀行法（第85号）」によって，「完全民営化の実現に向けて経営の自主性を確保」するために一時的に「特殊法人」として営業を継続し，さらに翌年10月1日に新たな「株式会社」となったのである。「会社概要・沿革」『日本政策投資銀行』[www.dbj.jp]（2018年8月31日閲覧）。

27) 「日本が世界銀行からの貸出を受けた31プロジェクト」『世界銀行』[worldbank. or.jp/31project]（2018年8月31日閲覧）。

28) 秋山孝允，秋山スザンヌ，湊直信，2003: 115-23.

29) 通商産業省（MITI）は，平成13（2001）年1月の中央省庁再編によって，経済産業省（METI）に名称変更された（以下の「国際化対グローバル化：ビッグバン改革後の概念化」参照）。

30) Francks, 2015: 222-3. 参照。

31) Adams and Hoshii, 1972: 258.

32) Adams and Hoshii, 1972: 259. また，Moritz and Seaman, 1981: 173-84. 参照。

33) たとえば，日本を離れる（出国する）外国人は，日本に持参した外貨の限度を超えない量の円と為替をするサービスを受けることが許された。また，1930年代初頭以来初めて，昭和39（1964）年4月から，一般の日本国民が「娯楽や観光のために」海外旅行をすることを許された。日本が，OECDのメンバーシップを求め

て資本主義国家として，それまで有していた共産圏の国々と共通する制度的特性を撤廃したことは興味深いことである。Adams and Hoshii, 1972: 250.

34) 当時の代表的な米国の新聞の見出しは，「経済的な衝突が倍増しながら日本と米国の関係は緊張状態に直面している（U.S. Ties With Japan Face Growing Strain as Economic Conflicts Multiply）」であろう。New York Times, 8/10/68. 参照。

35) Adams and Hoshii, 1972: 245

36) そこには，三菱重工とクライスラーとの関係については恐らく通商産業省の暗黙の了解を得ていたという憶測につながるものがあった。両社は，装甲兵員輸送車，戦車およびその他の軍用車両の製造業者であり，ベトナム戦争への備えとして，朝鮮戦争中に起こった日米自動車産業の協力事例のように，両社が共通の製造プラットフォームを開発するための検討がなされていたと推測できる。しかし，クライスラーと三菱重工の交渉経過の詳細はいまだ不明であり，これ以上のことを述べることはできない。

37) *New York Times*, 12/6/71; および Moritz and Seaman, 1981: 116. 参照。

38) 昭和2（1927）年以来「東洋工業株式会社」が正式社名であったが，昭和59（1984）年にブランド名に合わせて「マツダ株式会社」に改称した。英語表記の「MAZDA」は，昭和50（1975）年から，そしてコーポレートマークの「M」を模ったエンブレム（通称フライング・M）は，平成9（1997）年から使用されている。現在の社名は，事実上の創業者である松田重次郎の苗字ではなく，ゾロアスター教の光の神アフラ・マズダ（Ahura Mazdā）にもとづくものであり，「自動車産業の光明となることを願ってつけられたことに由来する」わけである。マツダ株式会社「Mazda Sustainability Report 2015」『Mazda』［www2.mazda.com］（2018年8月31日閲覧）。なお，平成27（2015）年10月には，フォードとマツダはそれまでの36年間の資本提携を解消した。*Japan Times*, 16/11/15: 2.

39) Adams and Hoshii, 1972: 258.

40) JBHI, 1976: 162.

41) Adams and Hoshii, 1972: 478.

42) 日本国内に外国銀行が61行も参入しているということは，いくつかのウェブサイトの示す数字より高いと考えられる。平成20（2008）年に参入している外国銀行の数は，44行から48行までに変動している。ここでは，全国銀行協会のウェブサイトの数字を採用している。「List of Members」『全国銀行協会』［www.zengin-kyo.or.jp］（2012年12月23日閲覧）。

43) 平成19（2007）年7月の時点で，シティバンク N.A. は「シティバンク銀行」と呼ばれる新しい完全子会社を再編成し，「今後数年間で」リテール事業の支店を倍増する計画を発表した。翌年「シティバンク銀行」は，全国で31支店を，そのうち関東地方に21支店を開設していた。*Japan Times*, 3/7/07: 10. 参照。シティバンク銀行は，最終的に全国で24支店と5ミニ支店を運用しているが，平成27（2015）年11月1日から，銀行の事業（リテール・バンキングを除く）を三井住友信託銀行（SMTB）に移動させた。「シティバンク銀行の店舗」『シティバンク銀行』［www.citibank.co.jp］（2015年11月15日閲覧）。香港上海銀行（HSBC）は，平成20（2008）年に日本でのプレゼンス（存在感）を劇的に高めるために7

支店の開設を計画し，その後，35まで支店を開設することを計画していたが，平成20（2008）年 9 月の「グローバル・ファイナンシャル・クライシス（Global Financial Crisis - GFC）」ののち，その計画を棚上げにしたようである。*Japan Times*, 13/12/07: 9; 1/2/08: 9.

44) JBHI, 1976: 163.

45) 金融調査研究会，1955: 264; Fletcher, 1999: 251-84; Schalow, 1989; Schiffer, 1962; Tamaki, 1995; Yukio, 1999: 109-17.

46) 「List of Members」『全国銀行協会』［www.zenginkyo.or.jp］（2012年12月23日閲覧）。

47) 三和銀行行史編纂室，1974. 参照。

48) 「ニュースリリース」『三菱東京 UFJ 銀行』［bk.mufg.jp］（2018年 3 月30日閲覧）。

49) 日本の金融市場の改革に関する要求は，昭和60（1985）年からの日米間の為替レートと円の「国際化」についての議論にさかのぼる。Grimes, 2003: 50; Higashi and Lauter, 1990: 231.

50) 皮肉なことに，ロンドン金融市場の「ビッグ・バン」に関して，現在ではそれが失敗であったということが少なからず判明している。Kindleberger, 1993: 447. 参照。

51) これらの改革は，昭和21（1946）年から平成 9 （1997）年の北海道拓殖銀行の破綻にいたるまでの50年間における商業（市中）銀行の破産を抑制していた「護送船団方式」の虚妄性を示すことになった。それは，すなわち「銀行は潰れない」という神話や作り話の終焉を意味するものでもあった。Rose and Ito, 2005: 150-3. 参照。

52) Horiuchi, 2000: 234-8.

53) Grosse, 2000: 25-7.

54) 厳密にいえば，平成 9 （1997）年11月17日には，北海道拓殖銀行が完全に「デフォルト（債務不履行）」に近づいたとして，「操作を中断した」というのが真実といえる。Cargill, Hutchison and Ito, 2000: 25.

55) *Japan Times*, 29/9/07: 3; 2/10/07: 1, 9.

56) *Japan Times*, 21/11/07: 8; 13/2/08: 12; 20/2/08: 2.

57) 金融監督庁は，平成12（2000）年 7 月 1 日から金融庁（FSA）に改組されていた。「ニュースリリース」『金融庁』［www.fsa.go.jp］（2015年10月23日閲覧）。

58) *Japan Times*, 5/11/07: 13; 21/11/07: 1, 8; 5/3/08: 8.

59) 「ニュースリリース」『みずほ銀行』［www.mizuhobank.co.jp］（2015年 9 月30日閲覧）。

60) 昭和49（1974）年10月に設立されたアフラック社は，日本で大きなビジネスを集めるための最初の外国保険会社の 1 つである。チューリッヒ社（とその他の保険会社）は，その後に到来した。「会社概要」『アフラック』［www.aflac.com］（2018年 8 月31日閲覧）と「会社概要」『チューリッヒ』［www.zurich.co.jp］（2018年 8 月31日閲覧）参照。

61) Paprzycki and Fukao, 2008: 163-71; Rose and Ito, 2005: 153-5.

62) *Japan Times*, 14/12/07: 9. また，新聞のウェブサイト，［www.financialexpress.

第Ⅱ部　137

com〕なども参照。

63) 平成11（1999）年 5 月22日に国有化された幸福銀行は，W. L. ロス（Ross）といくつかの有力なアメリカの年金基金を設立していた日本インベストメント・パートナーズ（Nippon Investment Partners）から24億円の投資を受け取った。そのような資金増強の直後，平成16（2004）年 2 月 1 日に関西銀行は，いわゆる「特別目的事業体」である日本インベストメント・パートナーズの保有株の80パーセントを買収し，存続銀行として関西さわやか銀行を吸収合併し，株式会社関西アーバン銀行となっている。「1069040587.pdf」『在日米国商工会議所』〔www.accj.or.jp/doclib/fdi〕（2010年 3 月23日閲覧）。

64) 国有化された足利銀行は興味深い事例である。外国資本が栃木県を代表する地方銀行を経営することを恐れ，金融庁が外国からの入札の拒絶反応の背後に存在したことが報告されている。*Japan Times*, 18/11/07: 2; 22/11/07: 8; 23/11/07: 9. 参照。また，平成19（2007）年10月，りそな銀行と埼玉りそな銀行の持株会社りそなホールディングスは，第一生命との提携前に，やむ得ずに非日系（つまり外国系）の金融機関への株式の割当てを「検討中」と広範囲に報告されていた。*Japan Times*, 18/6/07: 2a.

65) 「Nissan Renault form $5.1 billion alliance」『DieselNet』〔www.dieselnet.com〕（2010年 3 月23日閲覧）。

66) 「Renault buys into Nissan（29/3/99）」『BBC』〔www.bbc.co.uk〕（2010年 3 月23日閲覧）。

67) 「The Adventure Begins」『The Alliance Renault Nissan』〔blog.alliance-renault-nissan.com〕（2015年10月 5 日閲覧）。

68) Paprzycki and Fukao, 2008: 140–3.

69) Nancy DuVergne Smith「Nissan-Renault alliance faces down a few challenges」『MIT』〔www.web.mit.edu〕（2010年 3 月23日閲覧）参照。

70) 多田和美，2014: 71–110, 165–247; および「企業情報」『コカ・コーラ株式会社』〔www.cocacola.co.jp〕（2018年 8 月31日閲覧）参照。

71) *Japan Times*, 9/12/07: 1.

72) *Japan Times*, 7/6/07: 10.

73) *Japan Times*, 11/12/07: 10.

74) マイクロソフトなどの営業詳細について，各社のウェブサイトを参照。

75) *Japan Times*, 4/3/08: 12.

76) *Japan Times*, 23/10/07: 1, 9; 6/12/07: 9; Toussaint, 2011: 11–36.

77) *Japan Times*, 26/4/07: 10.

78) 平成12（2000）年の前半期における日本への直接投資（FDI）は，国内総生産（GDP）の約 2 パーセントであった。その当時，海外からアメリカ合衆国への直接投資は国内総生産（GDP）の22パーセントであり，英国への38パーセントと比べることによって，日本政府は，平成22（2010）年までに直接投資の「 2 倍の増加」流入が望ましいと発表した。*Japan Times*, 27/4/07: 8a. 参照。

79) 郵便貯金制度，また資金運用部や財政投融資に関しては，Cargill and Yoshino, 2000: 201–30および Ishi, 1986: 88. 参照。

138　注

80) *Japan Times*, 17/10/07: 1, 9.

81) Michiya Nakamoto「TCI drops efforts to raise stake in Jpower（15/7/2008）」
　『Financial Times』［www.ft.com］（2015年10月8日閲覧）参照。

82) *Japan Times*, 6/4/08: 1-2.

83) 以前の研究も，直接投資統計の実態と政府機関のレトリックの間の断絶を指摘し
　ている。たとえば，Lawrence, 1993: 85-100. 参照。

84) *Japan Times*, 18/6/07: 2.

85) *Japan Times*, 4/10/07: 9.

86) 買収金額の詳細は不明であるが，それは間違いなく数千億円にのぼる重要な取引
　であると考えられる。*Japan Times*, 11/5/07: 8a. 参照。

87) *Japan Times*, 11/5/07: 8a.

88) *Japan Times*, 11/5/07: 8; 14/12/07: 9; 5/2/08: 9; 1/4/08: 2.

89) *Japan Times*, 21/7/07: 8.

90) リーマン・ショックおよびグローバル・ファイナンシャル・クライシスの金融的
　な困難のなかで，シティグループとシティバンク銀行は買収したばかりの日興
　コーティアルを再売却することを余儀なくされた。「Citigroup backflips to put
　Nikko Cordial on sale（20/1/09）」『Wall Street Journal』［www.online.wsj.
　com］（2010年3月10日閲覧）。そして日興コーティアル（現在のSMBC日興証券
　株式会社）だけではなく，平成17（2015）年11月1日に，シティバンク銀行の事
　業（リテール・バンキングを除く）が三井住友信託銀行（SMTB）に移動したの
　である。「ニュースリリース」『シティバンク銀行』［www.citibank.co.jp］（2015
　年11月15日閲覧）。

91) *Japan Times*, 27/4/07: 8; 28/4/07: 1, 9; 3/10/07: 9; 20/12/07: 9; 30/1/08: 8;
　13/2/08: 12; 12/3/08: 8.

92) *Japan Times*, 6/7/07: 9; 21/7/07: 8b.

93) *Japan Times*, 11/5/07: 3.

94) *Japan Times*, 26/6/07: 2.

95) *Japan Times*, 21/7/07: 8.

96) *Japan Times*, 27/4/07: 8a; 21/7/07: 8b.

97) *Japan Times*, 6/7/07: 9a; 12/7/07: 1, 10; 9/11/07: 9; 30/1/08: 8a; 5/2/08: 9a.

98) *Japan Times*, 12/3/08: 8a.

99) 平成20（2008）年9月のリーマン・ショックにいたるまで，日本における企業の
　合併および買収（M & A）は指数的に急増していた。たとえば，平成18（2006）
　年には，日本経済は前例のない2,775のM & A案件を記録していたのである。
　Japan Times, 27/4/07: 8a.

100) 不動産投資ファンドというダヴィンチ・ホールディングス（K.K. daVinci Hold-
　ings）は，敵対的な株式買収によって，不動産開発業の株式会社テーオーシー
　（TOC Co., Ltd.）の所有権を乗っ取ったのである。*Japan Times*, 21/7/07: 8a.

101) 日本の投資会社であるケン・コーポレーション（Ken Corporation）は，リーマ
　ン・ブラザーズ日本（Lehman Brothers Japan）の不可欠な「助け」を通じて，
　中古車ディーラーであるソリッド・グループホールディングス（Solid Group

第Ⅲ部　139

Holdings）の所有権を乗っ取ったのである。*Japan Times*, 14/12/07: 9.

102) いわゆる「三角合併（triangular merger）」とは，「親会社の子会社が別の企業を吸収合併する際，親会社の株式を被買収会社に交付する合併手法」と定義している。要するに，日本における外資系の企業が「買収の資金を供給するために現金を使用せずに，全部またはターゲットの株式の部分を親会社が発行した新株式と交換することにより，日本企業の買収権を達成する子会社を可能にする」ことである。*Japan Times*, 14/5/07: 1.

103) *Japan Times*, 14/5/07: 1.

104) *Japan Times*, 3/10/07: 9; 20/12/07: 9; 30/1/08: 8.

105) Metzler, 2008: 665.

106) 「制度的剛性と消極的変化」の引用は，J.A. Amyx, *Japan's Financial Crisis: Institutional Rigidity and Reluctant Change*, 2004年のモノグラフのタイトルに由来している。

107) Jackson, 2003: 303-5. 参照。数多くの海外学者たちは，日本の政治家たちのビジョンが足りないことを主張しているが，いずれにせよ日本政府は，まるで計画も政策もなく「どうやらこうやらその場その場を切り抜ける方法」を通じて，債務デフレの危機により引き起こされうる政治経済的な大恐慌の勃発を防いだといえるだろう。Metzler, 2008: 664-6. 参照。

108) 「業務内容」『預金保険機構』［www.dic.go.jp］（2015年10月23日閲覧）参照。

109) 金融監督庁は，平成12（2000）年7月1日から金融庁（FSA）に改組されている。「ニュースリリース」『金融庁』［www.fsa.go.jp］（2015年10月23日閲覧）。

110) Cargill, Hutchison and Ito, 2000: 51-62, 75, 96-101; Metzler, 2008: 661.

111) Metzler, 2008: 662-3.

112) それにもかかわらず，この研究に関しては，自己満足のための余地はない。実際，メッツラーが明らかにしたように，日本政府が銀行の「救済」や民営化プログラムの詳細について，または平成11（1999）年2月からの「ゼロ金利政策（Zero Interest Rate Policy - ZIRP）」という通貨改革が引き起こした国内および海外的な影響などの課題については，数多くの不明点が残っている。Metzler, 2008: 664-6.

113) Davenport-Hines and Jones, 1989: 217-29.

114) ここで認めておかなければならないことは，1960年代における印象的な（高度）経済成長を達成するまで，外国人投資家および投資ファンドにとって，日本は「魅力的な市場」としては考えられていなかったことである。Ozaki, 1971: 1071.

115) ある意味で現在の日本における外資系の企業について，唯一の本格的なグローバル化された産業は「自動車産業と金融業のみである」という見方が強化されている。Schaede and Grimes, 2003: 252.

第Ⅲ部

1) 「特殊会社」『ウィキペディア』［https://ja.wikipedia.org/wiki/特殊会社］（2018年8月31日閲覧）。

2) 満洲興業銀行, 1941: i. 実に，満洲興業銀行の定義原文は「一，特殊会社法（勅

命）ニヨリ設立サレタルモノ　二，条約ニヨリ設立サレタルモノ」であり，準特
殊会社の定義をも提供している。

3）「特殊会社」『ウィキペディア』［https: //ja.wikipedia.org/wiki/ 特殊会社］（2018
年 8 月31日閲覧）。

4）菊池主計，1939: 1.

5）菊池主計，1939: 5.

6）「特殊会社」『ウィキペディア』［https: //ja.wikipedia.org/wiki/ 特殊会社］（2018
年 8 月31日閲覧）。

7）台湾銀行，1939: 25-7.

8）朝鮮銀行，1934: 204-8.

9）山崎定雄，1943: 22-6.

10）Shinjo, 1962: 39-40; Soyeda, 1994: 453.

11）Soyeda, 1994: 463.

12）Pressnell, 1973: 10.

13）昭和17（1942）年 2 月19日に公布した「南方開発金庫法（第23号）」の，とくに
第二章の第六條および第七條を参照。

14）Colegrove, 1932: 837-8. または黒田久太，1966: 201-64. 参照。

15）Baster, 1977: 36.

16）Adams and Hoshii, 1972: 468.

17）松方正義，1907［1970］: 249-50, および渋沢栄一，1907［1970］: 635-9. 参照。

18）渋沢栄一，1907［1970］: 663, および Shibusawa, 1970: 527.

19）渋沢栄一，1907［1970］: 665, および Shibusawa, 1970: 528.

20）植民地銀行である台湾銀行と朝鮮銀行，朝鮮殖産銀行などに付与された特権は，
北海道拓殖銀行に与えられたものと類似している。渋沢栄一，1907［1970］: 664,
および Shibusawa, 1970: 528. しかし，植民地において，国策会社が設立された時
期や状況が，とくに中央銀行としての朝鮮銀行の場合には，その特権に影響を及
ぼしている。Li, 2003: 143-5. 参照。

21）渋沢栄一，1907［1970］: 666, および Shibusawa, 1970: 529.

22）明治41（1908）年 8 月27日に公布された「東洋拓殖株式会社法（第63号）」，とく
に第四章の第十三條および第二十二條を参照。

23）たとえば，特殊銀行の資金調達に関して，ティプトンによると「... 政府は，総額
の10分の 1 未満を与え，残りの部分は銀行の蓄積した預金および債券の発行から
生まれたものである」と主張している。Tipton 1981: 146. 参照。

24）Matsuo, 1936: 108.

25）いわゆる「普通銀行」には頭取，副頭取，取締役の役員が存在していたが，特殊
銀行には総裁（ガバナー），副総裁，それと一般的に小規模の審議委員会の委員
が設置されていたことは，注目すべきことである。

26）土方晋，1980: 94. ところで，終戦後でも，東京銀行の頭取職は「日銀総裁への登
竜門であった」といわれていたことも忘れてはならない。

27）Baster, 1977: 3 .

28）日本銀行の「窓口指導」は，よく知られているが，あまり議論されていない「行

政指導」の1つの形式である。興味深いことに，国立国会図書館には「行政指
導」に関連する日本語表題がある文献が1,097件存在しているが，「窓口指導」に
関連する日本語表題がある文献は54件にすぎない。「国立国会図書館書館サーチ」
『国立国会図書館』〔http://iss.ndl.go.jp〕（2018年8月28日閲覧）を参照。上記の
文献の解釈は，塩田潮，1993および山内一夫，1977などの入門書にみることがで
きるが，自由貿易や自由主義的な「行政指導をやめよう」と要求する文献は比較
的少ない。それらの反行政指導の無干渉主義的な要求は，バブル経済の絶頂にお
いて最も明白であったが，その後の不良債権問題においてその要求が急速に沈静
化したことに留意する必要がある。

29) Ranis, 1959: 451-2.

30) 国家との特別な関係（すなわち，密接な政治的な提携）を持つ「政商」の存在
も，国家の民間部門への資金援助の別の事例である。Horie, 1965: 202-3. 参照。

31) 大蔵省の行政指導が銀行にどれだけの影響力を有しているかは，いかにも誇らし
げな三井銀行が，平成2（1990）年4月1日に太陽神戸銀行と合併したさい，と
もかくも「さくら銀行」への社名変更という行政要請に同意し，日本の金融界か
ら「三井」の名前が一旦消去されたところにみることができる。Murphy, 1996:
104. 参照。

32) Ranis, 1959: 451.

33) ロックウッドの考慮に値する分析によると，日本経済において「政府の手は，限
られた法的な権限があったにもかかわらず，どこにいても証拠がある。省庁は，
相談，助言，説得，脅威の驚異的な量を占めている。通商産業省の産業部は企業
の各部門に目標と計画を急増し，官僚たちは協議し，官僚たちは修理しようとす
る，官僚たちは熱心に勧める。これは，ワシントンとロンドンでは想像もつかな
い程度の「警戒の経済」である」と主張している。Lockwood, 1965: 503. 参照。

34) バイスウェイ，2005: 245. 参照。

35) 特殊銀行および金融機関の研究について，各会社のジャーナル，社史，新聞，
ウェブサイトから取得した。さらなる参考文献については，本書の目録を参照し
て頂きたい。

36) バイスウェイ，2005: 103-62. 参照。

37) あたかも港町であるオスティア正金銀行が突然に首都のローマ帝国銀行になった
か，あるいはニューヨーク銀行が突然にワシントン銀行になったかのように，象
徴的な社名変更が喚起されていたのである。

38) 「Bank History」『Bank of Taiwan』〔www.bot.com.tw〕（2018年10月18日閲覧）
および「日貿信グループについて」『日貿信』〔www.nichiboshin.co.jp〕（2018年
10月18日閲覧）参照。

39) バイスウェイ，2005: 106-7, 138, 148-62. 参照。

40) 多田井喜生，1997; および2002. 参照。

41) 「商工中金について」『商工中金』〔www.shokochukin.co.jp〕（2018年9月30日閲
覧）参照。

42) Metzler, 2013: 15-7. 参照。

43) 逓信省貯金局，1935: 1-4. また，齋藤壽彦・植田欣次・迎由理男，2005（第37巻）

142 注

を参照されたい。

44) 明治42（1909）年5月から昭和14（1939）年にかけて，大蔵省預金部は，貸付金および債券の発行の形で次の特殊銀行に融通を提供することとした。その銀行は，北海道拓殖銀行，府県農工銀行，産業組合中央金庫，朝鮮殖産銀行（そして朝鮮金融組合連合会）である。また，帝国政府と最も親密な関係を保った朝鮮銀行，台湾銀行，横浜正金銀行は，貸付金のみの形で，その後の商工組合中央金庫，庶民金庫，恩給金庫は，債券の発行を通じて，特別な便宜を与えられたのである。なお，同時期における特殊銀行，特殊会社の「事業資金」について，大蔵省預金部は，東洋拓殖に貸付金および債券の発行の両形で，日本製鐵に債券の発行のために融通するサービスを提供した。また，大蔵省預金部は，「政府保證興業債券買入又は引受資金の融通」を通じて，次の特殊会社への投資政策を行なった。その会社は，東北興業株式会社，帝国燃料興業，台湾拓殖，日本発送電，帝国鉱業開発，国際電気通信，東亞海運，鮮満拓殖である。大蔵省理財局資金課，1941: 330-472.

45) なお，大正14（1925）年に正式に設立されたさい，大蔵省預金部は，帝国において多数の特殊銀行および特殊会社が蓄積した負債を取得したのである。たとえば，江西南［清溥尋］鐵道借款（日本興業銀行経由分），支那有線電信借款（日本興業銀行経由分），東亜興業株式会社対支投資資金および同社株引受資金（日本興業銀行経由分），交通銀行借款（日本興業銀行・朝鮮銀行・台湾銀行経由分），吉長鐵道借款（南満洲鐵道株式会社経由分），天圖軽便鐵道借款（南満洲鐵道株式会社経由分）の事例もある。また，満洲拓殖公社社債，北支開発債券，中支振興債券，満洲重工業開発債券などの「政府保證債券の引受或は購入が相次で決定實施せられるに至った」ことは注目すべきである。大蔵省理財局資金課，1941: 473-80. また，齋藤壽彦・植田欣次・迎由理男，2005（第36巻）を参照されたい。

46) 石濱知行，1937: 337-85, とくにp.385での「…満洲，朝鮮に於ける農業及び主要な産業の殆どすべてを支配しつつあるのだ。特殊金融機関としての東拓及満鐵の役割は實にこの大陸政策的金融にあるのだ」とあることを考慮すべきである。

47) 満州関係の特殊会社および準特殊会社のなかには，有力かつ重要な大企業もあり，たとえば満洲電信電話，満洲重工業開発，昭和製鋼所，満洲映画協会，満洲航空の特殊会社がそれであり，さらに大興公司，本渓湖煤鉱公司，大安汽船，東亜鉱山，満洲火災海上保険などの準特殊会社もある。

48) さらに「特殊会社」や「国策会社」と呼ばれた民間会社もある。北樺太石油株式会社，鴨緑江採木公司，日魯漁業株式会社などがそれらの事例である。

49) 大蔵省編纂，1937: 397-412.

50) バイスウェイ，2005: 146-62. 参照。

51) 石濱知行，1937: 337-85.

52) 特殊会社の研究については，各会社のジャーナル，社史，新聞，ウェブサイトから取得した。さらなる参考文献については，本書の目録を参照して頂きたい。

53) 東洋拓殖株式会社は，もともと「東洋協会」によって設立が計画されたが，それはさまざまな拓殖活動を支援しながら，圧力団体として機能することにあったと

第Ⅲ部　143

みられている。Duus, 1995: 301-14. 参照。

54) なお，東洋拓殖株式会社がニューヨーク金融市場において「米貨社債」を発行するという決定は，さまざまな金融的，外交的な要因にもとづくものであった。なぜなら，日本の東アジアにおける経済的な行動は，英国との間できわどい鍔迫り合いを演ずるものであったから，それまで日英間においてみられた金融的な協調がなお続いているこの時点で，東拓がニューヨーク金融市場を利用したことは，「米貨社債」という形での新たな外資導入にいたる道筋を開いたといわれた。それと同様に，帝国政府は，中国北東部での地位の国際的認知を確保しようとして，南満州鉄道株式会社を投資旗艦として提示していたが，アメリカ合衆国の鉄道王ハリマン（E.H. Harriman）に支持された抗議行動にはほとんど考慮を払わなかった。それゆえに，南満州鉄道株式会社が社債を海外起債することは，必然的に「英貨社債」の形であったからである。バイスウェイ，2005: 146-62; およびBytheway and Metzler, 2016: 20-1. 参照。

55) 橘川武郎，1995: 106-7; およびバイスウェイ，2005: 146-62. 参照。

56) 柴田善雅，2015: 403-5.

57) 「会社概要」『日本通運』［www.nittsu.co.jp］（2018年10月21日閲覧）参照。

58) バイスウェイ，2005: 146-62. 参照。

59) 「産金復興の国策に順応　金増産計画著々進捗：日本産金振興の活躍（1939.8.24）」『読売新聞』［神戸大学経済経営研究所　新聞記事文庫　金・銀（15-044）］（2018年8月26日閲覧）。

60) 柴田善雅，2001: 49, そして15-49; および大蔵省理財局資金課，1941: 473-80. 参照。

61) 高綱博文，2017: 207-214および大蔵省理財局資金課，1941: 473-80. 参照。

62) 帝国鉱業開発株式会社，1970: 290-315, および「宮田又鉱山⑥ － 開発の歴史(3) 新鉱業開発発足から閉山まで」『T and T Room-mines』［tandtroom.blogspot.com］（2018年8月26日閲覧）。

63) 現在も，国際航業株式会社として営業を行なっている。「沿革」『国際航業株式会社』［www.kkc.co.jp］（2018年10月31日閲覧）参照。

64) 柴田善雅，2015: 262, 584-8. 参照。

65) 柴田善雅，2010: 63-92.

66) 「沿革」『国際石油開発帝石株式会社』［www.inpex.co.jp］（2018年10月22日閲覧）参照。

67) Matsuo, 1936: 108.

68) Bytheway and Schiltz, 2009: 59-79. 参照。

69) Crawcour, 1963: 625-6.

70) Norman, 1975: 221-42. 参照。

71) Matsuo, 1936: 105-10. 特殊会社のような「国家による何らかの制御」の対象となっていた企業もいくつか存在していたと考えられる。たとえば，「公との結びつきが強い」朝鮮鉄道株式会社，帝国海軍が組織させた北樺太石油株式会社，本来的に日清合弁事業であった鴨緑江採木公司，北洋漁業の操業権を獲得した日魯漁業株式会社などがそれである。しかし，それぞれの特殊会社としての創立法が確認できないために，やむを得ず当面研究対応が不適切であると判断しなくては

144 注

ならないし，それゆえに今後の追加的な研究が必要とされる。

72) Aoki, Patrick and Sheard, 1994: 43-4.

73) Sylla, 2002: 291. 参照。

74) 科学の正確な測定や計算と対照的に，仕事の生産における技能と創造的な想像力を意識したものとしての「芸術」（とそれの同情的な理解）が重要な役割を果たすのである。

参考文献および URL 目録

基本史料

英語文献（新聞など）

"U.S. Ties With Japan Face Growing Strain as Economic Conflicts Multiply", *New York Times*, (8 October 1968).

"Japan Backs Chrysler Link", *New York Times*, (12 June 1971).

"Tesco opens first supermarket in Japan", *Japan Times*, (26 April 2007), p.10.

"Citigroup bid for Nikko opposed", *Japan Times*, (27 April 2007), p.8.

"Japan finally warms to vulture culture", *Japan Times*, (27 April 2007), p.8a.

"Citigroup bags Nikko Cordial for ¥920 billion", *Japan Times*, (28 April 2007), pp.1, 9.

"Advantage Partners may get Tokyo Star Bank", *Japan Times*, (11 May 2007), p.8.

"Franco-Belgian bank looking for struggling cities", *Japan Times*, (11 May 2007), p.3.

"GE takes over Sanyo Electric Credit", *Japan Time*s, (11 May 2007), p.8a.

"Bush asked Abe to explain triangular mergers", *Japan Times*, (14 May 2007), p.1.

"Burger King stages return under new management realities", *Japan Times*, (7 June 2007), p.10.

"ANA to sell 13 domestic hotels to Morgan Stanley", *Japan Times*, (18 June 2007), p.2.

"Resona, Dai-ichi Mutual close to major tieup deal", *Japan Times*, (18 June 2007), p.2a.

"Mizuho claims first tie-up between Japanese, Indian lenders", *Japan Times*, (26 June 2007), p.2.

"Citibank Japan opens with eyes on retirees", *Japan Times*, (3 July 2007), p.10.

"Aussie fund managers targeting Japan", *Japan Times*, (6 July 2007), p.9.

"Tenryu Saw latest target to elude Steel Partners", *Japan Times*, (6 July 2007), p.9a.

"Bull-Dog activates poison pill plan", *Japan Times*, (12 July 2007), pp.1, 10.

"Cadbury gets Sansei", *Japan Times*, (21 July 2007), p.8.

"DaVinci set to clinch first hostile takeover", *Japan Times*, (21 July 2007), p.8a.

"Expanding Japanese economy attracting fund managers", *Japan Times*, (21 July 2007), p.8b.

"All eyes on Japan Post as privatization begins", *Japan Times*, (29 September 2007), p.3.

"Wariness greets start of postal privatization: Private-sector concerns", *Japan*

146 参考文献および URL 目録

Times, (2 October 2007), pp.1, 9.

"Citigroup to complete Nikko Cordial acquisition", *Japan Times*, (3 October 2007), p.9.

"Goldman makes ¥200 billion bet on property boom here", *Japan Times*, (4 October 2007), p.9.

"Foreign investment in Japan negative in 2006", *Japan Times*, (17 October 2007), pp 1, 9.

"Wal-Mart set to pay ¥100 billion to take over ailing Seiyu", *Japan Times*, (23 October 2007), pp.1, 9.

"Aozora 'open' to takeover talks", *Japan Times*, (5 November 2007), p.13.

"Steel Partners woos Sapporo with new business proposals", *Japan Times*, (9 November 2007), p.9.

"Banks offer ¥310 billion for Ashikaga", *Japan Times*, (18 November 2007), p.2.

"Aozora, Sumitomo agree on broad tieup", *Japan Times*, (21 November 2007), pp.1, 8.

"¥202 billion offered for Shinsei stake", *Japan Times*, (21 November 2007), p.8.

"Auction for Ashikaga Bank reduced to field of two as foreign bids nixed", *Japan Times*, (22 November 2007), p.8.

"Two Ashikaga offers", *Japan Times*, (23 November 2007), p.9.

"Wal-Mart raises Seiyu stake to 95% to speed up retailer's turnaround", *Japan Times*, (6 December 2007), p.9.

"Mitsubishi takes over Kentucky Fried Chicken Japan for ¥14.83 billion", *Japan Times*, (9 December 2007), p.1.

"Tenacity, chance imported Krispy Kreme craze", *Japan Times*, (11 December 2007), p.10.

"HSBC to open seven branches in Japan, hire 270 people", *Japan Times*, (13 December 2007), p.9.

"Ken's hostile bid wins listed firm", *Japan Times*, (14 December 2007), p.9.

"Tokyo Star to get new owner", *Japan Times*, (14 December 2007), p.9a.

"Nikko wins OK for Citigroup linkup", *Japan Times*, (20 December 2007), p.9.

"Nikko Cordial now Citigroup subsidiary", *Japan Times*, (30 January 2008), p.8.

"Steel may seek Noritz management reshuffle", *Japan Times*, (30 January 2008), p.8a.

"HSBC opens two private banking outlets", *Japan Times*, (1 February 2008), p.9.

"Advantage to launch bid for Tokyo Star Bank", *Japan Times*, (5 February 2008), p.9.

"Sapporo to reject Steel's buyout", *Japan Times*, (5 February 2008), p.9a.

"Citibank, Nikko to integrate in May", *Japan Times*, (13 February 2008), p.12.

"Flowers back for a second bite of Shinsei Bank", *Japan Times*, (13 February 2008), p.12a.

"Ex-LTCB execs get another hearing", *Japan Times*, (20 February 2008), p.2.

"Carrefour, Wal-Mart battle for Chinese market share", *Japan Times*, (4 March

2008), p.12.

"Cerberus to raise stake in Aozora", *Japan Times*, (5 March 2008), p.8.

"Citigroup to realign in Japan over next two years", *Japan Times*, (12 March 2008), p.8.

"Goodwill to raise funds from foreign consortium", *Japan Times*, (12 March 2008), p.8a.

"Lone Star group firm allegedly hid ¥14 billion", *Japan Times*, (1 April 2008), p.2.

"British fund faces limit on its stake in J-Power", *Japan Times*, (6 April 2008), pp.1-2.

"Mazda-Ford tie-up ends after 36 years", *Japan Times*, (16 November 2015), p.2.

電子ジャーナルおよび URL 文献

日本語

「沿革」『国際石油開発帝石株式会社』［www.inpex.co.jp］（2018年10月22日閲覧）。

「沿革」『国際航業株式会社』［www.kkc.co.jp］（2018年10月31日閲覧）。

「会社概要」『アフラック』［www.aflac.com］（2018年8月31日閲覧）。

「会社沿革」『日本コロンビア』［columbia.jp］（2018年10月13日閲覧）。

「会社概要・沿革」『日本政策投資銀行』［www.dbj.jp］（2018年8月31日閲覧）。

「会社概要」『日本通運』［www.nittsu.co.jp］（2018年10月21日閲覧）。

「企業情報」『コカ・コーラ株式会社』［www.cocacola.jp］（2018年8月31日閲覧）。

「国立国会図書館書館サーチ」『国立国会図書館』［http://iss.ndl.go.jp］（2018年8月28日閲覧）。

「業務内容」『預金保険機構』［www.dic.go.jp］（2015年10月23日閲覧）。

「産金復興の国策に順応 金増産計画著々進捗：日本産金振興の活躍（1939.8.24）」『読売新聞』［神戸大学経済経営研究所 新聞記事文庫 金・銀（15-044）］（2018年8月26日閲覧）。

「シティバンク銀行の店舗」『シティバンク銀行』［www.citibank.co.jp］（2015年11月15日閲覧）。

「商工中金について」『商工中金』［www.shokochukin.co.jp］（2018年9月30日閲覧）。

「特殊会社」『ウィキペディア』［https://ja.wikipedia.org/wiki/ 特殊会社］（2018年8月31日閲覧）。

「会社概要」『チューリッヒ』［www.zurich.co.jp］（2018年8月31日閲覧）。

「日貿信グループについて」『日貿信』［www.nichiboshin.co.jp］（2018年10月18日閲覧）。

「ニュースリリース」『シティバンク銀行』［www.citibank.co.jp］（2015年11月15日閲覧）。

「ニュースリリース」『金融庁』［www.fsa.go.jp］（2015年10月23日閲覧）。

「ニュースリリース」『みずほ銀行』［www.mizuhobank.co.jp］（2015年9月30日閲覧）。

「ニュースリリース」『三菱東京 UFJ 銀行』［bk.mufg.jp］（2018年3月30日閲覧）。

「宮田又鉱山⑥ - 開発の歴史（3）新鉱業開発発足から閉山まで」『T and T Room-mines』［tandtroom.blogspot.com］（2018年8月26日閲覧）。

148　参考文献および URL 目録

「日本が世界銀行からの貸出を受けた31プロジェクト」『世界銀行』［worldbank.or.jp/
　31project］（2018年 8 月31日閲覧）。

英語

「Bank History」『Bank of Taiwan』［www.bot.com.tw］（2018年10月18日閲覧）。

「Citigroup backflips to put Nikko Cordial on sale（20/1/09）」『Wall Street Jour-
　nal』［www.online.wsj.com］（2010年 3 月10日閲覧）。

「List of Members」『全国銀行協会』［www.zenginkyo.or.jp］（2012年12月23日閲覧）。

「Mazda Sustainability Report 2015」『Mazda』［www2.mazda.com］（2015年10月20
　日閲覧）。

Michiya Nakamoto「TCI drops efforts to raise stake in Jpower（15/7/2008）」『Fi-
　nancial Times』［www.ft.com］（2015年10月 8 日閲覧）。

Nancy DuVergne Smith「Nissan-Renault alliance faces down a few challenges
　『MIT』［www.web.mit.edu］（2015年10月20日閲覧）。

「Nissan Renault form $5.1 billion alliance」『DieselNet』［www.dieselnet.com］（2015
　年10月20日閲覧）。

「Renault buys into Nissan（29/3/99）」『BBC』［www.bbc.co.uk］（2010年 3 月23日閲
　覧）。

「The Adventure Begins」『The Alliance Renault Nissan』［blog.alliance-renault-nis-
　san.com］（2015年10月 5 日閲覧）。

「1069040587.pdf」『在日米国商工会議所』［www.accj.or.jp/doclib/fdi］（2010年 3 月
　23日閲覧）。

「1958 Rikuo RT2: Harley Davidson's Japanese Connection」『Classic Bikes』［www.
　motorcyclemuseum.org］（2014年 4 月30日閲覧）。

参考文献

日本語文献

秋山孝允・秋山スザンヌ・湊直信『開発戦略と世界銀行：50年の歩みと展望』（知泉
　書館，2003）。

安藤良雄『近代日本経済史要覧』（東京大学出版会，1975）。

石井寛治「幕末開港と外国資本」石井寛治・関口尚志（編）『世界市場と幕府開港』
　（東京大学出版会，1982）pp.245-90.

石井寛治『近代日本とイギリス資本』（東京大学出版会，1984）。

伊藤正直『日本の対外金融と金融政策：1914～1936』（名古屋大学出版会，1989）。

伊牟田敏充「大正期銀行集中の一考察：川崎系銀行集団をめぐって」逆井孝仁・保志
　恂・門口尚志・石井寛治（編）『日本資本主義―展開と論理―』（東京大学出版
　会，1978）pp.153-71.

井上清『条約改正』（岩波新書，1955）。

石濱知行『特殊金融機関史論』（育生社，1937）。

鵜飼政志「幕末維新期条約改正史再考」『歴史評論』第589号（校倉書房，1999）pp.30-

参考文献　149

43.

歌崎和彦『証言―日本の洋楽レコード史（戦前編）』（音楽の友社，1998）。

歌崎和彦『証言―日本の洋楽レコード史（戦後編）』（音楽の友社，2000）。

宇田正『近代日本と鉄道史の展開』（日本経済評論社，1995）。

宇田川勝・中村青志（編）『マテリアル：日本経営史―江戸期から現在まで―』（有斐閣，1999）。

大石嘉一郎・宮本憲一（編）『日本資本主義発達史の基礎知識』（有斐閣，1975）。

小川郷太郎『預金部論』（改造社，1935）。

大蔵省理財局資金課（編）『大蔵省預金部史―草創時代ヨリ昭和十六年ニ至ルー―〔1925-1941〕』（大蔵省預金部，1941）。

大蔵省金融制度調査会（編）『金融機関発達史～大蔵省金融制度調査会報告第三編』（板垣書店，1949）。

大蔵省編纂（編）『明治大正財政史』第十二巻（財政経済学会，1937）。

大溪元千代『たばこ王・村井吉兵衛―たばこ民営の実態―』（世界文庫，1964）。

楫西光速『続日本資本主義発達史』（有斐閣，1957）。

楫西光速（編）『日本経済史大系 5』近代上（東京大学出版会，1965）。

楫西光速（編）『日本経済史大系 6』近代下（東京大学出版会，1965）。

楫西光速『日本資本主義発達史』補訂版（有斐閣，1969）。

樺太庁『樺太要覧（昭和17年）』（樺太庁，1943）。

河合和男・金早雪・羽鳥敬彦・松永達『国策会社・東拓の研究』（不二出版，2000）。

川勝平太『日本文明と近代西洋』（NHK ブックス，1991）。

鐘紡株式会社社史編纂室（編）『鐘紡百年史』（鐘紡株式会社社，1988）。

菊池主計『満洲重要産業の構成』（東洋経済出版部，1939）。

橘川武郎『日本電力業の発展と松永安左エ門』（名古屋大学出版会，1995）。

麒麟麦酒株式会社（編）『麒麟麦酒株式会社五十年史』（麒麟麦酒株式会社，1957）。

金融調査研究会（編）『金融機関綜覧』（新聞合同通信社，1955）。

久保田明光『農村金融に対する特殊銀行の特殊施設』（農業金融研究，1940）。

黒田久太『天皇家の財産』（三一書房，1966）。

小林正彬「近代産業の形成と官業払下げ」楫西光速（編）『日本経済史大系 5』近代上（東京大学出版会，1965）。

マリー・コンテ＝ヘルム「戦後の日英投資関係」ジャネット・ハンター・杉山伸也（編）『日英交流史1600-2000』〔経済〕IV 巻（東京大学出版会，2001）pp.303-32.

齋藤壽彦・植田欣次・迎由理男（編）『近代日本金融史文献資料集成』〔第 V 期 特殊金融機関編〕第28巻～第37巻（日本図書センター，2005）。

齋藤仁『旧北海道拓殖銀行論』（日本経済評論社，1999）。

佐々木淳（編）『明解企業史研究資料集―旧外地企業編』〔第 V 期 特殊金融機関編〕第 I 巻～第 IV 巻（日本図書センター，2005）。

佐々木隆生『国際資本移動の政治経済学』（藤原書店，1994）。

作道洋太郎『住友財閥』（日本経済新聞社，1982）。

沢田章『明治財政の基礎的研究』復刻（柏書房，1966）。

三和銀行行史編纂室（編）『三和銀行の歴史』（三和銀行行史編纂室，1974）。

150 参考文献および URL 目録

塩田潮『大蔵省の不覚：迷走の行政指導』（日本経済新聞社，1993）。

実業同志会調査部（編）『大蔵省の伏魔殿預金部内容』（実業同志会，1927）。

四宮正親『日本の自動車産業—企業者活動と競争力：1918～70—』（日本経済評論社，1998）。

柴田善雅「北支那開発株式会社の晩期事業と敗戦処理」『東洋研究』第142号（2001年12月）pp.15-49.

柴田善雅「樺太開発株式会社による戦時植民地産業化の事態」『大東文化大学紀要』第48号（2010年3月）pp.63-92.

柴田善雅『植民地事業特殊会社論：朝鮮・南洋群島・台湾・樺太』（日本経済評論社，2015）。

渋澤栄一「銀行誌」『開国五十年史』下巻（秀英舎，1907）pp.581-676.

四宮正親『日本の自動車産業—企業者活動と競争力：1918～70—』（日本経済評論社，1998）。

庄林二三雄『日本の文化産業』（有斐閣，1981）。

昭和製鋼所銑鉄部（編）『昭和製鋼所廿年誌』（昭和製鋼所，1940）。

杉本正幸『全国農工銀行発達史（改訂増補版）』（全国農工銀行発達史発行所，1927）。

世界政経研究室（編）『明治初期幣制確立顛末（全）—主として対外関係文献による考証—』（世界文献，1959）。

千藤三千造『日本海軍火薬史』（日本工学会，1967）。

台湾銀行（編）『台湾銀行四十年史』（台湾銀行，1939）。

台湾拓殖株式会社文書課（編）『事業概観』（同社，1940）。

台湾電力株式会社（編）『社業現況』（同社，1938）。

高綱博文「中支那振興株式会社概要及び研究成果・課題」『研究紀要』第57号（2017年9月）pp.207-214.

竹内倫樹『和魂洋才の経営学』（ビーケイシー，2001）。

多田和美『グローバル製品開発戦略—日本コカ・コーラ社の成功と日本ペプシコ社の撤退—』（有斐閣，2014）。

多田井喜生『大陸に渡った円の興亡』上・下巻（東洋経済新報社，1997）。

多田井喜生『朝鮮銀行』（PHP研究書，2002）。

田中金司『中央銀行 日本銀行論』（改造社，1936）。

田中金司「在外正貨論」『国民経済雑誌』第40巻第6号，1926年6月。

玉置紀夫『日本金融史』（有斐閣，1994）。

田村謙治朗『戦時経済国策大系：戦時経済と電力国策』第四巻（日本図書センター，2000）。

朝鮮銀行（編）『朝鮮銀行二十五史』（朝鮮銀行，1934）。

朝鮮金融組合連合会（編）『朝鮮金融組合の現勢—金融組合30周年記念出版』（朝鮮金融組合連合会，1937）。

朝鮮銀行研究会（編）『朝鮮銀行史』（東洋経済新報社，1987）。

中国聯合準備銀行顧問室（編）『中国聯合準備銀行五年史』（中国聯合準備銀行，1944）。

土方晋『横浜正金銀行』（教育社，1980）。

参考文献　151

鶴見誠良「円為替圏構造とその現実：第一次大戦期における帝国日本の対外政策」武田晴人・中林真幸（編）『展望日本歴史18　近代の経済構造』（東京堂出版，2000）pp.330-50.

帝国鉱業開発株式会社『帝国鉱業開発株式会社社史』（帝国鉱業開発株式会社，1970）。

逓信省貯金局（編）『六十年間に於ける郵便貯金経済史観』（逓信省貯金局，1935）。

逓信省貯金局（編）『続郵便貯金経済史観』（逓信省貯金局，1942）。

東京芝浦電気株式会社（編）『東芝百年史』（東京芝浦電気株式会社，1978）。

東京芝浦電気株式会社総合企画部社史編纂室（編）『東京芝浦電気株式会社八十五年史』（東京芝浦電気株式会社，1963）。

東京地下鉄道株式会社（編）『東京地下鉄道史　乾』第二巻（東京地下鉄道株式会社，1934）。

東京電気株式会社（編）『東京電気株式会社五十年史』（東京電気株式会社，1940）。

統計数理研究所国民性調査委員会（編）『第5日本人の国民性―戦後昭和期総集』（出光書店，1992）。

東洋経済新報社（編）『明治大正国勢総覧』（東洋経済新報社，1982）。

東洋経済新報社（編）『完結昭和国勢総覧』第二巻（東洋経済新報社，1991）。

内藤隆夫「宝田石油の成長戦略」『社会経済史学』66：4（Nov. 2000）pp.23-45.

内藤隆夫「石油業の発達と輸送網」高橋直助（編）『明治の産業発展と社会資本』（ミネルヴァ書房，1997）pp.279-304.

中支那振興株式会社（編）『中支那振興会社並関係会社事業概況』（中支那振興株式会社，1940）。

中瀬寿一『住友財閥形成史研究』（大同書店，1984）。

中村隆英『戦前期日本経済成長の分析』（岩波書店，1971）。

中村尚史『日本鉄道業の形成：1869〜1894年』（日本経済評論社，1998）。

中村陽一『関東大震災』（雄山閣，1973）。

永木広次・大塚完元『マッチ産業発展史』（マッチ百年史編集委員会，1974）。

奈倉文二「製鉄合同政策とその帰結」安藤良雄（編）『両大戦間の日本資本主義』（東京大学出版会，1979）pp.135-66.

奈倉文二「資本構造」一九二〇年代史研究会（編）『一九二〇年代日本資本主義』（東京大学出版会，1983）pp.123-70.

奈倉文二『兵器鉄鋼会社の日英関係史』（日本経済評論社，1998）。

奈倉文二「日本製鋼所のコーポレート・ガヴァナンスと日英関係」木畑洋一・I. ニッシュ・細谷千博・田中孝彦（編）『日英交流史1600-2000』［経済］第IV巻（東京大学出版会，2001）pp.215-48.

南洋拓殖工業株式会社（編）『南洋拓殖工業株式会社』（南洋拓殖工業株式会社，1917頃）。

西村成広『国際特権管理の日本的展開』（有斐閣，2016）。

日本経営史研究所（編）『明治以降本邦主要経済統計』（日本銀行，1966）。

日本銀行統計局（編）『日本事業小史』（日本銀行，1923）。

日本工学会（編）『明治工業史・火兵編・鉄鋼編』（日本工学会，1929）。

152   参考文献および URL 目録

日本興業銀行調査課（編）『日本事業小史』（日本興業銀行，1923）。

日本石油株式会社（編）『日本石油史』（日本石油株式会社，1958）。

日本電気株式会社社史編纂室（編）『日本電気株式会七十年史』（日本電気株式会社，1972）。

日本電氣事業史編纂会（編）『日本電氣事業史』（電氣の友社，1941）。

野田正穂・原田勝正・青木栄一・老川慶喜（編）『日本の鉄道：成立と展開』（日本経済評論社，1986）。

バイスウェイ，S. J.『日本経済と外国資本：1858-1939』（刀水書房，2005）。

バイスウェイ，S. J.「日本における外資系企業史：1899-1939年―とくに直接投資および合弁会社に関して―」『商学集誌　日本大学商学部創設100周年記念号』第74巻第2・3・4号（日本大学商学部研究会，2004）pp.221-47.

原昌通『幕末明治大正史―雲の巻』（松本書院出版部，1921）。

畠山秀樹『住友財閥成立史の研究』（同文館，1988）。

速水佑次郎（監）『開発戦略と世界銀行：50年の歩みと展望』（知泉書館，2003）。

深井英五「国際経済上ヨリ看タル在外正貨」『国家学会雑誌』第30巻第6号，1926年8月。

深尾京司・天野倫文『対日直接投資と日本経済』（日本経済新聞社，2004）。

深谷徳次郎『明治政府財政基盤の確立』（御茶の水書房，1995）。

淵上次郎『日本経済　発展のプロセス』（晃洋書房，1994）。

古島敏雄（編）『日本経済史大系4』近世下（東京大学出版会，1965）。

北海道新聞社（編）『拓銀は何故消滅したか』（北海道新聞社，1999）。

北海道新聞社（編）『検証 拓銀破たん10年』（北海道新聞社，2008）。

北海道拓殖銀行（編）『北海道拓殖銀行史』（北海道拓殖銀行，1971）。

星野誉夫「日本資本主義確立過程における株式担保金融」逆井孝仁・保志恂・門口尚志・石井寛治（編）『日本資本主義展開と論理』（東京大学出版会，1978）pp.67-82.

細川嘉六『現代日本文明史―　植民史』第十巻（東洋経済新報社，1941）。

細谷千博『両大戦間の日本外交』（岩波書店，1988）。

堀経夫（編）『外地経済の研究』（巌松堂書店，1944）。

堀江保蔵『外資輸入の回顧と展望』（有斐閣，1950）。

本田秀夫（編）『朝鮮殖産銀行二十年志』（朝鮮殖産銀行，1938）。

本間立志『日本経済計集：1868-1945』（日外アソシェーツ，1999）。

松方正義「帝国財政」『開国五十年史』上巻（秀英舎，1907）。

松崎壽『特殊銀行論』（文雅堂，1923）。

丸之内リサーチセンター『日本における外国資本の実態：1977年版』第7版（丸之内リサーチセンター，1976）。

満洲興業銀行（編）『特殊会社並ニ準特殊会社調』（満洲興業銀行，1941）。

水沼知一「外国貿易の発展と資本の輸出」楫西光速（編）『日本経済史大系6』近代下（東京大学出版会，1965）pp.237-94.

三島康雄（編）『日本財閥経営史・三菱財閥』（日本経済新聞社，1981）。

三菱社誌刊行会（編）『三菱社誌』第一巻～第四十一巻（東京大学出版会，1981）。

参考文献　153

三菱石油株式会社社史編纂委員会（編）『三菱石油五十年史』（三菱石油株式会社，1981）。

三菱創業百年記念事業委員会（編）『三菱の百年』（三菱銀行，1970）。

三宅晴輝『日本コンツェルン全書：電力コンツェルン読本』第十三巻（日本図書センター，1999）。

宮崎林造（編）『社史で見る日本経済史：大同電力株式会社沿革史』第二十二巻（ゆまに書房，1999）。

宮本又郎・阿部武司・宇田川勝・沢井実・橘川武郎『日本経営史—日本型企業経営の発展・江戸から平成へ』（有斐閣，1995）。

迎　由理男「大蔵省預金部制度」渋谷隆一（編）『明治期　日本特殊金融立法史』（早稲田大学出版部，1977）pp.475-546.

村島滋「二〇世紀史の開幕と日英同盟」木畑洋一・I.ニッシュ・細谷千博・田中孝彦（編）『日英交流史1600-2000』［政治・外交］I巻（東京大学出版会，2000）pp.215-48.

室山義正『近代日本の軍事と財政』（東京大学出版会，1984）。

クリストファー・メイドリー「日本自動車産業の発展と英国—日英企業の技術提携，一九一八—一九六四年」ジャネット・ハンター・杉山伸也（編）『日英交流史1600-2000』［経済］IV巻（東京大学出版会，2001）pp.249-73.

森川英正「戦間期における日本財閥」中村隆英（編）『戦間期の日本経済分析』（山川出版社，1981）pp.282-302.

八代尚宏『基本テキスト⑤日本経済』（東洋経済新報社，1992）。

山内昌斗『日英関係経営史：英国企業の現地経営とネットワーク形成』（溪水社，2010）。

山内一夫『行政指導』（弘文堂，1977）。

山口啓二『鎖国と開国』（岩波書店，1993）。

山崎定雄『特殊会社法規の研究』（交通研究所，1943）。

山崎隆三「戦前日本資本主義の「入超＝外資依存構造」」武田晴人・中林真幸（編）『展望日本歴史18　近代の経済構造』（東京堂出版，2000）pp.157-74.

山田幸太郎［大内兵衛のペンネーム］『大蔵省預金部論』（巌松堂，1925）。

山本茂『条約改正史』（高山書院，1943）。

山本茂『アジア学叢書18：条約改正史』（大空社，1997）。

山本広明「1920年代の三井物産—経営戦略と経営動向—」中村隆英（編）『戦間期の日本経済分析』（山川出版社，1981）pp.304-29.

横浜正金銀行（編）『横浜正金銀行沿革史』（横浜正金銀行，1920）。

横浜正金銀行（編）『横浜正金銀行史　自大正九年　至昭和三年』未定稿（横浜正金銀行，1937）。

横浜正金銀行（編）『横浜正金銀行史　自昭和四年　至昭和十一年』未定稿（横浜正金銀行，1937）。

横浜正金銀行（編）『東洋支店長会議要録』未定稿（横浜正金銀行，1918）。

吉野俊彦『戦後金融制度の研究』（日本経済新聞社，1975）。

154　参考文献および URL 目録

英語文献

Adams, T.F.M., *A Financial History of Modern Japan*, Tokyo: Research, 1964.

Adams, T.F.M., and Hoshii, I., *A Financial History of the New Japan*, Tokyo: Kodansha, 1972.

Allen, G.C., *A Short Economic History of Modern Japan*, London: Allen and Unwin, rev. ed., 1972.

Amyx, J.A., *Japan's Financial Crisis: Institutional Rigidity and Reluctant Change*, Princeton: Princeton University Press, 2004.

Aoki, M., Patrick, H., and Sheard, P., "The Japanese Main Bank System: an introductory overview", in M. Aoki and H. Patrick (eds.), *The Japanese Main Bank System: its relevance for developing and transforming economies*, Oxford: Oxford University Press, 1994, pp. 3-50.

Argy, V., and Stein, L., *The Japanese Economy*, London: Macmillan, 1992.

Baster, A.S.J., *The International Banks*, New York: Arno Press, 1977 reprint.

Beck, U., *What is Globalization?*, Cambridge: Polity Press, 1997.

Borton, H., *Japan's Modern Century*, New York: Ronald Press, 1955.

Bytheway, S.J., "The dynamics of wakon yōsai (Japanese spirit, Western technology) : The paradoxes and challenges of financial policy in an industrializing Japan, 1854-1939", [co-authored with M. Schiltz], in D. Bennett, J. Earnest and M. Tanji (eds.), *People, Place and Power: Australia and the Asia Pacific*, Perth: Black Swan Press, 2009, pp.57-79.

——, "Liberalization, internationalization, and globalization: charting the course of foreign investment in the finance and commerce of Japan, 1945-2009", in *Japan Forum*, 22:3-4, (2010), pp.433-65.

——, *Investing Japan: Foreign Capital, Monetary Standards, and Economic Development, 1859-2011*, Cambridge, M. A.: Harvard University Asia Center, 2014.

——, *Central Banks and Gold: How Tokyo, London, and New York Shaped the Modern World,* [co-authored with Mark Metzler] Ithaca: Cornell University Press, 2016.

Cargill, T.F., Hutchison, M.M., and Ito, T., *Financial Policy and Central Banking in Japan*, Cambridge: MIT Press, 2000.

Cargill, T.F., and Yoshino, N., "The Postal Savings System, Fiscal Investment and Loan Program, and Modernization of Japan's Financial System", in Hoshi, T., and Patrick, H. (eds.) *Crisis and Change in the Japanese Financial System*, Boston: Kluwer, 2000, pp.201-30.

Cairncross, A., "The Bank of England and the British Economy", in Roberts, R., and Kyaston, D. (eds.), *The Bank of England, Money, Power and Influence 1694-1994*, Oxford: Clarendon Press, 1995, pp.57-82.

Checkland, O., *Britain's Encounter with Meiji Japan, 1868-1912*, London: Macmillan, 1989.

Cho, Y., "Exposing the incompetence of the bourgeoisie: The financial panic of

1927", in W.M. Tsutsui (ed.), *Banking in Japan, Volume I: The evolution of Japanese banking, 1868-1952*, London: Routledge, 1999, pp.109-17.

Clammer, J., *Japan and Its Others: Globalization, Difference and the Critique of Modernity*, Melbourne: Trans Pacific Press, 2001.

Cleveland H. van B., and Huertas, T.F., *Citibank, 1812-1970*, Cambridge: Harvard University Press, 1985.

Cochran, S., *Big Business in China: Sino-Foreign Rivalry in the Cigarette Industry, 1890-1930*, Cambridge, MA: Harvard University Press, 1980.

Colegrove, K., "The Japanese Emperor, II", *The American Political Science Review*, 26:5, (October 1932), pp. 828-45.

Collins, M., *Money and Banking in the UK: A History*, London: Croon Helm, 1988.

Cottrell, P.L., *British Investment in the Nineteenth Century*, London: Macmillan, 1975.

Cox, H., *The Global Cigarette: Origins and Evolution of British American Tobacco, 1880-1949*, Oxford: Oxford University Press, 2000.

Crawcour, E.S, "Problems of Japanese Economic History", in *Journal of Economic History*, 23:4, (December 1963), pp. 619-28.

Davenport-Hines, R.P.T., and Jones, G., "British Business in Japan since 1868", in Davenport-Hines, R.P.T., and Jones, G. (eds.), *British Business in Asia since 1860*, Cambridge: Cambridge University Press, 1989, pp.217-44.

Dickins, F.V., and Lane-Poole, S., *The Life of Sir Harry Parkes*, vol.2, London: Macmillan, 1894.

Dunn, R.W., *American Foreign Investments*, New York: Arno Press, reprint, 1976.

Durden, R. F., *The Dukes of Durham, 1865-1929*, Durham, NC: Duke University Press, 1975.

Duus, P., *The Abacus and the Sword: The Japanese Penetration of Korea, 1895-1910*, Berkley: University of California Press, 1995.

Edelstein, M., *Overseas Investment in the Age of High Imperialism*, New York: Columbia University Press, 1982.

Fallows, J., *Looking at the Sun: the rise of the new East Asian economic and political system*, New York: Pantheon, 1994.

Feldenkirchen, W., *Siemens, 1918-1945*, Columbus: Ohio State University Press, 1995.

Ferguson, N., *Empire: the rise and demise of the British world order and the lessons for global power*, London: Allen Lane, 2002.

Fletcher, W.M., "Japanese banks and national economic policy, 1920-1936", in W. M. Tsutsui (ed.), *Banking in Japan, Volume II: Japanese banking in the high-growth era, 1952-1973*, London: Routledge, 1999, pp.251-84.

Francks, P., *Japanese Economic Development: Theory and Practice*, London: Routledge, 2015, third ed.

Fujiwara, S., "Foreign Trade, Investment, and Industrial Imperialism in Postwar Japan", in Morris-Suzuki, T., and. Seiyama, T. (eds.), *Japanese Capitalism since*

156　参考文献および URL 目録

1945: critical perspectives, New York: M.E. Sharpe, 1989, pp.166-206.

Gordon, A., *Fabricating Consumers: the sewing machine in modern Japan*, Berkeley: University of California Press, 2012.

Grimes, W.W., "Internationalization as Insulation: Dilemmas of the Yen", in Schaede, U., and Grimes, W.W. (eds.), *Japan's managed globalization: adapting to the twenty-first century*, New York: M.E. Sharpe, 2003, pp.47-76.

Grosse, R.E. (ed.), *Thunderbird on Global Business Strategy*, New York: John Wiley & Sons, 2000.

Henderson, D.F., *Foreign Enterprise in Japan: Laws and Policies*, Chapel Hill: University of North Carolina Press, 1973.

Hein, L. E., *Fuelling Growth: The Energy Revolution and Economic Policy in Postwar Japan*, Cambridge, MA: Harvard University Press, 1980.

Higashi, C., and. Lauter, G.P., *The internationalization of the Japanese economy*, Boston: Kluwer, 1990.

Hollerman, L., *Japan Disincorporated: The Economic Liberalization Process*, Stanford: Hoover Institution Press, 1988.

Honjo, E., *The Social and Economic History of Japan*, New York: Russell and Russell, 1965.

Hont, I., and Ignatieff, M., (eds.), *Wealth and Virtue: The Shaping of Political Economy in the Scottish Enlightenment*, Cambridge: Cambridge University Press, 1983.

Horie, Y., "Modern Entrepreneurship in Meiji Japan", in W.W. Lockwood, (ed.), *The State and Economic Enterprise in Japan*, Princeton: Princeton University Press, 1965, pp. 183-208.

Horiuchi, A., "The Big Bang: Idea and Reality", in Hoshi, T., and Patrick, H. (eds.), *Crisis and Change in the Japanese Financial System*, Boston: Kluwer, 2000, pp.233-52.

Iida, T., "The Industrial Bank of Japan during the inter-war period", in Cottrell, P.L., Teichova, A., and Yuzawa, T. (eds.), *Finance in the Age of the Corporate Economy*, Aldershot: Ashcroft, 1997, pp.129-41.

Imazu, K., "Modern Technology and Japanese Electrical Engineers" in Okochi, A., and Uchida, H. (eds.), *Development and Diffusion of Technology: Electrical and Chemical Industries*, Tokyo: University of Tokyo Press, 1980, pp.125-41.

Ishi, H., "The Government Credit Program and Public Enterprises", in Shibata, T. (ed.), *Public Finance in Japan*, Tokyo: University of Tokyo Press, 1986, pp.81-102.

Ito, T., *The Japanese Economy*, Cambridge: MIT Press, 1992.

Jackson, G., "Corporate Governance in Germany and Japan: Liberalization Pressures and Responses during the 1990s", in Yamamura K., and Streeck, W. (eds.), *The End of Diversity?: Prospects for German and Japanese Capitalism*, Ithaca: Cornell University Press, 2003, pp.261-305.

参考文献　157

Japan Business History Institute [JBHI], *The Mitsui Bank: a history of the first 100 years*, Tokyo: Mitsui Bank, 1976.

Johnson, H. J., *The Banking Keiretsu*, Chicago: Probus, 1993.

Jones, G., *Multinationals and Global Capitalism: From the Nineteeenth to the Twenty first Century*, Oxford: Oxford University Press, 2005.

Jones, H. J., *Live Machines: Hired Foreigners and Meiji Japan,* Tenterden: Hyperion Books, 1980.

Kindleberger, C.P., *A Financial History of Western Europe*, New York: Oxford University Press, 1993, second ed.

Kobayashi, U., *War and Armament Loans of Japan*, New York: Oxford University Press, 1922.

——, *The Military Industries of Japan*, New York: Oxford University Press, 1922.

——, *War and Armament Taxes of Japan*, New York: Oxford University Press, 1923.

Lawrence, R.Z., "Japan's Low Levels of Inward Investment: The Role of Inhibitions on Acquisitions", in Froot, K.A. (ed.), *Foreign Direct Investment*, Chicago: University of Chicago Press, 1993, pp.85-111.

Li, Zhaojin, *A History of Modern Shanghai Banking: the rise and decline of China's finance capitalism*, New York: M.E. Sharpe, 2003.

Lockwood, W.W., "Japan's New Capitalism", in Lockwood, W.W. (ed.), *The State and Economic Enterprise in Japan,* Princeton: Princeton University Press, 1965.

Malcolm, J.D., *Financial Globalisation and the Opening of the Japanese Economy*, London: RoutledgeCurzon, 2001.

Mason, M., *American Multinationals and Japan: the political economy of Japanese capital controls, 1899-1980*, Harvard University Press, 1992.

Matsuo, M., "The Japanese State as Industrialist and Financier", in *Far Eastern Survey*, 5:11 (25 May 1936), pp. 105-10.

McMillan, J., *The Dunlop Story: The Life, Death and Re-birth of a Multi-National*, London: Weidenfeld and Nicolson, 1989.

Metzler, M.D., *Lever of Empire: the international gold standard and the crisis of liberalism in prewar Japan*, Berkeley: University of California Press, 2006.

——, "Toward a Financial History of Japan's Long Stagnation, 1990–2003", *Journal of Asian Studies*, 67:2 (May 2008) pp.653-66.

——, *Capital as Will and Imagination: Schumpeter's Guide to the Postwar Japanese Miracle*, Ithaca: Cornell University Press, 2013.

Mikami, A., "Old and New *Zaibatsu* in the History of Japan's Chemical Industry: with Special Reference to the Sumitomo Chemical Co. and the Showa Denko Co." in Okochi, A., and Uchida, H. (eds.), *Development and Diffusion of Technology: Electrical and Chemical Industries*, Tokyo: University of Tokyo Press, 1980, pp.201-23.

Mitsui, *The 100 Year History of Mitsui and Co., Ltd.*, Tokyo: Mitsui, 1977.

Morikawa, H., *Zaibatsu: The Rise and Fall of Family Enterprise Groups in Japan*,

158   参考文献および URL 目録

Tokyo: Tokyo University Press, 1992.

Morishima, M., *Why has Japan "succeeded"? Western Technology and the Japanese Ethos*, Cambridge: Cambridge University Press, 1982.

Morita, A., Reingold, E.M., and Shimomura, M., *Made in Japan: Akio Morita and Sony*, New York: E.P. Dutton, 1986.

Moritz, M., and Seaman, B., *Going for Broke: The Chrysler Story*, New York: Doubleday & Co., 1981.

Murphy, R. Taggart, *The Weight of the Yen: how denial imperils America's future and ruins an alliance*, New York: W.W. Norton & Co., 1996.

Nevins, A., and Hill, F.E., *Ford: Expansion and Challenge, 1915-1933*, New York: Charles Scribner's Sons, 1957.

Nish, I., *The Anglo-Japanese Alliance*, London: Athlone Press, 1966.

Nishimura, S., "The Adoption of American Patent Management in Japan: The Case of General Electric" in Donze, P., and Nishimura, S. (eds.), *Organizing Global Technology Flows: Institutions, Actors, and Processes*, London: Routledge, 2014, pp.60-79.

Norman, E. H., [John W. Dower, ed.] *Origns of the Modern Japanese State: Selected Writings of E.H. Norman*, New York: Random House, 1975.

Norman, H., *The Real Japan: Studies of contemporary Japanese manners, morals, administration, and politics*, London: T. Fisher Unwin, 1892.

Ogawa, G., *Expenditures of the Russo-Japanese War*, New York: Oxford University Press, 1923.

Ozaki, R.S., "Japanese Views on Foreign Capital", in *Asian Survey*, 11:11, (November 1971) pp.1071-83.

Packer, F., "The Role of Long-term Credit Banks Within the Main Bank System", in Aoki, M., and Patrick, H. (eds.), *The Japanese Main Bank System: its relevance for developing and transforming economies*, London: Oxford University Press, 1994, pp.142-87.

Partner, S., *The Merchant's Tale: Yokohama and the Transformation of Japan*, New York: Columbia University Press, 2018.

Paprzycki, R., and Fukao. K., *Foreign Direct Investment in Japan: Multinational's Role in Growth and Globalization*, Cambridge: Cambridge University Press, 2008.

Pressnell, L.S., *Money and Banking in Japan*, New York: St Martin's Press, 1973.

Ranis, G., "The Financing of Japanese Economic Development", in *The Economic History Review*, New Series, 11:3 (1959), pp. 440-54.

Reader, W.J., *Imperial Chemical Industries: A History, Vol. 1: The Forerunners, 1870-1926*, London: Oxford University Press, 1970.

Roberts, J.G., *Mitsui: Three Centuries of Japanese Business*, New York: Weatherhill, 1973.

Robertson, R., *Globalization: Social Theory and Global Culture*, London: Sage, 1992.

Rose, E.L., and Ito, K., "M & As in the Japanese Banking Industry: the more things change?", in Roehl, T., and Bird, A. (eds.), *Japanese Firms in Transition: Responding to the Globalization Challenge*, Amsterdam: Elsevier, 2005, pp.139-57.

Rymes, T., *On Concepts of Capital and Technical Change*, Cambridge: Cambridge University Press, 1971.

Schaede, U., and Grimes, W.W. (eds.), *Japan's Managed Globalization: Adapting to the twenty-first century*, New York: M.E. Sharpe, 2003.

——, *Choose and Focus: Japanese business strategies for the 21st century*, Ithaca: Cornell University Press, 2008.

Schalow, T.R., "The Role of the Financial Panic of 1927 and Failure of the 15th Bank in the Economic Decline of the Japanese Aristocracy", PhD Thesis, Michigan: UMI, 1989.

Schiffer, H.F., *The Modern Japanese Banking System*, New York: University Publishers, 1962.

Schumpeter, E.B., *The Industrialization of Japan and Manchukuo, 1930-40,* [New York: Macmillan, 1940], in Hunter, J. (ed.), *Japanese Economic History 1930-1960*, vol.VIII, London: Routledge, 2000.

Shibusawa, E., "The Development of Banking in Japan", in Okuma, S. (ed.), *Fifty Years of New Japan*, vol.1, New York: Kraus, 2nd ed., 1970, pp. 486-532.

Shimokawa, K., *The Japanese Automobile Industry: A Business History*, London: Athlone Press, 1994.

Shinjo, H., *History of the Yen*, Tokyo: Kinokuniya, 1962.

Soyeda, J., *A History of Banking in Japan*, Richmond: Curzon, 1994.

Suzuki, T., *Japanese Government Loan Issues on the London Capital Market*, 1870-1913, London: Athlone, 1994.

Sylla, R., "Financial Systems and Economic Modernization", in *Journal of Economic History*, 62:2, (June 2002), pp. 277-92.

Tamaki, N., *Japanese Banking: a history, 1859-1959*, Cambridge: Cambridge University Press, 1995.

Tipton, F.B., Jr., "Government Policy and Economic Development in Germany and Japan: A Skeptical Reevaluation", in *Journal of Economic History*, 41:1, (1981), pp. 139-50.

Toussaint, A., "You Can't Please All of the People All of the Time: Wal-Mart's Adventures in Japan", in Haghirian, P., and Gagnon, P. (eds.), *Case Studies in Japanese Management*, New Jersey: World Scientific, 2011, pp.11-36.

Uyeda, T., *The Small Industries of Japan: Their Growth and Development,* [(New York: Institute of Pacific Relations, 1938)], in Hunter, J. (ed.), *Japanese Economic History 1930-1960*, vol.X, London: Routledge, 2000.

Warner, F., *Anglo-Japanese Financial Relations: A Golden Tide*, Oxford: Basil Blackwell, 1991.

Westney, E.D., *Imitation and Innovation — The Transfer of Western Organizational*

160　参考文献および URL 目録

Patterns in Meiji Japan, Cambridge: Harvard University Press, 1987.

Wilkins, M., "The Contributions of Foreign Business to Japanese Economic Development", in Yuzawa, T., and Udagawa M. (eds.), *Foreign Business in Japan before World War II*, Tokyo: University of Tokyo Press, 1990, pp.35-57.

Wilkins, M., and Hill, F.E., *American Business Abroad: Ford on Six Continents*, Detroit: Wayne State University Press, 1964.

Wittner, D. G., *Technology and the Culture of Progress in Meiji Japan*, London: Routledge, 2008.

Yoshitomi, M., and Graham, E.M. (eds.), *Foreign Direct Investment in Japan*, Cheltenham: Edward Elgar, 1996.

Yukio, C., "Exposing the incompetence of the bourgeoisie: The financial panic of 1927", in Tsutsui, W.M. (ed.), *Banking in Japan, Volume I: The evolution of Japanese banking*, 1868-1952, London: Routledge, 1999, pp.109-17.

あとがき：将来がある日本

　平成23（2011）年3月11日以降に発生した東北地方太平洋岸における災害およびこれに伴なう福島第一原子力発電所事故による災害への対応にあたって，責任者とその責任を配分すること以上に，財務や経費の金融的な問題が残っている。救済には，そのための資金が要求されるが，復興のために必要なのは，投資である。誰が何を，日本を救うために投資することができるのか？　日本ならびに東北経済の再構築と再編成の任務を担う機関はどこになるのであろうか？　そして最大の問題は，この救済や復興にあたって，どうやって必要な資金が調達されるのであろうか，ということである。1980年代半ば以来，日本は世界最大の債権国であった（実際，本書執筆時点でもそうである）。しかし，戦後日本の債務国から債権国への転換を促進する為替相場の政策の背景には，慢性的な外資導入の歴史が隠されているのである（第Ⅱ部参照）。史的な観点から見れば，国家の公的債務が年間GDPの225％（世界最高）を超える日本政府が，債権国の資格を維持しながら再建や核汚染対策のための資金を調達することは非常に難しいこととなりそうである。現在では，公的債務の約95％が日本の機関投資家や個人（一世帯）投資家によって保有されており，残りの5％を保有している非日系企業が存在するにもかかわらず，日本政府が直面する課題の大きさを考えると，国内貯蓄を国家投資に向かわせるための内部メカニズムが機能していたならば，再建のための資金調達をすることができるのであろうか？あるいは，少子化および高齢化によって人口構造が悪化していることへの対策が課題とされている日本経済は，実際には，国内主導の借入金は急速に限界に近づいているのではなかろうか？　おそらく，原子力発電所の事故（とその対策）による汚染除去と浄化の緊急性を緩和するためなどに，外国からの先端技術の導入がすでに賢明に提起されているかもしれない。もちろん，歴史（本書で『和魂外資』として紹介されている歴史）は，上記の2つの選択肢（国内の資金調達と外資導入）が並立していることを示唆しており，結局，これらの投資からの融資を得ることが不可欠であるが，そのことはそのまま近代日本の資本主義

における永続的かつ基本的なジレンマを指摘することにつながるのである。

　いずれにせよ，現代日本のトリプル（地震・津波・放射線漏れ）惨事は，確かに悪い事実であるとはいっても，その先に希望の根拠はある。19世紀から20世紀にかけて，日本人は，最も恐ろしい脅威に何回も直面して来たが，それでも日本人は単に生き残っただけではなく，それを乗り越えて何とか繁栄を続けてきた。そのさい徳川幕府の終焉期において，開国された日本の展望はどうであったかを改めて考えてみる必要があるのではなかろうか？　現在の事情と比較すると，状況というよりも，当時，幕府の政治機関および社会制度は，すでに効力を失なっていたし，妥当性を欠くものとして示された。それゆえに，明治維新が行なわれ，新しい大日本帝国の誕生がみられることになった。また，大日本帝国の末期には，現在と同様の混乱が生じていたに違いない。昭和20（1945）年8月頃の日本人には，何も自信を持つことができる根拠はなく，その後の途方もない経済成長および発展の兆しなどはほとんど見られなかったのである。

　よって，他の時期よりも今日では，日本人は，長期的かつ永続的な外国資本との関係の重要性を認識し，外資導入と現代経済および毎日の生活における妥当性と重要性を再考し，それを現実に反映させることが急務となっている。本書『和魂外資』では，日本において過小評価されてきた外資導入や国際企業との共同努力（協力）の現実に照らしてそれらが栄光に輝いていた状況を示そうとしたものである。イノベーションと新技術の絶対的な必要性，そして日本が現在直面している課題の驚異的な大きさを考えると，外国資本の投資によってもたらされる機会は，今日の限定された受け入れ状況を超え，自信を持って明日のために［逃がさずに］つかむ必要がある。もちろん，歴史家の論議は決して予言者の予言と同じではない。それにもかかわらず，21世紀において，日本経済が享受する成功のなかで，新たな外国資本の導入は決定要因になると私は結論付けるのである。

謝　辞

　本書は，私が平成17（2005）年３月に刀水書房が出版した『日本経済と外国資本：1858―1939』と，ハーバード大学アジアセンターが出版した *Investing Japan: Foreign Capital, Monetary Standards, and Economic Development, 1859–2011*，ならびに公表されていない特殊銀行・特殊会社・特殊法人の研究をもとにする。

　本書の執筆には，最初から数えれば約20年という長い歳月がかかった。今回の上梓にあたっては，新たな加筆や修正が非常に多く，今まで何度も書き直しを行なってきたが，未だ完全に終了したとはいえない。実は，私の最初の指導教授である John McGuire 先生は大学の引退の後に，ようやくロンドンで東洋銀行（Oriental Bank）の研究に取りかかったのであるが，間もなく病気になり，先生の生涯の研究が未完成のまま終わることになったというとても悔しい思い出がある。だから私は，たとえ完全ではなくとも今の段階で，この開国から今日までにいたる「和魂外資」の歴史を完成しておきたかったのである。

　この間，東北学院大学大学院経済学研究科に在学中から，今日にいたるまで暖かいご指導およびご支援を下さっている岩本由輝教授にとくに心よりの感謝を申し上げたい。さらに，数多くの先生・学兄・ゼミ生からも貴重なご指導ご助言をいただいたことに深く感謝の念を捧げたい。日本語で書かれた本書は日々の研究のなかで私が書き連ねた文章を集積したものであり，すべての考察および論文についての責任は，私にあることを明記しておきたい。

　本書の出版にあたって，出版助成金（B）を与えて下さった日本大学商学部に感謝を申し上げたい。また，本書の出版を引き受けて下さった刀水書房の社長中村文江氏に厚くお礼申し上げる。

　「最初の最後になり，最後は初めてとなる」（マタイ19:29-30）よう，私の研究生活を背後で支えてくれたオーストラリアに住む家族および，妻眞澄と娘たち明朱莉と華奈に心より有難うといわせて頂きたい。

2018年12月　　Simon James Bytheway

索　引

*127〜144頁は注

あ

IMF →国際通貨基金(IMF) ················51
愛国石油 ···129
アイシン精機株式会社 ···························53
アイシン・ワーナー株式会社 ···············53
あおぞら銀行 ·································59,60,94
旭硝子株式会社 ································29,30
旭絹織株式会社 ······························28,132
あさひ銀行 ···56
旭石油 ···129
旭ベンベルグ絹糸株式会社 ··················28
朝日燐寸株式会社 ································128
アソシエーテット石油会社(Associated Oil
　Company) ·································14,129
アップル(Apple) ·····································68
アドバンテージ・パートナーズ(Advantage
　Partners - AP) ·································71
安倍晋三 ···73
アマゾン日本(Amazon Japan) ···········68
アームストロング・ウィットワース社(Arm-
　strong Whitworth & Company) ···21,22
アメリカ合衆国通商代表部(Office of the
　United States Trade Representative
　- USTR) ···73
アメリカ・タバコ会社(American Tobacco
　Company) ···6,7
アルカン会社(Aluminium Company of
　Canada - ALCAN) ·························30
アルゲマイネ会社(Allgemaine Electric
　Company) ·································16,28
アルコア会社(Aluminium Company of
　America - ALCOA) ·····················30
アール・シー・エー会社(Radio Corporation
　of America - RCA) ·····················21
阿波国共同汽船 ······································122
アングロ・アメリカン石油会社(Anglo-
　American Oil Company) ················9

い

E.G. ファルベン・インダストリー会社(E.G.
　Farben Industry) ···························28
イートン・エール・タウン社(Eaton Yale &
　Towne) ···53
岩崎弥之助 ···6
岩谷商店 ···7,128
岩垂邦彦 ···15
インスツルメンツ ···································41
インターナショナル・オイル株式会社
　(International Oil Company) ·········11
インターナショナル・スタンダード・エレク
　トリック会社(International Standard
　Electric Company) ·······················20
インターナショナル・ビジネス・マシーン会
　社(International Business Machines
　- IBM) ···39
インド銀行(Bank of India) ··················72

う

ヴァキューム・オイル会社(Vacuum Oil
　Company) ···129
ヴィッカーズ社(Vickers Company) ·······22
ウェスターン・エレクトリック会社(Western
　Electric Company) ···············15,20,128
ウェスティングハウス・エレクトリック・イ
　ンターナショナル会社(Westinghouse
　Electric International Company) ·····17
ウォルシュ(Thomas & John Walsh) ·······5
ウォルマート(Walmart) ·····················69
ウォーレン・リヒテンシュタイン(Warren
　Lichtenstein) ···································72
ウーズリー・モーターズ株式会社(Wolseley
　Motors Company) ·······················131

え

エア・リキード会社(L'air Liquide Company)

166 索　引

　　　　　……………………………29

S・サミュエル商会(S. Samuel & Company)
　　　　　…………………………5,13
エドワード・ハンター(Edward H. Hunter)…5
エルメス(Hermes Japan)………………67
圓通用……………………………117
圓通用圏(円ブロック)………………93,94
圓の戦争…………………………97

お

OECD →経済協力開発機構(OECD)………51
オイル・ショック…………………………76
王子製紙株式会社…………………………19
鴨緑江採木公司……………………142,143
大倉喜八郎………………………28
大倉組……………………………24
大蔵省資金運用部………………126
大蔵省預金部　Deposit Bureau-MOF
　　　　　…………83,86,98,117,123,142
大阪瓦斯株式会社…………………15
大阪商船………………………122
岡崎汽船………………………122
小倉石油………………………129
オーチス・エレベーター会社(Otis Elevators
　　　Company)………………18,38,133
小渕恵三……………………………74
恩給金庫　Pensioner's Bank………86,96,142

か

海軍火薬廠………………………22
外国為替及び外国貿易管理法(第228号)…37
外国投資委員会(Committee on Foreign In-
　　　vestment)………………………38
外資に関する法律(第163号)………………37
カークウッド(M. Kirkwood)………………6
株式会社三共商会………………120
株式会社日本政策投資銀行法(第85号)…134
株式会社村井兄弟商会……………128
釜石鉱山………………………112
樺太開発株式会社　Karafuto Development
　　　Company - KDC…………82,102,121
カレフロー(Carrefour)………………69
川崎汽船………………………122

韓国産業銀行………………………94
韓国殖産銀行………………………94
関西アーバン銀行………………137
関西さわやか銀行………………60,137
関東大震災……………………24,55,128

き

北樺太石油株式会社…………………142,143
北支那開発株式会社　North China Develop-
　　　ment Company - NCDC………82,102,116
キャドバリー・インベストメンツ・ジャパン
　　　　　……………………………71
キャドバリー・シュウェップス(Cadbury
　　　Schweppes)…………………………71
九州製鋼…………………………112
行政指導……………………85,126,141
共立自動車製造所………………27
麒麟麦酒株式会社………………………6
近海郵船…………………………122
緊急措置に関する法(第132号)………………75
金融監督庁………………………139
金融機能の再生のための緊急措置に関する法
　　　(第132号)……………………59
金融庁(FSA)………………………136

く

グッドウィル(Goodwill)………………72
クライスラー・モーター株式会社(Chrysler
　　　Motor Company)………………27,52
グラバー(T.B. Glover)………………………6
クラプス会社(Krupps & Company)………28
クリスピークリームドーナツ(Krispy Kreme
　　　Doughnut)…………………………68
クーン・ロエブ商会(Kuhn, Loeb and Com-
　　　pany)…………………………111

け

経済協力開発機構(OECD)………………37
ケンタッキーフライドチキン(Kentucky
　　　Fried Chicken - KFC)……………53,62

こ

小泉純一郎………………………58,75

索　引　167

鉱業開発 …………………………… 142
鉱業条例施行細則改正(農商省第3号)… 128
鉱業条例中改正追加法(第74号) ………… 128
工業所有権戦時法(第21号) …………… 23
工業所有権戦時法実施規則(農商省第22号)
　………………………………… 131
工業所有権戦時法実施令(勅第141号) …… 131
工業所有権戦時法登録規則(農商省第23号)
　………………………………… 131
工業所有権戦時法登録令(勅第142号) …… 131
鴻池銀行 ………………………………… 56
鴻池新田 ………………………………… 56
神戸瓦斯株式会社 ……………………… 29
光洋イートン・エール・タウン株式会社 ‥ 53
光洋精工株式会社 ……………………… 53
光洋 TRW 株式会社 …………………… 53
コカ・コーラ株式会社 ………………… 62
国際航業株式会社 …………………… 143
國際航業株式会社 …………………… 119
国際石油開発帝石株式会社(INPEX Corpora-
　tion) ……………………………… 123
国際通運株式会社 …………………… 114
国際通貨基金(IMF) …………………… 37
国際電気通信株式会社　KDTK (KDD)
　………………… 82,102,118,142
国際電気通信株式会社法 ……………… 118
国際電信電話会社法 …………………… 119
国際電信電話会社法(第301号) ………… 118
国際電信電話株式会社(Kokusai Denshin
　Denwa - KDD) ………… 118,119,126
国民金融公庫 …………………………… 96
国有鉄道法(第17号) …………………… 23
コプランド(W. Copeland) ………………… 6
ゴールドマン・サックス(Goldman Sachs) ‥‥ 70
コロムビア放送(Columbia Broadcasting
　Systems - CBS) ………………… 43
コロンビア・グラマホン会社(Columbia
　Gramophone Company) …………… 21
ゴーン，カルロス(Carlos Ghosn) ……… 61,78

さ

財政投融資計画(FILP) ……………… 69,75
埼玉りそな銀行 ………………………… 55

蔵王石油株式会社(Zao Oil Company) …… 11
さくら銀行 …………………………… 141
ザ・チルドレンズ・インベストメント・ファ
　ンド(The Children's Investment Fund
　- TCI) ………………………… 70
サッポロビール株式会社 ………………… 72
サブウェイ(Nihon Subway) …………… 67
サーベラス・キャピタル・マネジメント
　(Cerberus Capital Management) … 60,72
さむらい・シンジケート ……………… 29
三共株式会社 …………………………… 24
三共内燃機株式会社 …………………… 25
産業組合中央金庫　Industrial Cooperative
　Central Bank …………………… 86,94,142
蚕糸業法(第57号) …………………… 122
三十四銀行 ……………………………… 56
三星食品株式会社 ……………………… 71
サンビーム会社(Sunbeam Company) …… 16
三洋証券 ………………………………… 57
三洋電機株式会社 ……………………… 71
三洋電機クレジット株式会社 ………… 70
三和銀行 ……………………………… 56,57

し

J.P. コーツ株式会社(J. & P. Coats & Compa-
　ny) ……………………………… 28
J.P. ベンベルグ会社(J.P. Benberg & Compa-
　ny) ……………………………… 28
J.P. モルガン商会(J.P. Morgan & Company)
　…………………………………… 111
JP モルガン・チェース銀行(JP Morgan
　Chase Bank) …………………… 54
資金運用部(TFB) …………………… 69,75
シティグループ(Citigroup) …………… 71
シティグループ銀行 …………………… 73
シティバンク銀行(Citibank) … 38,54,71,135,138
自動車製造事業法(第33号) …………… 27
芝浦共同工業株式会社 ………………… 19
芝浦製作所 ………………… 16,17,19,21
CBS ソニーレコード …………………… 43
渋沢栄一 ……………………………… 6,28
ジーメンス会社(Siemens Electric Company)
　…………………………………… 16,19

168　索　引

ジーメンス・シュケルト会社（Siemens-
　　Schukertwerke Company）…………17
ジーメンス・ハルスケ会社（Siemens und
　　Halske Electric Company）…………17
ジャーディン・マゼソン商会（Jardine
　　Matheson & Company）……………5
シャネル（Chanel）……………………67
ジャパン・ブルワリー・コンパニー・リミ
　　テッド…………………………………6
商業銀行………………………………91
商工組合中央金庫　Commerce and Indus-
　　try Central Bank - CICB…86,95,126,142
商法施行法（法49）……………………iii,4
商法修正（法48）………………………iii,4
昭和製鋼所……………………………142
庶民金庫　People's Bank…………86,96,142
シンガー・ミシン会社（Singer Sewing Ma-
　　chine Company）……………………132
新鉱業開発株式会社……………………118
震災善後市債……………………………93
新生銀行……………………………59,60
新日鐵住金……………………………112
新日本製鐵……………………………112
新日本石油株式会社……………………13

す

スウェーデン・マッチ会社（Sweden Match
　　Company）……………………………9
鈴木商店………………………………91,111
スターバックス（Starbucks）……………67
スタンダード石油会社（Standard Oil Compa-
　　ny）………………………………9,11
スタンダード・テレフォン・ケーブル会社
　　（Standard Telephone Cable Company
　　- STC）………………………………20
スティール・パートナーズ・ジャパン・ストラ
　　テジック・ファンド（Steel Partners）…72
住友アルミニューム株式会社……………30
住友合資会社…………………………29,30
住友ゴム工業株式会社…………………131
住友財閥総本店………………………20,21
住友伸銅所……………………………30
住友電気工業株式会社…………………130

住友電線製造所………………………20,130

せ

西友………………………………………69
整理回収機構（Resolution and Collection
　　Corporation - RCC）…………………74
世界銀行（World Bank）……………45.47.49
石油業委員会官制（勅号197号）…………129
石油業法施行規則（商工省第16号）………129
石油業法施行令（勅第196号）……………129
石油業法施行令第6条の特例に関する件（勅
　　第272号）……………………………129
石油試掘奨励金交付規則中改正（商工省第4
　　号）……………………………………129
石油精製業者又は石油輸入業者の保有すべき
　　石油の数量に関する件（商工省第5号）
　　〈6カ月分の貯蔵を義務とす〉………129
ゼネラル・エレクトリック会社（General Elec-
　　tric Company - GE）……15～17,19,21,70
ゼネラル・モーターズ株式会社（General Mo-
　　tors Company - GM）…………26,27,52
セール・フレーザー商会（Sale, Fraser and
　　Company）…………………25,27,131
ゼロ金利政策（Zero Interest Rate Policy
　　- ZIRP）……………………………75
戦時金融金庫　Wartime Finance Bank-
　　WFB………………………………86,97
全日本空輸株式会社（ANA）………………70
鮮満拓殖………………………………142

そ

そごう……………………………………59
ソニー株式会社………………………41,43
ソフトバンク株式会社…………………59
ソール・クローダー商会（Saul Crowder &
　　Company）……………………………29

た

大安汽船………………………………142
第一勧業銀行（DKB）………60,89,90,93
第一銀行………………………………89
第一ホテル……………………………59
大興公司………………………………142

索　引　169

タイドウォーター・アソシエーテット石油会社
(Tide Water Associated Oil Company)
……14,129
大同海運……122
大同燐寸株式会社……9
大日本航空株式会社　Dai Nippon Airways-
DNKK……81,102,119
大日本燐寸株式会社……9
太平石油株式会社(Pacific Oil Company)…11
太陽神戸銀行……141
台湾銀行　Bank of Taiwan - BOT
……81,83,86,90～92,140,142
台湾銀行法(第38号)……90
台湾拓殖　Taiwan Development Company
- TDC……113,142
台湾電力株式会社　Taiwan Electric Power
Company……102,111
台湾電力有限公司……112
宝くじ……89
宝田石油株式会社……11,128
瀧川儀作……9
田中遜……28
煙草専売法(法14)……7,128
ダンロップ・ゴム株式会社(Dunlop Rubber
Company)……23,131

ち
チャータード銀行(Chartered Bank of India,
Australia and China)……87
中央信託銀行……92
中央儲備銀行……94
中央燐寸株式会社……128
中央三井信託銀行……59
中華民国中央銀行(Central Bank of China)
……91
中國聯合準備銀行……94
チューリッヒ(Zurich)……60
長期信用銀行……59,60
長期信用銀行法(第187号)……59,93
朝鮮銀行(旧韓国銀行)Bank of Korea/
Chosen - BOK……59,81,86,92,93,140,142
朝鮮銀行法(第48号)……93
朝鮮鉱業振興　Korea Mining Development

Company-KMDC……121
朝鮮蚕糸統制会社　Korean Silk Yarn Com-
pany……123
朝鮮殖産銀行　Industrial Promotion Bank
of Chosen - IPB……86,94,140,142
朝鮮鉄道株式会社……143
朝鮮マグネサイト開発　Korean Magnesite
Development Company……119
朝鮮林業開発株式会社　Korean Forestry
Development Company - KFDC
……82,102,114
チルワース・ガンパウダー社(Chilworth
Gunpowder Company)……21

て
TRW オートモーティブ社(TRW Automo-
tive)……53
帝国鉱業開発株式会社　Imperial Mining
Development Company - IMDC…82,118
帝国刷子株式会社……28
帝国製糸株式会社……28,128
帝国石油株式会社　Teikoku Oil Company-
TOC……82,122,126
帝国燃料興業株式会社　Petroleum Coopera-
tive Sales Company - PCS……82,102,114
帝国燐寸株式会社……128
ディズニージャパン……62
ティファニー(Tiffany & Co.)……67
テキサス・インスツルメンツ(Texas Instru-
ments - TI)……39,41
デクシア銀行(Dexia S.A.)……71
テスコ(Tesco)……69
電源開発株式会社(Jパワー)……70
天龍製鋸株式会社……72

と
東亞海運株式会社　East Asia Shipping
Company……81,122,142
東亞海運株式会社法(第68号)……122
東亜鉱山……142
東海銀行……56,57
東京石川島造船所……131
東京銀行(旧横浜正金銀行)…54,57,87,126,140

170 索 引

東京芝浦電気株式会社 …………… 17,19,21
東京スター銀行 ……………………… 60
東京相和銀行 ……………………… 60,75
東京電気株式会社 ……… 15〜17,19,21,129
東京電気鉄道株式会社 ……………… 22,23
東京白熱舎電燈球製造株式会社 ………… 129
東芝 ………………………………… 19,21
東芝コンツェルン …………………… 19
東芝重機製造株式会社 ………………… 19
東北開発株式会社 …………………… 113
東北興業株式会社　Tohoku Development
　　Company - TDC ……………… 112,142
東北振興電力株式会社　Tohoku Electric
　　Power Promotion Company
　　…………………………… 82,102,113
東北配電株式会社 …………………… 113
東洋アルミニューム株式会社 …………… 30
東洋印刷株式会社 …………………… 128
東洋オーチス・エレベーター株式会社 … 18,39
東洋硝子製造株式会社 ………………… 28
東洋銀行（Oriental Bank）…………… 87
東洋工業（マツダ）株式会社 …………… 52
東洋護謨株式会社 …………………… 28
東洋コンプレッサール株式会社 ………… 29
東洋信託銀行 ……………………… 57
東洋森林株式会社 …………………… 28
東洋拓殖株式会社　Oriental Development
　　Company - ODC ……… 82〜84,92,94,102,
　　　　103,110,125,128,142,143
東洋拓殖株式会社法（第63号）………… 140
東洋バブコック株式会社 ……………… 18
東洋燐寸株式会社 …………………… 128
東洋リノリウム株式会社 ……………… 28
豊田自動車株式会社 ………………… 27
トライスター会社（Tri-Star Company）… 16

な

ナイキ（Nike）……………………… 67
中支那振興株式会社　Central China Devel-
　　opment Company - CCDC … 82,102,117
長森藤吉郎 ………………………… 28
ナショナル・エレクトリック会社（National
　　Electric Company）……………… 16

ナショナル・キャッシュ・レジスター会社
　　（National Cash Register - NCR）
　　……………………………… 18,38,39,133
ナショナル金銭登録機株式会社 ……… 18,39
ナショナル・シティ銀行（National City
　　Bank）………………………… 111
南方開発金庫　Southern Development
　　Bank-SDB ………………………… 86,96
南方開発金庫法（第23号）…………… 140
南洋拓殖株式会社　Nanyo Development
　　Company-NDC ……………… 82,102,114

に

ニクソン・ショック ………………… 76
西原借款 …………………………… 92
日米板硝子株式会社 ………………… 29,30
日米エンジニアリング株式会社（Japanese-
　　American Engineering and Contracting
　　Company）……………………… 130
日賀信（Nichiboshin）……………… 91
日魯漁業株式会社 …………………… 142,143
日興コーディアル・グループ（Nikko Cordial
　　Corporation）…………………… 71,73
日産化学工業株式会社 …………… 61,62,120
日産コンツェルン …………………… 9,21
日産自動車株式会社 ………………… 61
日産ディーゼル工業株式会社 …………… 61
日新汽船 …………………………… 122
日窒コンツェルン …………………… 132
日鐵汽船 …………………………… 112
日本銀行　Bank of Japan - BOJ … 82,83,85,86,
　　　　98,99,114,125,126
日本銀行法（第67号）……………… 86
日本銀行法（第89号）……………… 74,87
日本板硝子株式会社 ………………… 30
日本インターナショナル・ビジネス・マシー
　　ンズ（Nihon IBM）……………… 39
日本インベストメント・パートナーズ（Nip-
　　pon Investment Partners）………… 137
日本ヴァキューム・オイル株式会社 … 14,129
日本オキヂェーヌ及びアセチレーヌ株式会社
　　………………………………… 29
日本海底電線株式会社 ……………… 20

索　引　171

日本開発銀行（DBJ）………47,49,99,126,134
日本開発銀行法（第108号）………………134
日本楽器株式会社……………………………19
日本勧業銀行　Hypothec Bank of Japan
　- HBJ……………………84,86,89〜91,126
日本絹縫糸製造配給統制株式会社………122
日本金銭登録機株式会社…………………18
日本興業銀行　Industrial Bank of Japan
　- IBJ……………59,60,83,84,86,90〜92,
　　　　　　　103,110,112,126,142
日本興業銀行法（第70号）…………………92
日本航空株式会社（JAL）…………………119
日本コロンビア蓄音器株式会社………21,130
日本債券信用銀行（NCB）………………59,93
日本産業株式会社……………………………9,21
日本産業自動車株式会社……………………27
日本産金振興株式会社　Nippon Gold
　Production Company…………102,116
日本蚕糸統制株式会社　Nippon Silk Yarn
　Company………………………82,122,123
日本製鋼所……………………………………22
日本政策投資銀行…………………………134
日本政策投資銀行法（第73号）……………134
日本製鉄株式会社…………………………112
日本製鐵株式会社　Japan Iron and Steel-JIS
　………………………………………82,125,142
日本石炭株式会社　Japan Coal Company
　- JCC………………………………………82,121
日本石油株式会社（Nippon Oil Corporation
　- NOC）……………………11,13,128,129
日本石鹸株式会社…………………………128
日本ゼネラル・モーターズ株式会社………27
日本ダンロップ（極東）護謨株式会社……23,24
日本蓄音器商会……………………………20,21
日本窒素肥料株式会社……………19,28,132
日本長期信用銀行（LTCB）………59,60,75,126
日本通運株式会社　Nippon Express
　………………………………81,102,114,115,126
日本通運株式会社法（第46号）……………114
日本テキサス・インスツルメンツ株式会社…41
日本電気株式会社（Nippon Electric Compa-
　ny - NEC）………………………15,41,128
日本電信電話公社…………………………118

日本ナショナル金銭登録機株式会社…18,133
日本縫糸製造配給統制株式会社…………122
日本爆発物製造会社………………………21
日本発送電　Japan Electric Generation and
　Transmission Company
　………………………82,102,113,115,142
日本ハーレー・ダビッドソン・モーターサイ
　クル…………………………………………24,25
日本ビクター蓄音器株式会社………20,21,131
日本肥料株式会社　Japan Fertilizer Compa-
　ny - JFC…………………………82,120,126
日本フォード自動車株式会社…………25,27
日本不動産銀行（NFB）……………59,93,126
日本米穀株式会社　Nippon Rice Distribu-
　tion Company…………………82,102,117
日本ベンベルグ絹糸株式会社……………28
日本貿易信用株式会社……………………91
日本燐寸株式会社…………………………128
日本無線電信株式会社……………………118
日本木材株式会社　Nippon Wood Material
　Company………………………………82,121
日本郵船…………………………………………122
日本輸出農産物株式会社　Japan Agricultur-
　al Exports Company………………82,120
日本リバー・ブラザース株式会社…………29
日本硫安株式会社　Nippon Ammonium Sul-
　phate Company……………………82,116
日本硫安輸出株式会社…………………116,126
日本ワットソン統計会計機械株式会社
　………………………………………19,39,133
ニューバランス（New Balance Japan）……67

ね
燃料興業…………………………………………142

の
農林中央金庫…………………………………126
延岡アンモニア絹糸株式会社……………28
ノーベルズ・エクスプローシブス社（Nobel's
　Explosive Company）…………………21

は
橋本龍太郎………………………………………57

172　索　引

バターフィールド・アンド・スワイヤー商会
　　（Butterfield & Swire Company）……5
バブコック・アンド・ウィルコックス会社
　　（Babcock & Wilcox Company）……18
早山石油……………………………………129
原田汽船……………………………………122
播磨耐火煉瓦………………………………112
ハリマン（E.H. Harriman）………………143
ハーレー・ダビッドソン・モーターサイクル
　　（Harley Davidson Motorcycle）……24

　　　ひ
P&Gサンホーム……………………………134
B.F. グットリッチ株式会社（B. F. Goodrich
　　Company）…………………………………24
東日本大震災………………………………78
ビクター・トーキング・マシン会社（Victor
　　Talking Machine Company）…………20
ピザハット（Pizza Hut）……………………67
菱美電機商会……………………………17,30
ビッグバン改革………57,58,60,72,73,75
ヒーナリ（Hinary）…………………………28
ピレリー会社（Pirelli & C. S.p.A.）………20

　　　ふ
ファイアストン・タイヤ・アンド・ラバー会社
　　（Firestone Tire and Rubber Company）
　　…………………………………………………24
フアースト・ナショナル銀行（First National
　　Bank）……………………………………111
フィリップス会社（Phillips Company）……16
フォード・モーター株式会社（Ford Motor
　　Company）…………………………25～27,52
府県農工銀行　Agricultural Bank of Japan
　　- ABJ……………………84,86,90,91,142
富士銀行（元安田銀行）…………………60,90,93
藤倉電線株式会社…………………………20
富士製鋼……………………………………112
富士製鐵……………………………………112
富士通株式会社……………………………18
富士通信機製造株式会社…………………18
富士電機株式会社………………………17,18
富士紡績株式会社…………………………19

プスタウ商会（Pustau & Co.）………………5
復興金融金庫　Financial Recovery Fund
　　- FRF……………………………86,99,126
ブッシュ（George W. Bush）………………73
プラットブラザーズ（Platt Brothers）……132
ブリヂストンタイヤ株式会社………………24
古河電気工業株式会社………………17,18,20
ブルドッグソース株式会社…………………72
ブレィディ（Anthony N. Brady）…………15

　　　へ
ベルベット石鹸株式会社…………………29

　　　ほ
ボイド商会（Boyd & Company）……………5
北海道銀行…………………………………58
北海道拓殖銀行　Hokkaido Colonial Bank
　　- HCB……………………58～60,84,86,
　　　　　　　　91,92,94,126,136,142
北海道拓殖銀行法（第76号）………………91
北海道炭礦汽船株式会社…………………22
ボルグ・ワーナー社（Borg Warner）………53
ホーン，フレデリック（Frederick W. Hohn）
　　…………………………………………………20
本渓湖煤鉱公司……………………………142
香港上海銀行（HongKong and Shanghai
　　Bank - HSBC）………………………87,135

　　　ま
マイクロソフト（Microsoft）………………68
前田武四郎…………………………………15
マクドナルド（McDonald's）………………53,62
松方正義……………………………………86
マツダ株式会社……………………………135
窓口指導……………………………………141
マルコム（Malcolm）………………………23
丸善石油……………………………………129
満洲映画協会………………………………142
満洲火災海上保険…………………………142
満洲興業銀行　Industrial Bank of Manchu-
　　ria - IBM………………………86,94,95
満洲航空……………………………………142
満洲柞蚕……………………………………123

索　引　173

満洲重工業開発株式会社 ……………… 125,142
満洲中央銀行　Manchurian Central Bank
　　- MCB ……………………… 86,94,95
満洲電信電話株式会社 ……………… 125,142
満鉄コンツェルン ……………………… 103

み

ミスター・ドーナツ(Mister Donut) ……… 53
みずほ銀行 ……………………… 55,71,90,93
みずほコーポレート銀行 ………………… 93
みずほホールディングス(MHHD) …… 60,93
三井銀行 …………………………………… 53
三井住友銀行(Sumitomo Mitsui Banking
　　Corporation - SMBC) …………… 54,55
三井住友信託銀行(SMTB) ……………… 138
三井物産株式会社
　　…………… 18,21,23,27,122,130,132,133
三菱銀行 …………………………………… 87
三菱合資会社 …………………………… 14,29
三菱自動車工業(MMC) …………………… 52
三菱重工業(MHI) ………………………… 52
三菱蒸気船会社 ………………………… 5,6
三菱製鉄所 …………………………… 6,112
三菱石油株式会社 …………………… 14,129
三菱造船株式会社 ………………………… 17
三菱電機株式会社 ………………………… 17
三菱東京銀行(Bank of Tokyo-Mitsubishi)
　　……………………………………… 56,87
三菱東京UFJ銀行(Bank of Tokyo-Mitsubi-
　　shi UFJ - MUFG) ……………… 55〜57
三菱マテリアル ………………………… 113
三菱UFJ銀行(MUFG Bank) ………… 57,87
南満洲鉄道株式会社　South Manchurian
　　Railway Company - SMR … 82,83,92,102,
　　　　　　　　　　103,116,125,142,143
南満洲鉄道株式会社英貨社債 …………… 103
明星食品株式会社 ………………………… 72

む

村井カタン糸株式会社 …………………… 128
村井汽船合資会社 ………………………… 128
村井吉兵衛 ………………………… 6,7,28,128
村井兄弟商会 ……………………… 6,7,128

村井銀行 …………………………………… 128
村井鉱業株式会社 ………………………… 128
村井貯蓄銀行 ……………………………… 128

め

メリルリンチ(Merrill Lynch Securities
　　- MLS) ………………………………… 58
メリルリンチ日本証券(MLJS) …………… 58

も

蒙疆銀行 ……………………………… 94.95
門司船渠株式会社 ………………………… 29
モーリス・スタンズ(Maurice Stans) …… 51
モルガン・スタンレー(Morgan Stanley)
　　……………………………………… 70,72

や

ヤナセ自動車株式会社 …………………… 27
八幡製鉄所 ……………………………… 112
ヤフー(Yahoo) …………………………… 68
山一證券 ……………………………… 57,58
山口銀行 …………………………………… 56
山下汽船 ………………………………… 122

ゆ

UFJフィナンシャルグループ …………… 56
ゆうちょ銀行 ……………………………… 98
郵便貯金・簡易生命保険管理機構 ……… 98
郵便貯金制度(Postal Savings System - PSS)
　　………… 58,69,75,86,98,99,123,126,137
郵便貯金法(第1号) ……………………… 98
ユナイテッドアローズ(United Arrows) ‥ 67
ユーナイテッド・エンジニアリング・アンド・
　　ファウンドリー会社(United Engineer-
　　ing and Foundry Company) ………… 19

よ

預金部預金法(第25号) …………………… 98
預金保険機構(Deposit Insurance Corpora-
　　tion Japan - DICJ) …………………… 74
横浜護謨製造株式会社 …………………… 24
横浜正金銀行　Yokohama Specie Bank
　　- YSB ……… 82,83,85〜87,112,142

横浜電線製造株式会社 …………………… 23

ら
ライジングサン株式会社（Rising Sun Company）………………………………… 13,14
ラッセル商会（Russell & Co.）…………… 5

り
陸王内燃機株式会社 ………………… 25,131
りそな銀行 ……………………………… 55
リップウッド・ホールディングス（Ripplewood Holdings）……………………… 59
リーバイス（Levi Strauss & Co.）………… 67
リバー・ブラザース会社（Lever Brothers Company）………………………… 29
リビー・オーウェンズ会社（Libby Owens Sheet Glass Company）…………… 29
リーマン・ブラザース（Lehman Brothers）………………………………………… 60
リーマン・ブラザーズ日本（Lehman Brothers Japan）………………………… 138

る
ルイ・ヴィトン（Louis Vuitton）………… 67
ルノー（Renault）…………………… 61,62

ろ
ローラアシュレイ（Laura Ashley）……… 67
ローンスター投資会社（Lone Star Equity Group）……………………………… 60

わ
和魂外資 …………………………………… iv
和魂漢才 …………………………………… ii
和魂洋才 ………………………………… i,ii
ワットソン・コンピュター・マシン会社（Watson Computing-Tabulating Machine Company）……………… 19,38
ワットソン・コンピュター・レコーディング・マシン会社（Watson Computing-Tabulating Recording Machine Company）……… 133
輪西製鉄 ………………………………… 112

《著者紹介》

Simon James Bytheway （サイモン・ジェイムス・バイスウェイ）

1969年，イギリスのマンスフィールドに生まれる

1972年，西オーストラリアのパースへ移住する

1992年，カーティン大学（Curtin University）人間科学学部入学，日本語の勉強を始める

1994年，カーティン大学（Curtin University）人間科学学部卒業

1996年，カーティン大学（Curtin University）大学院（Honours, First Class）卒業

1996年，「日本政府（文部省）研究奨学金」を与えられ，国費留学生として来日，東北大学日本語研修コース修了

1999年，東北学院大学大学院経済学研究科博士課程前期修了〔修士（経済学）〕

2002年，東北学院大学大学院経済学研究科博士課程後期修了〔博士（経済学）〕

2003年，日本大学商学部専任講師就任，2006年同助教授，2007年同准教授

2008年，カーティン大学人文科学部（Curtin University, Division of Humanities）特別研究教授（Adjunct Fellow）

2010年，ルーヴェン・カトリック大学人文学部（Catholic University of Leuven, Faculty of Arts）特別研究教授（Visiting Fellow）

2013年，ハーバード大学エドウィン・O・ライシャワー日本研究所（Harvard University, Reischauer Institute）特別研究員（Short-term Research Associate）

2014年，テクサス大学歴史研究所（Texas University at Austin, Institute of Japanese Studies）特別研究員（Short-term Research Associate）

2014年，日本大学商学部教授，現在に至る

主要著書

『日本経済と外国資本 – 1858-1939』（刀水書房，2005）。

Investing Japan: Foreign Capital, Monetary Standards, and Economic Development, 1859-2011, (Cambridge: Harvard University Asia Centre, 2014).

Central Banks and Gold: How Tokyo, London, and New York Shaped the Modern World, ［共著者：Mark Metzler］(Ithaca: Cornell University Press, 2016).

現在，日本経済史を専攻，「極東（東アジア）における条約港と国際関係」ならびに「バブル経済とその社会的変遷史」などをテーマとして研究を進めている。

和 魂 外 資
外資系の投資と企業史および特殊会社の発達史 1859-2018

2019年1月31日　初版1刷発行

著者　サイモン・ジェイムス・バイスウェイ

発行者　中村文江

発行所　株式会社　刀水書房
〒101-0065　東京都千代田区西神田2-4-1　東方学会本館
電話03-3261-6190　FAX3261-2234　振替00110-9-75805

印刷　亜細亜印刷株式会社
製本　株式会社ブロケード

Ⓒ2019　Tosui Shobo, Tokyo　ISBN978-4-88708-452-0　C3021

本書のコピー，スキャン，デジタル化等の無断複製は著作権法上での例外を除き禁じられています。本書を代行業者等の第三者に依頼してスキャンやデジタル化することは，たとえ個人や家庭内での利用であっても著作権法上認められておりません。